Renate Luca, Helene Decke-Cornill (Hrsg.)

Jugend - Film - Gender

Medienpädagogische, bildungstheoretische und didaktische Perspektiven

Renate Luca, Helene Decke-Cornill (Hrsg.)

JUGEND - FILM - GENDER

Medienpädagogische, bildungstheoretische und didaktische Perspektiven

ibidem-Verlag
Stuttgart

Bibliografische Information der Deutschen Nationalbibliothek
Die Deutsche Nationalbibliothek verzeichnet diese Publikation in der Deutschen Nationalbibliografie; detaillierte bibliografische Daten sind im Internet über http://dnb.d-nb.de abrufbar.

Bibliographic information published by the Deutsche Nationalbibliothek
Die Deutsche Nationalbibliothek lists this publication in the Deutsche Nationalbibliografie; detailed bibliographic data are available in the Internet at http://dnb.d-nb.de.

Coverabbildung: Blank film strip © SSilver # 8883080 – Fotolia.com

∞

Gedruckt auf alterungsbeständigem, säurefreien Papier
Printed on acid-free paper

ISBN-10: 3-8382-0017-9

ISBN-13: 978-3-8382-0017-0

Printed in Germany

Inhalt

Einleitung

Der vorliegende Band beleuchtet Facetten des Zusammenhangs zwischen Adoleszenz, ihrer medialen Repräsentation und der Rezeption und Produktion von Geschlechterverhältnissen. Die Beiträge erforschen das bildende Potenzial von Filmen. Sie untersuchen dabei Entwürfe von Jugend und Erwachsenwerden und beschreiben Geschlecht, Sexualität und Körper als komplexe und widersprüchliche Felder der Identitätsentwicklung im Kontext einer normativ-binären Geschlechterordnung.

Film ist, wie Gender, eine soziale Praxis. Entsprechend betrachten **Renate Luca und Helene Decke-Cornill** Filmproduktion und -rezeption unter der Perspektive des *doing gender*. Aus dem Blickwinkel der Produktion untersuchen sie den Hollywood-Film und sein Programm der Normalisierung des weißen, heterosexuellen Paars und, per Implikation, seiner Exklusion anderer Identitäten. Auch auf der Seite der Rezeption offenbart sich der Kontext der dominant-binären Geschlechterordnung, etwa in Filmpräferenzen und Körperinszenierungen von Jugendlichen. Wenngleich es unzulässig vereinfachend wäre, Filmwirkung als (gender-)deterministisch zu begreifen, so ist doch eine Integration von Filmen jenseits von Heteronormativität in die Bildungsarbeit dringend erforderlich, wenn diese Arbeit inklusiv und normativitätskritisch sein will. Dafür wird der Vorschlag eines Vergleichs zweier Filme gemacht.

Winfried Pauleits Interesse gilt dem Filmstandbild als einem Zusatz zum Film und den Möglichkeiten der ästhetisch-produktiven Intervention, die es bietet. Der Autor identifiziert drei Prinzipien solcher Intervention – Reproduktion, Supplementarität und *pars pro toto* – und rekonstruiert zunächst die filmimmanente, aber auch die allgemein künstlerische intertextuelle und selbstreflexive Nutzung dieses Potenzials in der Kunst. Ein Blick in die Geschichte zeigt, dass der Film von seinen Anfängen an davon Gebrauch gemacht hat. Mit der freien Zugänglichkeit von Filmstandbildern durch die digitalen Medien ist inzwischen die Voraussetzung dafür gegeben, dass Filmstandbilder nun auch von Lernenden für die Auseinandersetzung mit Fragen der Identitätsbildung und der Geschlechterdifferenz schöpferisch, verfremdend und reflexiv genutzt werden können.

Der Beitrag von **Hanne Walberg** beginnt provozierend mit einem Zitat des bekannten Filmemachers Michael Haneke: "Die Leute ertragen keine Ambivalenzen mehr." Haneke charakterisiert damit filmische Präsentationsweisen, die dafür verantwortlich sind, dass die Zuschauer "beruhigt" und "heil" nach Hause gehen möchten und Ambivalenzen schwer aushalten. Ausgehend von diesem Zitat geht Walberg der Frage nach der entgegengesetzten Qualität aus, die Filme bergen. Sie fragt nach dem Fremderfahrungspotenzial. Die Erfahrung des Fremden wird mit Koller als unverzichtbarer Ausgangspunkt von Bildungsprozessen angesehen. Am Beispiel des Films *XXY* (2007) von Lucia Puenzo analysiert sie drei Ausschnitte und zeigt auf, wie sich die Filmbilder einem normalisierenden Zugriff widersetzen und dabei Fremderfahrungsmöglichkeiten eröffnen. Pädagogische Perspektiven runden den Beitrag ab.

Auch **Manuel Zahn** geht es um die Rehabilitation des Ambivalenten. Er fragt, auf welche Weise die diskursiv hergestellten Geschlechterkonstruktionen in die Ästhetik filmischer Darstellung eingehen und verfolgt diese Frage an einem Musikvideofilm, weil dieses Genre sich seinen Ursprüngen nach als ästhetisch und diskursiv experimentell versteht. Die detaillierte Analyse des Clips zeichnet dessen vielschichtige visuelle Dekonstruktion binärer, heteronormativ kodierter *Gender*-Identitäten nach. Der Clip stellt damit ein offenes Angebot für eine offenere Wahrnehmung dar. Ob es dieses Bildungsangebot annimmt oder zurückweist, liegt freilich beim Publikum und seiner Bereitschaft, sich Unschärfen und Ambivalenzen auszusetzen und sie als produktiv zu verstehen.

Auch **Verena Lenzen und Anna Prasuhn** beschäftigen sich mit dem Populärmedium des Musikvideoclips. In Anlehnung an eine einschlägige empirische Untersuchung zu Geschlechterdarstellungen in Musikvideos entfalten sie die gesamte Breite bekannter Genres von Hip Hop bis zu neofeministischem Pop. Die Geschlechterentwürfe darin reichen von stark stereotypisierten Darstellungsweisen bis zu Formaten, die in ironisch-kritischer Weise mit der Konstruktion von Geschlecht spielerisch verfahren. Videobeispiele und kurze Sequenzanalysen dienen dabei als Illustration und Beweisgrundlage.

Der Beitrag von **Jürgen Budde** wendet sich dem Fernsehformat der Casting-Shows zu. Sein Fokus richtet sich darauf, die Qualität der Darstellungen von Geschlecht in diesen populärmedialen Inszenierungen zu hinterfragen; besonders deshalb, weil er sie in Bezug auf Geschlecht als 'Auseinandersetzungsangebote' ansieht. Seine Analyse ist von der These geleitet, "dass sich symbolische Verschiebungen der Geschlechterordnungen finden lassen, die neben ihrem irritierenden Charakter auch der Stabilisierung von geschlechterdifferenten Vorstellungen dienen können." Am Beispiel einer ausgewählten Sendung aus *Germany's Next Topmodel*, in der ein *Cross Dressing* mit *Drag Queens* inszeniert wird, zeigt er auf, dass es nicht zu einer Auflösung oder Verwirrung des Geschlechterdualismus kommt, sondern eher zu einer verdeckten Verfestigung der heterosexuellen Matrix. Er stellt abschließend die Frage nach der kritischen Genderperspektive, die medienpädagogisch nutzbar gemacht werden kann: "Gerade weil sich in Casting-Shows 'normale Menschen' selber zur Aufführung bringen, bieten sie für Jugendliche Möglichkeiten zur eigenen Auseinandersetzung mit Geschlecht, Authentizität und Selbstkonzept."

Monika Seidl deckt alte Muster der Geschlechterordnung in den Neuen Medien auf. Sie untersucht Geschlechterstereotypen in Bildmedien und Computerspielen und gibt Anregungen (nicht nur) für den Fremdsprachenunterricht. Sie geht von der These aus, dass Computerspiele sich als 'Schule des Lebens' eignen, "die vermittelt, dass man nur sieht, was man weiß und kennt." Die Analyse von Computerspielen könne Kindern und Jugendlichen helfen, ihren Blick für Geschlechterstereotypisierungen zu schärfen. Der Prämisse der *Cultural Studies* folgend wendet sie sich den "kleinen Praktiken des alltäglichen Lebens", hier der Praxis des Sitzens in Computerspielen, zu. Sie bilden als kulturelle Artefakte ab und bestimmen zugleich, was "eigenkulturell normal erscheint und was als normal zu gelten hat." Zahlreiche Beispiele aus dem 18. Jahrhundert bis heute zeigen, dass und wie die Artikulation von Geschlecht, Raum und Körper im Bildlichen verankert ist. Dabei werden ungleiche symbolische Zuteilungen von Platz und Raum ersichtlich. In der kulturellen Praxis des Sitzens verstecken sich althergebrachte Normen, die den Männern mehr Platz und damit Macht geben.

Das Interesse von **Bettina Kleiner und Kiu Urban** gilt einer Filmbildung, die zu einer produktiven und positiven Sichtbarkeit von schwulen, lesbischen und transidentischen Menschen beiträgt und dabei Heteronormativität und Ausgrenzung in Frage stellt. Mit dem bloßen filmischen Thematisieren ist es nicht getan, denn dabei kann durchaus das Gegenteil erreicht werden, wie sie begründet nachweisen. Der queer-theoretisch fundierte Beitrag entwickelt im Zuge einer vergleichenden Analyse dreier Filmbeispiele und anhand von Ergebnissen aus der praktischen Arbeit mit einem der drei Beispiele im schulischen Unterricht Kriterien für die Auswahl viel versprechender Filme für eine heteronormativitätskritische Bildungsarbeit. Dabei sind die Dimensionen der Blickinszenierung und Erzählperspektive ebenso entscheidend wie die filmtextuelle Offenheit und nicht zuletzt das Kriterium der "Affirmation queerer Lebensweisen".

Die Relevanz von Gender und Identität im Fremdsprachenunterricht steht im Mittelpunkt des Beitrags von **Lotta König und Carola Surkamp**. Ausgangspunkt ist das Potenzial von Filmen für gendersensiblen Unterricht. An dem kanadisch-amerikanischen Jugendfilm *Juno* (2007) und konkreten Unterrichtsvorschlägen dazu wird gezeigt, wie bei der Arbeit mit diesem Film und bei der Bearbeitung einschlägiger Aufgaben dazu automatisierte Sehweisen und Konzepte von Männlichkeit und Weiblichkeit irritiert und in Frage gestellt werden können. Im Kontext der Auseinandersetzung mit Alltagsvorstellungen und medialen Konventionen kann ein selbstreflexiver Prozess des Bewusstwerdens eigener Identitätskategorien angestoßen werden. Damit werden auch die für den Fremdsprachenunterricht zentralen Ziele des Fremdverstehens und der interkultureller Handlungsfähigkeit berührt.

Helene Decke-Cornill und Renate Luca wenden sich abschließend nochmals der Arbeit mit Filmen in schulischen wie außerschulischen Kontexten zu. Sie illustrieren am Beispiel des Kurzfilms *Ayla und die Strumpfhose* (2001) zwei sich ergänzende Zugangsweisen zu einem Film. Nach einer kurzen Skizzierung der Spezifika des erfahrungsorientierten Zugangs einerseits und der hermeneutischen Filmanalyse andererseits werden diese exemplarisch am genannten Kurzfilm veranschaulicht. In der Verknüpfung beider Ansätze wird ein besonderer Wert gesehen, weil sich damit subjektives Filmerleben und -verstehen mit filmanalytischen und hermeneutischen Zugängen verbinden lassen. Der Beitrag ist auch ein Plädoyer dafür, im Kontext von Jugend, Film und Gender ein besonderes Augenmerk auf die Auswahl der zum Einsatz kommenden Filme zu legen und dabei die Dimension des Fremden, Anderen zu reflektieren.

Hamburg, März 2010 Die Herausgeberinnen

Renate Luca & Helene Decke-Cornill

Geschlechterkonstruktionen im Film. Zugänge aus erziehungswissenschaftlicher Perspektive

1. Film als soziale Praxis - Gender als soziale Praxis

Der folgende Beitrag fußt auf der Grundannahme, dass Themenwahl und Darstellungs- und Rezeptionsweisen von Filmen in engem Wechselverhältnis mit gesellschaftlichen Bedingungen und Entwicklungen stehen, dass sie Teil von diesen sind. Film ist in die kommunikativen Prozesse der gesellschaftlichen und individuellen Sinnstiftung und Bedeutungsaushandlung involviert und stellt für diese einen Austragungsort bereit. Im Kontext der Erziehungswissenschaft scheint es besonders angemessen, ein Verständnis von Film zu akzentuieren, dass sie nicht so sehr als eine distinkte Kunstform (als die er natürlich auch betrachtet werden kann), sondern als eine soziale Praxis betrachtet (vgl. z.B. Turner 1988), in der individuelle und kollektive Konflikte, gesellschaftlich umkämpfte Positionen, Fragen individuellen Lebens und Glücks und Kontroversen um gesellschaftliche Legitimität zur Sprache kommen und symbolisch bearbeitet werden können. Unter dieser Perspektive sind Film, Publikum und Gesellschaft aufs engste miteinander verflochten.

Im Mittelpunkt dieses Beitrags steht eine gesellschaftliche Konstruktion: *gender*. Sie ist ihrerseits eine soziale Praxis, die sich in ständiger Arbeit am Selbst und an Anderen im Kontext einer dominant-binären gesellschaftlichen Geschlechterordnung manifestiert. Judith Butler (1990) hat für diese Arbeit den Begriff des Performativen geprägt: Menschen sind demzufolge nicht Inhaber/innen, sondern Darsteller/innen von Geschlecht. Hierin liegt eine Affinität zum Film, der seinerseits auf Performativität beruht.

Beide, Gender wie Film, erzeugen Blickobjekte und Blicksubjekte. Schauspielen und *doing gender* (vgl. West/Zimmermann 1987) sind auf Kommunikation und Interpretation angewiesen. Wie im Kino so geht es auch auf der Genderbühne um die kommunikative Selbstdarstellung auf der Grundlage vorgegebener Skripte. Menschen bewegen sich beim *doing gender* aber nicht nur auf der Bühne (als

Schauspieler/innen), sondern auch im Zuschauerraum (als deutendes und wertendes Publikum).

2. "Creating the couple"

Von Anfang an war die Dimension Geschlecht für den Spielfilm von zentraler Bedeutung. Für die Blütezeit des Hollywood-Studiosystems, also die Zeit bis 1960, haben Filmwissenschaftler/innen ermittelt, dass 85% aller bis dahin gedrehten Hollywood-Film "romance" als Hauptthema hatten. Bezieht man den Nebenplot mit ein, so waren sogar 95% der Filme mit "romance" befasst." (Vgl. Wexman 1993: 3; Bordwell et al. 1988: 16) "The models of courtship and marriage put forward in Hollywood cinema make a significant contribution to the process of structuring the modern social *habitus* regarding romantic love." (Wexman 1993: 8)

Raymond Bellour sieht "the creation of the couple" (zit. in Wexman 1993: 4) als *das* Programm amerikanischer Filme jener Zeit, es ist ihre gemeinsame Grundfigur. Hollywood ist darauf fixiert, davon besessen. Es gehorcht verbindlichen Regeln. Die Formel lautet: *Boy meets girl, boy loses girl, boy gets girl.* In dieser *romance formula* spiegelt sich eine binäre Geschlechterordnung mit einem männlich-weiblichen Subjekt-Objektverhältnis. Unausgesprochen, weil selbstverständlich, ist dabei die rassistische Dimension: *white boy meets white girl.* Diese Konstante im vielfältigen Gewand machte andere Geschlechterordnungen undarstellbar, unvorstellbar – sie konstituierte sie als das Andere außerhalb der Bilderordnung. "In this emphasis upon heterosexual love, Hollywood continues traditions stemming from the chivalric romance, the bourgeois novel, and the American melodrama." (Bordwell et al. 1988: 16) Die Filmindustrie war für die heteronormativ-rassistische Engführung nicht allein verantwortlich. Vielmehr regelte ein *Production Code* die Grenzen des Erlaubten der Filmdarstellung, die *Dos and Don'ts.* Zwar entbehrte er einer juristischen Grundlage, wurde aber unerbittlich von einflussreichen gesellschaftlichen Gruppen durchgesetzt.

Filme erzählen Geschichten und beteiligen sich damit an der Sinn- und Ordnungsstiftung von Gesellschaft und Individuum. Sie sind Teil der die Menschheit begleitenden und konstituierenden Tradition des Erzählens und stehen in dieser

Hinsicht in einer Reihe mit Mythen, Epen, Legenden, Balladen, Märchen. Erzählungen dienen der Verarbeitung von Welt, von uferloser Vielfalt und Unüberschaubarkeit, von Unerklärlichem und Unvermeidlichem. Sie vermitteln zwischen Mensch und Mensch, Mensch und Umwelt, vereinfachen, ordnen, bewerten und bieten Orientierung.

Für die Individuen stellt der Vorrat an Erzählungen einer Gesellschaft das Material dar, mit dessen Hilfe sie ihre Identität konstruieren. Die narrative Psychologie (z.B. Bruner 1997) geht davon aus, dass Menschen ihre Identität, ihren inneren Zusammenhalt sozusagen, im Vorgang der Selbsterzählungen erschaffen und dabei auf das Inventar der zirkulierenden Diskurse, auch der visuellen und narrativen, ihrer Umgebung zurückgreifen: auf Sprache, auf Geschichten, auf Symbole, auf Bilder, auf Architektur, Mode, Gesten usw. Die Subjektkonstitution als Vorgang der narrativen Selbstkonstitution findet in ständiger Interaktion mit der Umgebung und ihren widersprüchlichen Diskursen statt.

Erzähltheoretiker wie Vladimir Propp (1928) oder Joseph Campbell (1949) haben in der Erzählliteratur universale narratologische Konstituenten gefunden. Als gemeinsame Merkmale sind Erzählungen nicht nur durch eine zeitlich strukturierte Abfolge von Geschehnissen und deren perspektivierter Darstellung charakterisiert, sondern auch durch die Grundkonstituente der Binarität. Angesichts der Kontingenz und Fülle der Erscheinungen der Welt schaffen Erzählungen dadurch Ordnung und Bedeutsamkeit, dass sie Komplexität reduzieren und Binaritäten konstruieren: Mann und Frau, Gut und Böse, Zusammengehörigkeit und Differenz, Subjekt und Objekt, stark und schwach usw. Dieses Basismuster findet sich verdichtet als "pattern of opposition" auch in filmischen Erzählungen.

> One of the ways in which humans understand the world is through dividing it into sets of mutually exclusive categories - land and sea, man and woman, good and bad, us and them. These are binary oppositions and they divide up and thus structure our understanding of the world. They can do this because they are one way of determining meaning. Meaning is a product of the construction of differences and similarities: in this case, placing an object on one side of an opposition rather than on the other. This binary pattern is logically supported by the fact that we define things not only in terms of what they *are*, but also in terms of what they are *not*. (Turner 1988: 73)

Boy meets girl basiert auf so einer Binarisierung und lässt sich als Versuch verstehen, Ordnung in die Vielfalt menschlicher Identitäten und Beziehungsmöglichkeiten zu bringen. Ein ultimatives Beispiel ist die im wörtlichen Sinne märchenhafte Hollywood-Produktion *Pretty Woman* (1990). Turners Modell der Filmerzählung als Prozess der Problemlösung lässt sich in diesem Film wiedererkennen: die anfänglich konflikthaften Gegensätze lösen sich nach Bewährungsproben, in denen disruptive und integrative Kräfte miteinander ringen, zugunsten eines stabilen, tragfähigen "new equilibrium" der Komplementarität auf.

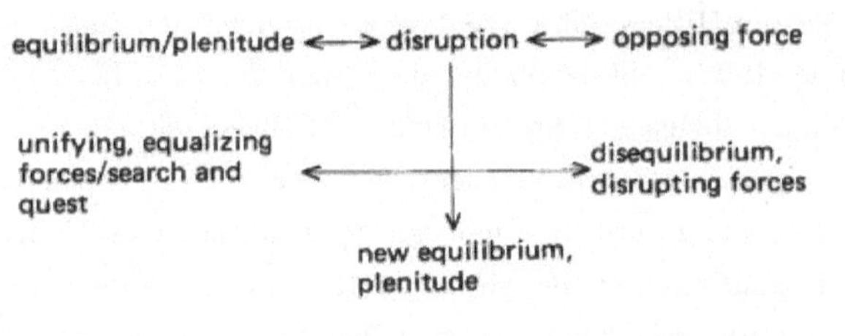

Abb. 1: Filmisches Erzählen als Konfliktlösungsprozess (Turner 1988: 77)

In der Ausgestaltung des Erzählprozesses von *Pretty Woman* spielt Performativität eine wichtige Rolle. Die Metamorphose der Prostituierten Vivian vollzieht sich im Vorgang des situationsangemessenen Verkleidens: von 'drag' (Perücke, Schminke usw.) am Filmanfang zur 'Natürlichkeit' (gelöstes Haarband) beim Happy Ending (http://www.youtube.com/watch?v=DIl-h6IQKn0).

Erzählungen können einerseits dominant sein, vor allem, wenn sie immer und immer wieder zirkuliert werden und damit bestimmte Konstellationen normalisieren, wenn sie zum Meisterdiskurs werden. Aber sie treffen auch auf gesellschaftliche Diskurse, die sie durchkreuzen und ihre Eindeutigkeit in Abrede stellen. Subjektivierung ist kein Prozess der Imitation von vorgefundenen Entwürfen, sondern aktive Konstruktion des Selbst in der Vielfalt und Widersprüchlichkeit diskursiver, narrativer Angebote. Meisterdiskurse wie der der Zweigeschlechtlichkeit des Hollywoodkinos leisten vermutlich einen wichtigen Beitrag zur Heteronormativität der Gesellschaft. Ohne Variationen und Gegenerzählungen blieben und bleiben sie aber nicht. Mit dem Ende des Familienkinos und der (Neo-)Liberalisierung des Filmmarkts nahmen unabhängige Produktionen zu, Programmkinos wurden gegründet, Festivals für unterschiedliche Zielgruppen und Publikumssegmente geschaffen. Dennoch ist die Hollywood-Formel bis heute nicht Geschichte, sondern prägt filmisches Erzählen weltweit. In einer Analyse von *High School Musical* und anderen *pre-teen soaps* (*die tageszeitung* vom 24.10.2008: 13) wird bilanziert, dass diese aktuellen Produktionen den Regeln des erwähnten *Production Code*, der von 1930 bis zum Ende der 1960er das Hollywood-Kino kontrollierte, voll und ganz entsprechen. So gilt *mutatis mutandis* bis heute: "Hollywood film, which has traditionally been addressed primarily to young people, can be seen as an institution that aids in the formation of [...] a *habitus* by modeling appropriate courtship behavior." (Wexmann 1993: 5)

Der Gedanke der Konstitution von Geschlecht soll in den folgenden beiden Abschnitten auf Jugend und Jugendliche bezogen werden, und zwar auf zwei Ebenen: zum einen im Hinblick auf die Frage unterschiedlicher Filmpräferenzen als spezifischer Form des *doing gender*; zum anderen im Hinblick auf die Frage nach der Bedeutung des Körpers und der Körperinszenierungen in der Adoleszenz.

3. Medienpräferenzen entlang der Geschlechtergrenzen

Im Kontext von Film, Jugend und Gender ist nicht nur die Produktebene, von der bisher die Rede war, bedeutsam, sondern auch die Ebene der Rezeption. Empirische Befunde weisen darauf hin, dass massenmediale Angebote geschlechterdifferent genutzt werden. Die Forschung spricht von unterschiedlichen Genrepräferenzen und geschlechterdifferentem Verarbeiten und Erleben des jeweils spezifischen Angebots. Mädchen und junge Frauen bevorzugen ein mediales Angebot, in dem soziale Beziehungen, innere Handlungen und realitätsnahe Figuren im Vordergrund stehen. Als solche zählen Fernsehspiele, Non-Action-Serien und Non-Action-Spielfilme. Jungen richten ihr Interesse eher auf Themen wie Stärke, Kämpfe und Überlegenheit (vgl. z.B. Theunert 1993), wie sie in Actionserien und -filmen aufgeworfen werden.

Verallgemeinernd bezeichnen die Kommunikationswissenschaftlerinnen Klaus und Röser (1996) die Genrepräferenzen und die medialen Verarbeitungsformen als geschlechtsgebundene Rezeptionsstile. Sie unterscheiden einen weiblich definierten Stil, den sie mit "Interaktion/Beziehung/Gemeinschaft" umschreiben, und einen männlich definierten Stil, den sie mit "Aktion/Besonderung/Sieg" charakterisieren. "Demnach steht auf der einen Seite ein *Kommunikationsstil der Interaktion*, der *Beziehungen* in den Mittelpunkt stellt und im Happy End der erfolgreichen Herstellung von *Gemeinschaft* mündet; auf der anderen Seite steht ein *Kommunikationsstil der Aktion*, der die *Besonderung* in den Mittelpunkt stellt und im Happy End des *Sieges* des einen über das andere mündet" (ebd. 50).

Stellen wir uns die Rezeption von Filmen als Wechselprozess von Film und Zuschauer/in vor – also als einen interaktiven Prozess – müssen wir fragen, wie sich die je individuellen Rezipient/innen den Film aneignen. Damit rücken neben Gender auch andere Determinanten der Filmrezeption in den Blick. Zu Recht ist der Fokussierung auf Geschlechterdifferenz in der Medienrezeption deshalb der Vorwurf gemacht worden, sie leiste einer vorschnellen Festschreibung Vorschub, ohne die Prozesshaftigkeit des *doing gender* im Kontext der jeweiligen sozialen Lage zu berücksichtigen (vgl. Klaus 2002, Schründer-Lenzen 2004). In der pädagogischen Arbeit mit Filmen bleibt es gleichwohl bedeutsam, die Erkenntnisse über geschlechtsgebundene Rezeptionsstile als empirisch feststellbare Aneignungsmodi zur Kenntnis zu nehmen, um die Motivation und die Interessenlagen weiblicher und männlicher Jugendlicher berücksichtigen und erweitern zu können.

Die Medientheorie der *Cultural Studies* mit ihrem Fokus auf die Frage nach dem Verhältnis von Medien, Macht und Kultur ist hilfreich bei Bemühungen, die Bedeutung der sozialen Lage für den Prozess der Filmrezeption zu untersuchen. Der Ansatz der *Cultural Studies* betont, dass kulturelle Praktiken wie die Mediennutzung nicht im luftleeren Raum vonstatten gehen, sondern in einem gesamtgesellschaftlichen Kontext, der von Ideologien und Machtstrukturen durchzogen ist. So ist in der medialen Inszenierung von Geschlecht die gesellschaftlich vorfindbare hierarchische Geschlechterordnung eingeschrieben. Ebenso ist jede Rezeption im Kontext der gesellschaftlichen Position und des kulturellen Hintergrunds der Rezipient/innen zu verorten. Wie eine mediale Botschaft, etwa eine Fernsehserie oder Spielfilme, aufgenommen werden, hängt von der gesellschaftlichen Situation der Mediennutzer ab. Eine deterministische Auffassung von Medienwirkung ist damit ausgeschlossen. Medienkommunikation wird vielmehr als Kreislauf von *encoding* und *decoding* bzw. von Konstruktion, Rekonstruktion und Dekonstruktion verstanden, in dem sich gesellschaftliche Strukturen manifestieren. Ein zentrales Anliegen der *Cultural Studies* ist es zu klären, inwieweit diese Strukturen in das alltagskulturelle Leben der Rezipient/innen hineinreichen und wo kultureller "Eigensinn" (Winter 2001) entstehen kann.

4. Jugend: Körper als Ort des Selbst

Die Jugendzeit ist die Zeit des Erwachsenwerdens. Dieser Prozess manifestiert sich zentral im Körper. Wenn heute von Körper gesprochen wird, so bewegt sich diese Rede nicht nur im Bereich von Medizin und Biologie, sondern auch in dem der Sozial- und Geisteswissenschaften. Der Körper wird als sinnlich-ästhetisches Phänomen verstanden, als kulturell überformtes Konstrukt. Gleichzeitig manifestiert sich der Körper in seiner Existenz immer auch als Personenkörper. In den Sozialwissenschaften richtet sich der Blick in Doppelperspektive auf beides, den materialisierten und den kulturell geprägten Körper. Diese Doppelperspektive schützt vor Vereinseitigungen und Vereinfachungen.

Im Kontext der Psychologie gilt der Körper als Ort des Selbst. Seine Bedeutung besteht darin, das Selbst von der Umgebung abzugrenzen und die eigene Person darzustellen. Er ist Lieferant von Informationen für soziale Kontakte und Erwartungen und Ort, in dem und an dem sich Emotionen, Gedanken und Handlungen manifestieren. Besonders in der Adoleszenz repräsentiert er das Erwachsenwerden. In ihren psychoanalytischen Betrachtungen zum Thema "Die Entstehung des Neuen in der Adoleszenz" schreibt Vera King über diese Phase: "Der adoleszente Körper wird zur Quelle und zum Austragungsort der psychischen Spannungen." (2004: 175) Jugendliche experimentieren mit ihren Kräften und Grenzen und dieses Spiel manifestiert sich, so King weiter, "quasi auf der Bühne des Körpers" (ebd.).

Genderspezifische Körperinszenierungen und Körperkontrollen zeigen sich in jugendkulturellen Kontexten beispielsweise in der *Raumaneignung*. Dies ist besonders für die Aneignung von Spielräumen und Sportarten untersucht worden. In der Form der Bewegung und der Art der sportlichen Betätigung zeigen sich unterschiedliche körperliche Ausbreitungsformen. Jungen dehnen sich aufgrund ihrer bevorzugten Sportarten – häufig sind es Sportspiele wie zum Beispiel Fußball – horizontal und flächenhaft aus, während Mädchen sich durch standortgebundenen Bewegungsformen, in denen die ästhetische Gestaltung des Körpers im Vordergrund steht, eher vertikal verorten (vgl. z.B. Sobiech 2001).

In der Soziologie verweist das Bourdieu'sche Konzept des Habitus auf die Verbindung zwischen Körperlichkeit und Lernprozessen. Unter Habitus wird ein System von Wahrnehmungs-, Denk- und Handlungsschemata verstanden, das durch soziale Erfahrungen angeeignet ist. Der Körper ist nicht nur Medium, in dem sich der Habitus ausdrückt, sondern speichert auch soziale Erfahrungen und wird zum Bestandteil des Habitus. Die Verortung im symbolischen System der Zweigeschlechtlichkeit geht einher mit Lernprozessen, die gemäß der Habitustheorie im Körper verankert sind. Nach der Bourdieu'schen Definition von Körper ist Lernen immer auch körpergebundenes Lernen (vgl. Bourdieu 1987: 136). Wir können also davon ausgehen, dass die symbolischen Aneignungsprozesse vorgegebener Ordnungsmuster etwa beim Fußball oder beim Tanz in der Phase der Adoleszenz genderspezifisch ausgehandelt werden.

In pädagogischer Perspektive ist es von Interesse auszuloten, wie habituell gesetzte Grenzen durchbrochen bzw. geöffnet werden können.

5. Jenseits von *boy meets girl*

Wie oben gezeigt wurde, sind Produktion und Rezeption von Filmen zutiefst Teil der Heteronormierung der Gesellschaft. Auch Schule ist Teil davon. Es ist kaum verwunderlich, dass nationale und internationale Studien sie übereinstimmend als einen höchst problematischen Ort für nicht-heterosexuelle Jugendliche betrachten. Identitäten, die sich nicht heteronormativ verorten, werden darin zu "logical impossibilities" oder "identities that cannot exist" (Butler 1990: 23f.). Die Erfüllung der Entwicklungsaufgabe, "[d]as Ich in der Gemeinschaft" und "[d]ie Gemeinschaft in mir" (Erikson 1979: 214f.) in ein ausgewogenes Verhältnis zu bringen, wird ihnen erschwert. Identifikationen außerhalb der binären Geschlechterordnung bleiben in und außerhalb von Schule oft beschwiegen und unbebildert und werden als das Andere und Fremde aus der Diskursordnung verwiesen.

Eine gendersensible Auswahl von und ein gendersensibler Umgang mit filmischen Angeboten könnte das Potenzial haben, die Legitimität der Geschlechterordnung zu thematisieren, durch Wissen und Perspektivenwechsel Mechanismen der Ausgrenzung und des Ausgegrenztwerdens, der Selbstverleugnung und der Entsolidarisierung zu problematisieren und so zu einer inklusiven, heterogenitätsfreundlichen Bildungsarbeit beitragen. Fiktionale Texte und Filme bieten dabei spezifische Chancen, denn sie gewähren nicht nur Einblick in vielfältige Vorstellungs- und Lebenswelten, sondern laden auch zur Perspektivenerprobung und – in der Anschlusskommunikation – zur Auseinandersetzung mit unterschiedlichen Positionen und Interpretationen ein. Sie können zum "dritten Ort" für die Rezipient/innen werden, an dem ihnen erlaubt ist, von unmittelbarem Handlungs- oder Selbstoffenbarungsdruck entlastet, die vom Film aufgeworfenen Fragen zu erörtern und auf ihre Lebenswelten beziehen.

Im Folgenden stellen wir anhand einiger weniger Aspekte zwei Filme vor, deren Normabweichung vom symbolischen System der Zweigeschlechtlichkeit ihr gemeinsames Thema ist und vergleichen sie im Anschluss in Hinblick auf ihren möglichen Beitrag zur Kritik an der heteronormativen Geschlechterordnung.

5.1 Billy Elliot: Vom Boxer zum Tänzer

Billy Elliot – I will dance (GB 2000) thematisiert zentrale Grundkomplexe des Aufwachsens eines männlichen Jugendlichen. Es handelt sich nicht um einen Actionfilm. Die Dramaturgie akzentuiert vielmehr die sozialen Beziehungen und inneren Handlungen der Protagonisten. Im Rahmen der medialen Gewohnheiten männlicher Jugendlicher repräsentiert er eher das Fremde als das Gewohnte (vgl. auch Luca 2006).

Als Billy, die Titel- und Hauptfigur des Films, seine Freude und Begeisterung für das Tanzen entdeckt, befindet er sich plötzlich nicht mehr im Rahmen der Wertvorstellungen seiner Familie. Jungen werden zum Boxtraining geschickt, Mädchen zur Ballettstunde. Überhaupt ist das Tanzen der Welt der Frauen vorbehalten. In Billys eigener Familie ist es die Großmutter, die ihm wiederholt erzählt, sie habe Profitänzerin werden wollen. Als Billy sich zum ersten Mal traut bei Mrs. Wilkinson mitzutanzen, muss diese ihm auf seine Frage hin versichern, dass nicht nur schwule Männer tanzen. Tanzende Männer sind in der herrschenden Geschlechterordnung von Billys Welt nur als homosexuelle Männer denkbar.

Dass damit im Verständnis seiner männlichen Bezugspersonen, zuallererst in dem seines Vaters, eine deutliche Abwertung verbunden ist, begleitet Billys Ausbruchsversuche von Anfang an. Er bewegt sich auf einem Feld, das ihn mit Mädchen, d.h. in den Augen seiner Umwelt mit "Schwächlingen" gleichsetzt. Der Ablösungsprozess aus seiner Familie und seinem sozialen Milieu ist gleichzeitig ein Ausbruch aus der traditionellen Geschlechterordnung und ein Lernprozess, der sich - siehe oben - "quasi auf der Bühne des Körpers" (King 2004: 175) vollzieht und aus dem maskulin konnotierten Feld des Boxens in das feminin konnotierte Feld des Tanzens führt. Der Film spielt zur Zeit des Bergarbeiterstreiks Mitte der 1980er Jahre, in der das Ende des Bergbaus im Norden Englands bereits absehbar wurde. Billy überschreitet die Grenze zwischen dem männlichen (jetzt von Margaret Thatcher entmannten Arbeiter-)Norden und dem weiblichen Süden Englands.

Billy wird von Anfang bis Ende des Films als Tanzender, als Tänzer charakterisiert. Er ist körperlich unversehrt, kraftvoll im Tanz, auch wenn er im Boxen Verlierer ist. Die Tanzszenen in *Billy Elliot - I will dance* sind nicht nur Ausdruck von Billys Freude am Tanz, sondern symbolisieren auch seine konflikthafte Entwicklung vom Kind zum Erwachsenen.

Billys Entwicklung findet in drei Tanzszenen eine Verdichtung. Die Wahl der Musik und die Tanzchoreografie unterstützen dramaturgisch diesen Weg. Die erste offene Abgrenzung vom Vater ist von einem kraftvollen Wutausbruch von Billy begleitet. Nachdem er seinem Vater gesagt hat: "Ich hasse dich", tobt er wild und ziellos nach Rock'n-Roll-Musik und dem Song "Revolution" durch die Strassen seines Wohnviertels. Die Szene zeigt Billys *Widerstandskraft* und manifestiert sich körperlich in energiegeladenen, unkontrollierten Bewegungen.

Die zweite Tanzszene befindet sich auf dem Höhepunkt der Auseinandersetzung und Billys Entscheidung: "Ich will keine Kindheit. Ich will Balletttänzer werden". Sie enthält eine lange Sequenz, in der Billy tanzend davonrennt: treppauf, treppab, steppend, stampfend, springend, schreiend, tanzend, Fußball spielend. In dieser Szene zeigt Billy seine sportliche Kraft, seine Ausdauer und seinen Willen zum *Weglaufen*. In dieser Situation wird nicht der Junge gezeigt, der in Ballettschuhen mit den Mädchen an der Stange tanzt, sondern der Junge, der stark genug ist, seinen eigenen Weg zu gehen. Das Tanzen steht hier für die zielgerichtete Bewegung vom Vater weg einer ungewissen Zukunft entgegen.

Schließlich wird auch die Versöhnungsszene mit dem Vater als Tanz dargestellt, als *Freudentanz* von Billy. Von Orchestermusik begleitet tanzt Billy sich frei. Er zeigt sich seinem Vater tanzend. Er bewegt sich freudig – mit den Füßen fast sein Gesicht berührend – vor den Augen des Vaters. Sein Springen lässt ihn den Vater körperlich überragen. Billys Bewegung zum Vater hin ist damit vollzogen. Symbolisch drückt der Tanz auch die Distanz zum Vater aus, die größer nicht sein könnte: Der Vater wird als Bergarbeiter wieder *unter Tage* fahren, während Billy die Welt *in den Himmel* springend erobern wird. Der Protagonist Billy hat damit die Stufe vom Boxer zum Tänzer erreicht. Er muss nicht mehr davonlaufen, sondern findet seinen Platz aufrecht tanzend vor seinem Vater, der ihn jetzt als Tänzer wahrnimmt und akzeptiert.

5.2 Boys Don't Cry

Boys Don't Cry (1999) greift eine wahre Begebenheit auf, den Mord an dem transidentischen Jugendlichen Teena Brandon in Nebraska 1993. Die erste Erzählphase des Films ist durch das Motiv der Reise, des Aufbruchs bestimmt, der die Trennung von Früherem impliziert. Anspielungsreich ist dieser Aufbruch als Autofahrt in nächtlicher Dunkelheit mit unbekanntem Ziel gestaltet. Der Blick in den Rückspiegel geht vor, in die Zukunft, und zurück, in die Vergangenheit. Ein Überholmanöver führt auf die gefährliche 'falsche' Seite. Eine solche nächtliche Autojagd als Mutprobe und Austragungsort von Konflikten zwischen Jugendgruppen ist spätestens seit *...denn sie wissen nicht was sie tun* (1955) ein bekanntes Motiv.

Das Motiv des Aufbruchs wird dann thematisch fokussiert in der Szene im Wohncontainer, in der sich Teena zu Brandon verkleidet: Holzfäller-Hemd, kurzgeschnittene Haare, Socken in der Hose, Hut. *Gender* erscheint hier in seiner Doppeldimension: als Arbeit am Selbst und als Rückgriff auf den Zeichenvorrat der Umwelt, zugleich selbst- und fremdbestimmt. Im Spiegel und im Blick des Mentors und Warners – einer prototypischen Instanz filmischer Erzählung (Krützen 2004: 129) – wird die Selbstinszenierung geprüft und dabei das Performative, das *doing gender* kritisch auf Plausibilität hin geprüft und dabei auf 'angemessene' Signale der Maskulinität reduziert. *Gender* ist Schauspiel, Brandon ein "Superstar", bereit für die Genderbühne: "So you're a boy. What now?" Es kann losgehen.

Brandon bricht auf ins Ungewisse seiner ersten Herausforderung. Er stellt sich den Peers auf der Rollschuhbahn, trifft sein *blind date*, besteht die erste Prüfung: *Boy meets girl.* Er wird als zuversichtliche Figur gezeichnet, die zwar die Probleme der Umwelt mit ihrer Identität kennt, nicht aber deren Ausmaß. Das zeigt sich schon bei dem Überfall, der dem Filmanfang folgt. Brandons Reise zum Selbst führt zu seiner Vernichtung, dafür sorgen die Männer als Hüter der Geschlechterordnung. Sie setzen sich gewaltsam gegen den Subtext dieses Films durch, der weiblich besetzt ist und in dem Brandon als Lichtgestalt "from somewhere beautiful" eine Verheißung darstellt und mit der Geliebten, Lana, die heteronormative Geschlechterordnung transzendiert – bei Strafe des Todes.

6. Pädagogisch-didaktische Überlegungen

Eingangs hatten wir dargelegt, dass Filme mit ihren Geschichten an der Sinn- und Ordnungsstiftung von Gesellschaft und Individuum beteiligt sind und dass vieles dafür spricht, dass sie aktiv an der Konstruktion der binären Geschlechterordnung mitwirken. Für die Individuen stellen Filme einen Erzählvorrat bereit, mit dessen Hilfe sie ihre Identität aushandeln und konstruieren und sich ihrer in der Auseinandersetzung darüber mit Anderen, besonders Gleichaltrigen, vergewissern. Filmproduktion und -rezeption sind dabei zugleich voneinander abhängige wie auch je eigenständige Prozesse, die in einem nicht-deterministischen Verhältnis zueinander stehen (vgl. Decke-Cornill/Luca 2007).

Hier wollen wir nun abschließend einige Überlegungen darüber anstellen, inwiefern die Filme *Billy Elliot – I will dance* und *Boys Don't Cry* den Blick auf die Geschlechterordnung verändern könnten. Didaktisch-methodisch erscheint uns dabei ein Vergleich der beiden Filme vielversprechend, in dem sich die jeweiligen Besonderheiten herauskristallisieren.

Zunächst ist festzuhalten, dass beide Filme einige Gemeinsamkeiten aufweisen. Beide thematisieren Normverstöße selbstbewusster Heranwachsender gegen die

Geschlechterordnung ihrer Umgebung. In beiden geschieht dies in einem prekären gesellschaftlichen Umfeld, in denen das Konstrukt dominanter Maskulinität sich seiner ökonomischen Basis beraubt sieht: in *Boys Don't Cry* in einer Umgebung am gesellschaftlichen Rand des *poor white trash*, in *Billy Elliot – I will dance* beim historischen Zusammenbruch der *working-class culture* in der englischen Bergbauregion. In beiden müssen die Hauptfiguren ihre Heimat verlassen. In beiden erscheinen sie als die 'Anderen' in doppelter Weise: als Bedrohung und als Lichtgestalten.

Im Gegensatz zu *Boys Don't Cry* weist *Billy Elliot* dramaturgisch märchenhafte Züge auf. Der Umschwung des Vaters vom Widerstand gegen Billys Ambitionen hin zur Unterstützung ist überraschend und psychologisch kaum hergeleitet. Auch der Einsatz der gesamten Umwelt von Billy für seine Tanzkarriere bis hin zur fulminanten Schlussszene, in der Billy den Prinzen in *Schwanensee* tanzt und sein Vater, sein Bruder Tony und sein transvestitischer Freund Michael im Publikum sitzen, ist beglückend, aber nicht überzeugend. Der Schlusssatz könnte durchaus lauten: ... und sie lebten noch lange glücklich und in Frieden.

Boys Don't Cry (vgl. Bettina Kleiners und Kiu Urbans differenzierte Analyse in diesem Band) hingegen greift eine wahre Begebenheit auf. Anders als in *Billy Elliot*, in dem der Kampf gegen die Geschlechterordnung zur Befreiung nicht nur des Individuums, sondern auch seiner Umgebung führt, führt in *Boys Don't Cry* die Nichtbeachtung der heteronormativen Ordnung zu Tod und Vernichtung.

Auf der Ebene der Körperdarstellung zeichnet sich die Figur Billy durch eine Inszenierung aus, die eine dynamische Entwicklung zeigt. Sie führt von den anfänglichen Niederlagen des besiegten Boxers, der am Boden liegt, hin zum Triumph des Tänzers, der sich befreit aus der Gebundenheit löst und in den Himmel springt. Brandon dagegen versucht zunächst und durchaus spielerisch, sich der Umgebung einzuordnen. Sein transidentisches Begehren ist ihm als Skandalon bewusst, er erfüllt die performativen Erwartungen, die er an sich gerichtet sieht. Seine Verkleidung wird von seiner Umgebung als Täuschung über seine 'wahre' Identität bewertet. Im Umkehrschluss erscheinen dabei die Verkleidungen der Anderen, der 'richtigen' Männer und 'richtigen' Frauen als angemessene Bekleidungen; dass auch sie Arbeit an der Herstellung von Geschlechteridentität sind, bleibt unmarkiert.

Im Vergleich zeigt sich, dass in *Boys Don't Cry* der Normverstoß sanktioniert wird, in *Billy Elliot – I will dance* dagegen als Befreiung gezeichnet wird. Diese Differenz könnte für die Analyse der Filme in pädagogischen Kontexten fruchtbar sein. Eine solche Diskussion fokussiert auf die Frage danach, ob und wie die im Film erzählte Geschichte die gesellschaftlich dominante Geschlechterordnung rekonstruiert oder überwindet.

Filmnachweis

Pretty Woman (USA 1990), Regie: Garry Marshall.

Billy Elliot - I will dance (GB 2000), Regie: Stephen Daldry.

Boys Don't Cry (USA 1999), Regie: Kimberly Peirce.

... denn sie wissen nicht was sie tun (USA 1955), Regie: Nicholas Ray.

Literatur:

Bordwell, David, Janet Staiger & Kristin Thompson (Hrsg.) (1988). The Classical Hollywood Cinema. *Film Style & Mode of Production to 1960.* London: Routledge.

Bourdieu, Pierre (1987). *Sozialer Sinn. Kritik der theoretischen Vernunft.* Frankfurt/Main: Suhrkamp.

Bruner, Jerome (1997). *Sinn, Kultur und Ich-Identität. Zur Kulturpsychologie des Sinns.* Heidelberg: Auer.

Butler, Judith (1990). *Gender Trouble: Feminism and the Subversion of Identity.* London: Routledge.

Campbell, Joseph (1993). *The Hero with a Thousand Faces.* Orig. 1949. London: Fontana.

Decke-Cornill, Helene & Renate Luca (2007). "Filmanalyse und/oder Filmerleben? Zum Dualismus von Filmobjekt und Zuschauersubjekt." In: dies. (Hrsg.). *Jugendliche im Film – Filme für Jugendliche: Medienpädagogische, bildungstheoretische und didaktische Perspektiven.* München: kopaed, 11-30.

Erikson, Erik H. (1979). *Identität und Lebenszyklus. Drei Aufsätze*. 5. Aufl. Frankfurt/Main: Suhrkamp.

King, Vera (2004). *Die Entstehung des Neuen in der Adoleszenz*. Individuation, Generativität und Geschlecht in modernisierten Gesellschaften. Wiesbaden: VS.

Klaus, Elisabeth & Jutta Röser (1996). "Fernsehen und Geschlecht. Geschlechtsgebundene Kommunikationsstile in der Medienrezeption und -produktion." In: Marci-Boencke, Gudrun, Petra Werner & Ulla Wischermann (Hrsg.). *BlickRichtungFrauen*. Weinheim: Beltz, 37-60.

Klaus, Elisabeth (2002). "Die Konstruktion von Geschlecht im medialen Diskurs: Befunde und Perspektiven der Kommunikationswissenschaftlichen Geschlechterforschung." In: Bauer, Ingrid & Julia Neissl (Hrsg.). *Gender Studies: Denkachsen und Perspektiven der Geschlechterforschung*. Innsbruck, Wien, München: StudienVerlag, 67-80.

Krützen Michaela (2004). *Dramaturgie des Films. Wie Hollywood erzählt*. Frankfurt/Main: Fischer.

Luca, Renate (2006). "Filmerleben und Medienkompetenz von Jungen. Ein Unterrichtsprojekt mit Jugendlichen in der Haupt- und Gesamtschule zum Thema 'Männliche Adoleszenz im Film *Billy Elliot – I will dance*'." In: Josting, Petra & Heidrun Hoppe (Hrsg.). *Mädchen, Jungen und ihre Medienkompetenzen*. München: kopaed, 206 – 225.

Propp, Vladimir (1986). *Morphologie des Märchens*. Orig. 1928. Frankfurt/Main: Suhrkamp.

Schründer-Lenzen, Agi (2004). "Gender und Medienpädagogik." In: Glaser, Edith, Dorle Klika & Annedore Prengel (Hrsg.). *Handbuch Gender und Erziehungswissenschaft*. Bad Heilbrunn: Klinkhardt, S. 557-574.

Sobiech, Gabriele (2001). "'Mit der Pubertät kam der Zwang zum Mädchen.' Handlungs- Spiel -Räume und Körpererleben im Übergang vom Mädchen zur Frau." In: Koordinationsstelle Niedersächsisches Modellprojekt *Mädchen in der Jugendarbeit* (Hrsg.). *Up to Date. Mädchenarbeit präsentiert sich*. Hannover, 39-46.

Theunert, Helga (Hrsg.) (1993). *'Einsame Wölfe' und 'Schöne Bräute': Was Mädchen und Jungen in Cartoons finden*. München: Fischer.

Turner, Graeme (1988). *Film as Social Practice*. London, New York: Routledge.

West, Candace & Don H. Zimmerman (1987). "Doing Gender." In: *Gender & Society* 1/1987, 125-151.

Wexman, Virginia Wright (1993): *Creating the Couple. Love, Marriage, and Hollywood Performance.* Princeton University Press.

Winter, Rainer (2001): *Die Kunst des Eigensinns. Cultural Studies als Kritik der Macht*. Weilerswist: Velbruck.

Winfried Pauleit

Filmstandbild und Geschlechterdifferenz. Oder wie man als User von Filmstandbildern an der Ästhetik des modernen Kinos partizipiert

Filmstandbilder sind Gebrauchsfotografien der Filmindustrie oder Werbeträger. Manche erreichen den Status von Ikonen oder Fetischobjekten. Die Mehrzahl ist Massenware, die ein Schattendasein führt neben der eigentlichen Attraktion, dem Film. Filmstandbilder sind keine Werke im strikten Sinne. Sie werden vielmehr einem Film hinzugefügt. Der genuine Einsatzort, an dem Filmstandbilder öffentlich präsentiert werden, ist das Kino. Filmstandbilder sind dort einem ganz bestimmten Bereich vorbehalten: der Schwelle zwischen Stadtraum und Kinosaal. Genau an diesem Übergang sollen sie das Laufpublikum verführen und ins Kino locken. Filmstandbilder sind also Teil einer Passage und vermitteln zwischen zwei Orten. Und so wie jede Vermittlung nicht ohne Ansprache des Begehrens auskommt, arbeiten auch Filmstandbilder mit einem Versprechen. Sie können durchaus mit einer Fleischbeschauung verglichen werden: Der Schaukasten zeigt den Film im Anschnitt, wie eine Fleischerauslage. Filmstandbilder locken dabei nicht nur einfach von der Straße ins Kino. Sie begleiten vielmehr die Filmaufführung: sie bereiten sie vor und trauern ihr nach. Es sind die letzten Standbilder vor dem Film, auf die man als Zuschauer noch einen prüfenden Blick werfen kann. Man betrachtet die Bilder und vergewissert sich seiner selbst, bevor man einen Teil dieser Selbstverfassung im Kino vorübergehend aufgibt. Nach dem Film sind sie dann wieder zur Stelle und zeigen sich in einem anderen Licht: Es sind jetzt Erinnerungsbilder, die ein Wind aus Melancholie umweht, vergleichbar mit den Fotos vom letzten Urlaub.

Was Filmstandbilder aus bildungstheoretischer Perspektive relevant und interessant erscheinen lässt, ist ihr Status als Zusatz. Von Seiten der Filmdistribution wird ein Satz von etwa zehn oder zwölf Filmstandbildern ausgewählt und zum Aushang an den Kinos in Umlauf gebracht. Ihre Zahl ist aber keineswegs festgelegt. Auch Filmwissenschaftler fügen einem Film nachträglich Filmstandbilder hinzu, wenn sie beispielsweise eine Kadervergrößerung für eine Publikation anfertigen lassen. Und mit Hilfe des Computers kann heute jeder Filmzuschauer einen digitalisierten Film anhalten, ein Standbild aus dem Bewegungsfluss herauslösen und bei Bedarf ausdrucken. Das spezifische Verhältnis von Film und Filmstandbildern lässt sich als Supplementarität (Zusätzlichkeit) beschreiben. Die zusätzlichen Filmstandbilder stellen die Abgeschlossenheit des Films als Werk auf grundsätzliche Art in Frage. Verschärft wird dieser Umstand dadurch, dass seitens der Distribution immer wieder einzelne Filmstandbilder in Umlauf gebracht werden, die im Film gar nicht vorkommen. Dies bedeutet letztlich, dass einem Film auch nachträglich Bilder hinzugefügt werden können, ohne dass ein sicheres Bewertungskriterium für die Legitimität dieser Bilder vorliegt. Beschränkte sich dieser Umstand lange Zeit auf eine Trennung von bewegtem und stehendem Bild (Werk und Zusatz), so lässt sich diese Trennung im Computerzeitalter nicht mehr aufrechterhalten. Anders formuliert: Heute lassen sich auch Einstellungen und Szenen zu einem Film als Supplements hinzufügen.

Dennoch stellen Filmstandbilder als Zusätze des Films eine spezifische Herausforderung dar. Denn im Filmstandbild erscheint der Film gleichzeitig als *pars pro toto*. Diese Figur, in der ein Teil für das Ganze genommen wird, lädt Betrachter geradezu 'unmittelbar' zur imaginativen oder konkret intervenierenden Vervollständigung, Ergänzung oder Dekonstruktion eines Films ein. Filmstandbilder liefern sozusagen eine Ermächtigung, in den Film eingreifen zu können, ein Kunstwerk nachträglich zu bearbeiten. Dies betrifft nicht zuletzt auch Fragen der Geschlechterdifferenz. Zahlreiche bildende Künstler und Künstlerinnen haben dieses produktive Potenzial entdeckt und daraus eine ästhetische Praxis entwickelt, wie z.B. Richard Hamilton, John Baldessari oder Cindy Sherman (vgl. Pauleit 2004). Aber auch Filme selbst verweisen auf dieses Potenzial oder erzählen davon. Auch die Filmtheorie, insbesondere die feministische, hat implizit die Bedeutung des Filmstandbildes mehrfach herausgestellt. (Vgl. Pauleit 2000, 2005) Schließlich lässt sich festhalten, dass die Praxis der nachträglichen Bearbeitung sogar älter als der Film ist – Teil einer Entwicklung, die Walter Benjamin als technische Reproduzierbarkeit beschrieb.

Als ein allseits bekanntes Beispiel für eine Intervention in Geschlechterverhältnisse sei Marcel Duchamps Bearbeitung der Mona Lisa genannt ("L.H.O.O.Q.", 1919). Eine Reproduktion der Mona Lisa wird von Duchamp bekanntlich mit einem Bart ausgestattet. Diese Form der Gesichtsbehaarung wird allgemein als Zeichen für Männlichkeit angesehen. Der Eingriff fügt dem Bild ein männlich codiertes Zeichen hinzu. Wenngleich sich diese Form der Intervention nicht auf den Film bezieht, so beruht sie doch auf der Reproduzierbarkeit des Werks und einem 'Zusatz', dem gemalten Bart. Ohne in eine tiefer gehende Analyse des Beispiels einsteigen zu wollen, lässt sich schon an dieser Stelle festhalten, dass das produktive Potenzial von Filmstandbildern auf drei Prinzipien basiert: auf der Reproduzierbarkeit, auf der Supplementarität und auf der Stellvertreterfunktion des *pars pro toto*.[1] Diese werden im Folgenden im Kontext von Genderfragen untersucht und für bildungstheoretische Überlegungen fruchtbar gemacht.

Filmstandbilder im modernen Kino

Reflektiert und in Szene gesetzt wurden diese Prinzipien von François Truffaut im Gründungsfilm der *Nouvelle Vague*: LES 400 COUPS (dt. Sie küssten und sie schlugen ihn, 1959). Bereits in der ersten Einstellung des Films wird auf die Geste Duchamps angespielt, auf das Anmalen eines Bartes (Zusatz). Dies bliebe im Grunde ohne Bedeutung, wenn nicht dem ganzen Film ein Diskurs über Bilder eingeschrieben wäre und ein Filmstandbild dabei eine zentrale Rolle spielte, welches Harriet Andersson in Ingmar Bergmans MONIKA zeigt (vgl. Pauleit 2007). Truffauts Übertragung der Duchamp'schen Geste auf den Film wird nicht nur an einem Filmstandbild in Szene gesetzt (Reproduktion). Truffauts Film endet auch mit einem *Freeze Frame*, welcher seinen Hauptdarsteller im Standbild festhält (*pars pro toto*). Truffaut führt hier die produktiven Potenziale des Filmstandbildes vor und seine Aneignung durch den Zuschauer. In Truffauts Geste blitzt nun ebenfalls eine Geschlechterdifferenz auf, die nicht durch einen Bart codiert wird, sondern durch den Wechsel von der Schauspielerin Harriet Andersson zum Schauspieler Jean-Pierre Léaud. Darin zeigt sich das besondere Potenzial von Filmstandbildern konkret, welches im Zusammenspiel von Reproduktion, Supplementarität und *pars pro toto* wesentlich weiter reichende Bearbeitungen (als der Duchamp'sche Bart) ermöglicht: Das Ergebnis ist eine ikonografische Spur, die von Leonardos Mona Lisa über Duchamps Bearbeitung (Abb. 1) zu Harriet

[1] Zur Reproduzierbarkeit vgl. Pauleit (2009); zur Supplementarität vgl. Pauleit (2004: 67-110); zum *pars pro toto* vgl. Bergala (2006: 100-103).

Andersson als Monika (Abb. 2) bis hin zum 14jährigen Jean-Pierre Léaud als Antoine Doinel (Abb. 3) reicht.

Abb. 1-3

Besonders eindrucksvoll ist dieses Beispiel nicht deshalb, weil Truffaut in seinem *Freeze Frame* mit Jean-Pierre Léaud am Meer eine geschlechtliche Verschiebung ausstellt, sondern weil es ihm gelingt, auf diesem Wege eine bis dahin undenkbare Figur zu kreieren (mit ihrer spezifischen Ausprägung von Männlichkeit und 'Amateurhaftigkeit' im doppelten Sinne von Unprofessionalität und Liebendem) und diese gleichzeitig in die Kulturgeschichte einzuschreiben. Denn Jean-Pierre Léaud ist ein neuer Typ: nicht nur ein Mann mit sehr weiblichen Zügen, sondern der Inbegriff einer gebrochenen und reflektierten Männlichkeit. Gerade diese Aspekte fokussiert die *Nouvelle Vague* und verankert sie im kulturellen Feld. Léaud ist zudem kein Schauspieler im eigentlichen Sinne. Er hat keine klassische Ausbildung. Als Schauspieler ist er einerseits *alter ego* des Regisseurs. Dies trifft auch für andere Schauspieler zu, z.B. für Marcello Mastroianni.

Léaud aber ist auch *alter ego* der Zuschauer, d.h. er ist ein Kinogänger, einer, der mit Hilfe des Kinos seine Identität ausbildet. Gerade dieser Umstand lässt die von den Regisseuren der *Nouvelle Vague* erfundene 'Politik der Autoren' in einem anderen Licht erscheinen. Diese neuen Regisseure waren ja zunächst und in erster Linie begeisterte Zuschauer und Amateure. Ihre Politik der Autoren ist daher nicht zuletzt auch eine 'Politik der Zuschauer' – eine Politik, die den Eingriff der Zuschauer nahe legt oder, anders gesagt, das Begehren weckt, mit Film und Kino das Leben zu reflektieren und neu zu gestalten. Genau diese 'Politik der Zuschauer' ist in jenem Filmstandbild festgehalten, in dem zwei Jungs im Vorraum eines Kinos stehen und sich anschicken, ein Standfoto zu stehlen (Abb. 4).

Abb. 4

Anders formuliert: Jean-Pierre Léaud figuriert als modernes Subjekt, welches vom Kino mit hervorgebracht wird. Er verkörpert aber auch das moderne Kino. Das bedeutet, an ihm lassen sich zwei Entwicklungsstränge studieren: der des modernen Subjekts und der jenes Kinos, das die Ideale der Traumfabrik hinter sich lässt, das selbstreflexiv und brüchig wird und das in künstlerischer wie in politischer Hinsicht damit beginnt, alles in Frage zu stellen. Dieses moderne Kino wird ebenso von Regisseuren, Schauspielern, Zuschauern und Theoretikern geprägt. So wird das Kino beispielsweise von Peter Wollen seitens der Theorie als hybrides Medium gefasst oder als Ort konzipiert, an dem sich unterschiedliche Künste begegnen und gegenseitig befruchten (vgl. Pauleit 2009). In diesem Kontext erscheinen Film und Kino nicht mehr als eine Kunst neben anderen, sondern als Teil eines komplexen Handlungs- und Diskursfeldes, in dem Künste und Theorien ineinander greifen – und in dem Zuschauer ebenso wie Regisseure

Akteure sein können. Das Initial dieser Ermächtigung der Zuschauer ist das Filmstandbild.

Man darf sich die Entstehung und Entwicklung des modernen Kinos aber nicht als historischen Bruch vorstellen, durch den Filmstandbilder plötzlich (um 1960) eine spezifische Bedeutung erhalten. Vielmehr zeigen sich retrospektiv betrachtet bereits Aspekte des modernen Kinos im Stummfilm und im klassischen Kino – oder aber in Formen des Übergangs, die die Krise Hollywoods in den 1950er Jahren begleiten. Die neuen theoretischen Konzeptionen von Film und Kino und die sie begleitenden Diskurse rücken diese Aspekte seit den1970er Jahren ins Zentrum der Betrachtung. Dies betrifft nicht zuletzt die Akzentuierung von Frauen- oder Männertypen, ihre implizite und explizite sexuelle Orientierung oder den Anspruch auf Autorschaft im Diskursfeld, der sich mit Fragen der Geschlechterdifferenz kreuzt. Im Folgenden möchte ich an drei Beispielen zeigen, wie derartige Handlungs- und Diskursfelder sich im Kino vor 1960 formieren und sich entlang der drei genannten Prinzipien Supplementarität, Reproduktion und *pars pro toto* entfalten.

Otto Premingers THE MOON IS BLUE, 1953

Otto Preminger ist ein Beispiel dafür, wie sich in der Krise Hollywoods Anfang der 1950er Jahre jenseits des Studiosystems unabhängige Produktionen entwickeln. Preminger arbeitet seit dieser Zeit zur Hälfte innerhalb des Studiosystems und zur Hälfte in New York mit einer eigenen Produktionsfirma. Sein Film THE MOON IS BLUE von 1953 ist seine erste unabhängige Produktion. Diese Komödie ist vor allem deshalb in die Geschichte eingegangen, weil sie kein Siegel der MPPA (Motion Pictures Producers Association) erhielt, was im Grunde einer Zensur des Films gleichkam. Moniert wurden einige Worte des Drehbuchs: "virgin", "seduce" und "pregnant", auf die Preminger nicht verzichten wollte. Der Film wurde schließlich ohne Siegel mit Hilfe der United Artists in die Kinos gebracht und Dank des Skandals um die Zensurauflagen dennoch ein Erfolg (Grob et al. 1999). Durch seine Ablehnung jeglicher Änderungen positionierte sich Preminger damit als Autorenfilmer.

Bemerkenswert an der Produktion sind zudem die Abweichungen von den Genreregeln und -konventionen. Diese beginnen mit der *mise-en-scène* in einem modernistischen Appartement und durchziehen das Schauspiel und die Dialoge. Auf die Spitze getrieben erscheinen diese Abweichungen im Umgang mit der weiblichen Hauptfigur Patty O'Neill (Maggie McNamara, Abb. 5) als gleichzeitig naives und modernes *working-class girl* irischer Abstammung. Akzentuiert wird dieser neue Frauentyp durch eine Gegenspielerin, Cynthia Slater (Dawn Addams, Abb. 6). Diese entspricht den Hollywoodkonventionen von Weiblichkeit. Und sie wird gleichzeitig als Fotografie in den Film eingeführt: Patty betrachtet das Portrait von Cynthia, bevor es vom Ex-Verlobten gleich zweimal hintereinander in eine Schublade verbannt wird. Die Fotografie zeigt aber nicht nur das Bild der Verlobten, sie zeigt auch die Schauspielerin und fungiert gleichzeitig als Aushangfoto der Filmwerbung (außerhalb des Films). Preminger nutzt diese Konstellation für seine Inszenierung eines neuen Typs von Weiblichkeit. Er kann den klassischen Star im Filmstandbild gleichzeitig im Schaukasten vor dem Kino ausstellen und im Film verschwinden lassen. Er wirbt mit der Hollywoodkonvention für seinen Film und propagiert im Film einen anderen Frauentyp. Er lässt seinen neuen Star wie eine Kinozuschauerin auftreten und das Portrait von Cynthia begutachten – so wie der Zuschauer das Filmstandbild an der Kinokasse betrachtet. Der klassische weibliche Star wird also als Filmstandbild eingeführt und dann in eine Nebenrolle verwiesen. Allerdings darf er in einer Badeszene noch einmal seine körperlichen Reize und Starqualitäten als erotisches Objekt ausstellen (vgl. Pauleit 2000). Während Patty, der neue Star, dem Portrait von Cynthia (und damit dem Kino) gegenüber positiv eingestellt ist, verwirft sie das Frauenportrait von Picasso und schlägt vor, die Lithographie von der Wand des Appartements zu verbannen (Abb. 7).

Abb. 5, 6, 7

Auf diesem Hintergrund kann der neue Star Kontur gewinnen. Die Geste der Verschiebung ist ähnlich wie bei Truffaut: Reproduktion, Zusätzlichkeit, *pars pro toto* begleiten und ermöglichen die Fokussierung auf den neuen Star. Seine Qualitäten bestehen allerdings weniger im Anspruch auf ein anderes Bild als im Anspruch auf Diskursmacht, in der Weiblichkeit, Sexualität und mögliche Beziehungskonstellationen verbal und *en détail* verhandelt werden (während Sexualität nur in symbolischer Form in Szene gesetzt wird, z.B. eine Entjungferung als Ketchupfleck auf dem Kleid von Patty). Premingers neuer Frauentyp ist eher ein ironisch gebrochenes 'Programm', das weniger auf Authentizität setzt denn auf Diskursivität. Gleichzeitig greift er eine Reihe von Diskursen auf, um sie in seinem Kammerspiel zu platzieren: Der Wunsch nach Aufstieg und Partizipation der Immigranten wird ebenso ins Bild oder besser ins Wort gesetzt, wie Alltagserfahrungen jenseits der Traumfabrik. Unterstrichen durch den Kurzauftritt von Pattys Vater, der als Cop und Signet für *street credibility* einen Faustschlag austeilt, wird beispielsweise an das Gangster- und Polizeigenre erinnert, indem (männliche) irische Einwanderer erstmals ihre Stimme erhielten (vgl. Munby 1999). Patty hingegen gewinnt ihre Glaubwürdigkeit durch ein widersprüchliches Gemisch aus Diskursfähigkeit, Eigenheit und Angepasstheit.[2] Ihre Konkurrentin Cynthia fasst dies in der Bezeichnung "professional virgin" zusammen, woraufhin Patty eine Erklärung dieses Begriffs verlangt. Das Diskursfeld, welches durch das Ausstellen und ständige Wiederholen dieses Begriffs aufgespannt wird, ist beispielhaft für die Strategie Premingers und wird mehrfach mit anderen Be-

[2] Pattys Ziel ist nicht die eigene Karriere als Schauspielerin voranzubringen, sondern einen wohlhabenden Mann zu heiraten.

griffen durchgespielt: Die Zusammensetzung "professional virgin" kann einerseits als eine Konstruktion aus Adjektiv und Substantiv gelesen werden oder als Bindestrichidentität "professional-virgin" (vergleichbar mit Irish-American). Dieser Begriff überlagert das Bild des klassischen Hollywoodstars in seiner unausgesprochenen Verbindung von Heiliger und Hure und gibt es als aufgesplitterte moderne Existenz an die Zuschauer(innen) zurück. Der neue Star ist also kein neues Bild, sondern Moderator eines Diskursfeldes ("professional-virgin"), in dem sich jeder Zuschauer schließlich selbst argumentativ verorten muss.

Preston Sturges' THE LADY EVE, 1941

Ein Beispiel für eine Komödie des klassischen Hollywoodkinos ist THE LADY EVE (dt. Die Falschspielerin, 1941) von Preston Sturges. Der Clou dieses Films besteht darin, dass die Inszenierung des weiblichen Stars von Anfang an als Konstruktion ausgestellt wird. Diese Selbstreflexivität des Films wird dadurch in die Handlung rückgebunden, dass aus der Perspektive einer weiblichen Hochstaplerin (und ihrer Kollegen) erzählt wird. Die Handlung beginnt auf einem Ozeandampfer. Die Betrüger überlegen sich ein Szenario der Verführung für einen an Bord befindlichen Millionär, um an dessen Reichtum partizipieren zu können. Sie gehen dabei wie bei einem Casting vor und spielen imaginär anhand unterschiedlicher mitreisender Frauentypen, die sie ins Visier nehmen, bekannte Hollywoodgenres durch, bevor die Hochstaplerin Jean Harrington (Barbara Stanwyck) selbst zum Einsatz kommt, um an der Seite des Millionärs die *Leading Lady* in einer Romanze zu spielen. Kurz gesagt, die Betrüger tun so, als führten sie Regie.[3] Barbara Stanwyck ist für die doppelbödige Rolle insofern prädestiniert, als sie während der 30er Jahre zunächst als toughes *working-class girl* bekannt war und nun in die Rolle der Hochstaplerin schlüpft. Ihr Spiel währt so lange, bis sie durch eine Fotografie diskreditiert wird.

[3] Eine ausführliche Analyse dieser Anfangssequenz findet sich in Pauleit (2009: 118-136).

Abb. 8

Diese Fotografie (Abb. 8) tritt hier ebenfalls in Doppelgestalt auf und changiert zwischen Polizeifoto und Filmstandbild. Für das Filmstandbild sprechen das Format, die Darstellung eines Handlungszusammenhangs und die Form der aufgedruckten Legende auf der Rückseite. Auch die Reaktion des Millionärs Charles Pike (Henry Fonda) beim Betrachten der Fotografie lässt ebenso auf Polizeifoto wie auf Filmstandbild schließen. Filmstandbild, weil der Millionär bemerkt, dass er sich im Gangstergenre befindet und nicht wie angenommen in einer Romanze. Das Filmstandbild (als Reproduktion und Zusatz) gibt dem ganzen Handlungszusammenhang (als *pars pro toto*) eine Wende. Auch in diesem Film leitet das Filmstandbild einen Wechsel in der Besetzung der weiblichen Hauptfigur ein. Allerdings bleibt die vakante Position umkämpft und wird im Laufe der Handlung erneut von Barbara Stanwyck als Jean Harrington eingenommen, die sich allerdings zu diesem Zeitpunkt als englische Aristokratin ausgibt. Eine weitere Verschiebung der Besetzung wird mit den Mitteln weiblicher Diskursmacht eingeleitet, die den Liebhaber ein zweites Mal aus der Romanze vertreibt – zurück in die Arme der Betrügerin. Der weibliche Anspruch auf Diskursmacht wird hier negativ der Romanze gegenübergestellt. Favorisiert wird in dieser Komödie stattdessen die Konvention – mit dem Unterschied, dass die Konvention als schöner Schein und Betrug kenntlich gemacht und Weiblichkeit als Maskerade inszeniert wird.

Erwähnt sei an dieser Stelle noch, dass die Entlarvung von Harrington durch eine Fotografie vom Diener des Millionärs in die Wege geleitet wird. Dieser hat die

Aufgabe, Charles Pike vor den 'falschen' Bekanntschaften zu schützen. Dabei verteidigt er aber auch seinen Platz an der Seite des Millionärs (sie nutzen dieselbe Schlafkabine, die der Diener für Jean Harrington räumen muss). Es handelt sich also letztlich um eine Dreiecksgeschichte. Das konkurrierende, verkappt homoerotische oder männerbündische Interesse des Dieners bildet die Motivation, das Filmstandbild in Umlauf zu bringen, aus der Romanze einen Buddyfilm[4] zu machen und die Frau als 'Gangster' zu verteufeln. Gleichzeitig formuliert der Diener damit seinen Anspruch auf 'Regie', wie vormals die Betrüger mit ihrem Casting. Es handelt sich letztlich um einen Regiestreit zwischen Harrington und dem Diener, der mit Hilfe des Filmstandbildes ausgetragen wird. Dabei geht es nicht nur um die Partizipation am Millionärskuchen oder um Genrefragen (Buddyfilm versus Romanze), sondern vor allem um daran anschließende Fantasien und Formationen von Beziehungen. Interessant für den Zuschauer ist an dieser Stelle weniger, mit welcher Strategie (und ihren geschlechtsspezifischen Implikationen) man/frau am besten am Millionärskuchen teilhaben kann, sondern die grundlegende Erkenntnis, dass Geschlechter konstruiert sind und dass durch einfache Interventionen (durchgeführt auf der Basis von: Reproduktion, Zusatz, *pars pro toto*) die Anordnung im Feld der Geschlechter umgeschrieben werden kann.

Charles Chaplins CITY LIGHTS, 1931

Charles Chaplins CITY LIGHTS (dt. Lichter der Großstadt, 1931) ist ein Film, der den Übergang zwischen Stummfilm und Tonfilm markiert. Auch dieser Film wird dem Genre Komödie zugeschlagen. Die Figurenkonstellation ist der in THE LADY EVE ähnlich: Es gibt einen Millionär, einen Tramp, also eine Figur von der Straße, die an der Seite des Millionärs platziert wird, – und eine blinde Blumenverkäuferin. Auch dieser Film erhält seinen Antrieb aus dem Wunsch nach Umverteilung des Geldes oder der Partizipation an den Millionen. Allerdings beginnt die Geschichte bei Chaplin nicht mit dem Millionär, sondern mit dem Tramp,

[4] Der Buddyfilm favorisiert die Männerfreundschaft auf Kosten der Repräsentation der Frau, konnotiert mit homoerotischen Untertönen. Bekanntes frühes Beispiel der Filmgeschichte sind Stan Laurel und Oliver Hardy. In den 1970er Jahren wird der Buddyfilm als Antwort auf den Feminismus reaktiviert.

und dieser ist das Zentrum der Handlung. Nicht der Millionär steht zwischen den Figuren, sondern der Tramp. Die sexuelle Orientierung wird hier also nicht subtil durch zwei unterschiedliche Figuren verhandelt, sondern in der Projektion auf eine. Die Herausbildung der sexuellen Identität des Tramps wird entlang der zwei Achsen Weiblichkeit/ Heterosexualität/ Blumenverkäuferin und Männlichkeit/ Homosexualität/ Millionär in Szene gesetzt.

Zunächst wird die Geschichte der Begegnung mit Weiblichkeit in drei Episoden erzählt. In diesem Film gibt es keine Fotografien oder Filmstandbilder, dafür aber Standbilder (Skulpturen), denen der Tramp als Bewegungsbild hinzugefügt wird. Die erste Episode zeigt den Tramp im Mutterschoß (auf die aber sofort eine homosexuelle Fantasie folgt, wenn Charlie vom Schwert der Skulptur quasi aufgespießt wird). Diese Szene ist ähnlich strukturiert wie die anfänglich beschriebene Geste Duchamps. Einem Werk (Denkmal im öffentlichen Raum mit dem Titel "Peace and Prosperity") wird etwas hinzugefügt (der Tramp, Sinnbild zumindest für das Gegenteil von Prosperity). Dieser Zusatz verkehrt die intendierte Bedeutung des Werks allein durch die Positionierung des Tramps im Zentrum des Denkmals. Während Duchamp die erhabene Schönheit durch die Geste eines 'Bubenstreichs' karikiert (der Bart im Gesicht der Mona Lisa), erweitert Chaplin den ästhetischen Diskurs der Aneignung von Kunst zu einem sozialen und politischen Diskurs über die Aneignung des öffentlichen Raums durch die Figur des Tramps. Dabei wird die soziale Frage sehr wohl mit ästhetischen Mitteln gestellt: Bei der Enthüllung des Denkmals erscheint der Tramp im Schoß der Skulptur, räkelt sich genüsslich und kratzt sich schließlich am Bein, welches er in die Höhe reckt (durchaus ein Bild des Friedens) (Abb. 9). Eine Enthüllung im doppelten Sinne, wenn im Zentrum idealistischer Kunstvorstellung die Obdachlosigkeit als zappelndes Bewegungsbild erscheint und in Interaktion tritt mit dem historistischen Standbild. In dieser Konstellation werden im Benjamin'schen Sinne zwei unterschiedliche Kunstformen einander gegenübergestellt, eine konservative Kunst der Repräsentation mittels Standbildern im öffentlichen Raum und die politisch-avantgardistische Kunst des Films, die sich an die noch nicht repräsentierten Massen wendet (Arbeiter, Angestellte, Lumpenproletariat). Chaplin erweitert diese Konfrontation auch auf die Tonebene, indem er die Stimmen der repräsentativen Redner zur öffentlichen Enthüllung als verzerrte Klangcollage hörbar macht, während sein Held (der Tramp) allein über Mimik und Gestik sich (international) verständlich an die Zuschauer wendet. Die Zuordnung unterschiedlicher Musiken flankiert dieses Spiel mit der Tonebene.

Abb. 9-11

Die zweite Episode zeigt Charlie vor dem Schaufenster einer Kunstgalerie. Dort steht er vor der Skulptur eines weiblichen Aktes, den er – begleitet von einigen verschämten Gesten – wie ein Kunstkenner betrachtet (Abb. 10). Die Performance des Tramps vor der Skulptur ist erneut eine Gegenüberstellung von Standbild und Bewegungsbild. Sie inszeniert den Blick des Tramps, der zwischen Kunstkennertum und erotischem Interesse changiert und der dabei versucht, einen besonderen Blickwinkel der Betrachtung zu finden. Diese Suche nach der 'eigenen' Position gegenüber der Kunst (und gegenüber dem anderen Geschlecht) wird gleichsam mit der Situation der Straße konfrontiert, in der reale Gefahren die Entfaltung des ästhetischen Blicks behindern. Auch hier wird die klassische Kunst (im Schutzraum des Schaufensters / in Warenform) zum Anlass genommen, um eine andere Kunst zu favorisieren, die im sozialen Raum und auf der Straße stattfindet. Für die Zuschauer handelt es sich erneut um eine Verschiebung der Attraktion von der klassischen Kunst auf den Tramp (und damit auf das Kino als Massenkultur).

Erst die dritte Episode zeigt die Begegnung mit einer lebendigen Frau (Abb. 11). Die allerdings ist blind und hält den Tramp allein aufgrund eines akustischen Zeichens (des Zuschlagens einer Autotür) für einen reichen Mann.[5] Aus dieser

[5] Das Zuklappen der Autotür bleibt im Stummfilm unhörbar und ist allein auf der visuellen Ebene decodierbar, was den Witz der Szene ausmacht: In der akustischen Wahrnehmung der blinden Blumenverkäuferin wird der Tramp zum Edelmann. Der Zuschauer erhält an dieser

Konstellation heraus bemüht sich der Tramp um die Blumenverkäuferin. Um ihr Vertrauen und ihre Liebe zu gewinnen, versucht er auf unterschiedlichsten Wegen seine materielle Notlage zu beheben (ehrliche Arbeit, Preisboxen etc.). Dies gelingt ihm zumindest vorübergehend durch die Begegnung mit einem Millionär, der ihn wie einen Liebhaber, aber auch wie einen Strichjungen behandelt. Die Darstellung homosexueller Praktiken bleibt maßvoll symbolisch und endet mit einer Abblende im 'Ehebett'.

Dort jedoch, wo in THE LADY EVE ein Happy End die Hochstaplerin mit dem Millionär vereint, kippt CITY LIGHTS in (tragische) Erkenntnis. Vom Millionär als Dieb verstoßen hatte der Tramp der Blumenverkäuferin mit dem Geld des Millionärs noch eine Augenoperation in Europa verschafft, bevor er ins Gefängnis wandert. In der Schlussszene des Films begegnet er, aus dem Gefängnis entlassen, noch einmal der Blumenverkäuferin. Eine Blume aus der Gosse weist dem Tramp den Weg. Der Blick ins Schaufenster des Blumengeschäfts wiederholt auf formaler Ebene den Blick in die Kunstgalerie vom Anfang des Films. Der Blick wird aber in diesem Fall erwidert. Doch auch das Zusammentreffen mit der nun sehenden Blumenverkäuferin führt nicht zum Happy End, sondern in einen Prozess schmerzhafter Erkenntnis. Die Blumenverkäuferin erkennt ihre Liebe als Projektion, denn sie wartet bis dahin immer noch auf die Wiederkehr ihres reichen Wohltäters. Der Tramp hingegen wird in ihrem Blick zu einem 'Kunstwerk'. Dies geschieht sowohl innerfilmisch wie auch außerfilmisch: Der Tramp wird im Blick der Blumenverkäuferin schließlich doch noch zum wahren Sinnbild für "Peace and Prosperity". Denn sie verdankt ihm das Augenlicht und das neue Wohlergehen mit ihrem Blumengeschäft. Der Tramp, als Zusatz eingeführt, nimmt seinen Platz als 'Kunstwerk' ein. D.h. er ersetzt das Standbild, die historistische Skulptur, und etabliert den Grundstein für eine neue Kunst, die man ebenso gut als Kino wie als 'soziale Plastik' beschreiben könnte. Gleichzeitig wird dieses 'Kunstwerk' nicht integriert in das narrative Happy End. Es wird vielmehr als Kunstwerk ausgestellt und tritt damit aus dem narrativen Kontext des Films heraus. Dies wird durch einen Dialog vorbereitet, der in Form von Zwischentiteln die Blickbeziehung mit der Blumenverkäuferin begleitet. Die mit

Stelle Nachhilfeunterricht in Sachen Tonfilm: Er erfährt, dass der Ton ein eigenes Zeichensystem darstellt und nicht mit der Sichtbarkeit zusammen fallen muss.

den Zwischentiteln einhergehende zeitliche Dehnung betont diesen herausgehobenen Moment am Schluss des Films: Blumenverkäuferin: "You?", Tramp: "You can see now?", Blumenverkäuferin: "Yes, I can see now!"

Abb. 12

Dieser Dialog richtet sich aber auch an die Zuschauer wie eine Frage und ein Appell zugleich und führt darin die neue Ästhetik des Kinos nicht nur mit der sozialen Frage des öffentlichen Raums zusammen, sondern mit der Frage der Identitätsbildung: Und zwar in der einfachen Frage "You?", die ja auch die Frage "Wer bist Du?" enthält. (Abb. 12) Weil der Film sich nicht zu einem Happy End anschickt, überträgt sich die Frage außerfilmisch auf die Zuschauer. Der Tramp tritt in der letzten Einstellung aus seiner Rolle heraus. Er wird zu Chaplin und zum Regisseur, der die Zuschauer 'sehen machen' will. Stellvertretend für uns erkundigt er sich bei der Blumenverkäuferin: "You can see now?" und wird damit zum Gegenüber der Zuschauer, die nach ihrer Wahrnehmungsfähigkeit gefragt werden. Das besondere Merkmal des Tramps ist, dass er auch am Schluss wie ein Zusatz aus dem Film herausragt – nur jetzt mit positiver Konnotation. Und es ist diese Zusätzlichkeit, in der er den Zuschauern als produktives Medium der Erkenntnis gegenübertritt.

Kreative Arbeit mit Filmstandbildern

Das produktive Potenzial von Filmstandbildern und anderen Zusätzen lässt sich aber nicht nur in der Filmgeschichte entdecken, es lässt sich ebenfalls in der kunst- und medienpädagogischen Praxis mit Schülern und Studierenden anwenden. Im Folgenden möchte ich zwei Beispiele vorstellen, wie heute kreativ mit Filmstandbildern gearbeitet werden kann. Voraussetzung dafür ist die Möglichkeit Filmstandbilder von Filmen am Computer herstellen und ausdrucken zu können, sowie die Verfügbarkeit von digitalen Filmbildern. Mein erstes Beispiel besteht aus einer kreativen Analyse, die sich auf eine narrative Filmsequenz eines für die Teilnehmer unbekannten Films richtet. Zur Analyse wird dabei nicht mit dem Film gearbeitet, sondern stellvertretend mit Standbildern. Für jede Einstellung wird im Vorfeld ein Standbild angefertigt. Die Arbeitsgruppen sollen sich aus etwa vier bis acht Personen zusammensetzen. Die Aufgabe der Teilnehmer besteht darin, die Filmstandbilder gemeinsam in eine chronologisch-narrative Struktur zu bringen und dabei 'die' Geschichte des Films zu erzählen. Bei dieser spielerischen Arbeit geht es zunächst darum, aus den Standfotos schlüssige Argumente für eine Szenenfolge zu erschließen. Dieser Arbeitsauftrag entfaltet aber in den meisten Fällen sehr lebhafte Diskussionen darüber, wie eine Szenenfolge aussehen kann. Dieser produktive Prozess gipfelt in einer Plenumspräsentation der unterschiedlichen Gruppen, die jeweils 'ihren' Film anhand der Standfotos nacherzählen. Die Differenzen zwischen den Gruppen führen zu erneuten Diskussionen, die nicht nur die Kenntnisse zur Szenenaufgliederung schulen, sondern auch die eigene Geschlechtsidentität befragen.

Ich habe diese Übung für eine Sequenz aus dem Film THE LADY EVE mit unterschiedlichen Gruppen durchgeführt. Es handelt sich um die dritte Szene des Films, in der die Hochstaplerin Jean Harrington mit ihren Kollegen das oben beschriebene Casting durchführt, um sich schließlich selbst als weibliche Hauptfigur in Stellung zu bringen. Um Kontakt mit dem Millionär aufzunehmen, stellt sie diesem ein Bein und gibt ihm anschließend die Schuld dafür, dass der Absatz ihres Schuhs abgebrochen ist. Gerade diese Handlungsfolge lässt sich allein aus den Standfotos nur schwer rekonstruieren. Gleichwohl stellte die Sprecherin einer Gruppe genau diesen Handlungsablauf als 'ihren' Film vor. Auf meine Frage, woher sie wisse, dass die Frau dem Mann ein Bein stellt und den Absatz absichtlich abbricht, um dies anschließend als Schuld des Mannes zu reklamieren, antwortete die Sprecherin: "Ich weiß das, weil ich eine Frau bin!" Damit lieferte sie den Einstieg in die Diskussion einer Debatte um Geschlechterdifferenz und weiblicher Handlungsstrategien.

Während sich diese Übung auf die spielerische Analyse von Filmsequenzen richtet und vor allem filmische Strukturmuster, aber auch Konventionen und Klischees nachvollzieht und damit den Einstieg in einen kritischen Diskurs eröffnet, lässt sich die Arbeit mit Filmstandbildern auch in eine andere Richtung lenken. Aus Filmstandbildern können auch ästhetische Formen der Collage entstehen. Dies kann in Einzelarbeit durchgeführt werden oder aber in spielerischer Gruppenarbeit. Als Grundlage für die Gruppenarbeit wird die künstlerische Arbeit von Céline Duval herangezogen. In ihrem "Cahier du dimanche" stellt Duval eine Spielanleitung für zwei bis fünf Personen bereit (vgl. http://www.doc-cd.net). Jeder Mitspieler wird dort aufgefordert, Bilder aus Illustrierten auszuschneiden. Dies lässt sich leicht auf Filmstandbilder übertragen. Die Ausschnitte werden anschließend reihum von den Mitspielern zu Bildfolgen oder Collagen in ein Heft montiert. Hierbei entstehen aus den vorgegebenen Einstellungen neue, unvermutete Verbindungen. Ziel dieser Übung ist nicht die Rekonstruktion, sondern das Spiel mit der Montage und den Möglichkeiten, die sich zwischen den Bildern entfalten.

Resümee

Filmstandbilder sind Zusätze des Films. Diese Zusätze fungieren als Initial für eine Ermächtigung der Zuschauer. Sie erlauben es den Zuschauern, in den Film einzugreifen bzw. am Handlungs- und Diskursfeld Film aktiv mitzuwirken wie andere Akteure auch, z.B. wie Schauspieler und Regisseure oder wie Filmwissenschaftler und Theoretiker. Diese Intervention der Zuschauer ist selbst ein ästhetisches Spiel, das von Filmstandbildern getragen wird und auf den Prinzipien von Reproduktion, Supplementarität und *pars pro toto* beruht. Dieses produktive Potenzial von Filmstandbildern entfaltet sich mit dem modernen Kino um 1960. Es wird im Kino selbst reflektiert, und zahlreiche bildende Künstler entwickeln auf dieser Basis ihre ästhetische Praxis. Historisch betrachtet lässt sich das Spiel mit dem Filmstandbild oder mit einzelnen seiner Prinzipien bereits im klassischen Kino und im Stummfilm finden. Heute, im digitalen Zeitalter, hat jeder Zuschauer oder jeder User Zugang zu digitalen Filmstandbildern und kann auf dieser Grundlage seine Interventionen imaginativ oder konkret gestalten. Dass die Fragen der Identitätsbildung und der Geschlechterdifferenz in dieser intervenierenden Praxis bearbeitet werden – konstruktiv oder dekonstruktiv –, ist Teil der Ästhetik des modernen Kinos, an der man als User von Filmstandbildern partizipiert.

Filmnachweis

LES 400 COUPS (dt. SIE KÜSSTEN UND SIE SCHLUGEN IHN) (Frankreich 1959), Regie: François Truffaut.

MONIKA (Schweden 1953), Regie: Ingmar Bergmann.

THIS MOON IS BLUE (USA 1953), Regie: Otto Preminger.

THE LADY EVE (USA 1941), Regie: Preston Sturges.

CITY LIGHTS (USA 1931), Regie: Charlie Chaplin.

Literatur

Bergala, Alain (2006). *Kino als Kunst. Filmvermittlung an der Schule und anderswo*. Marburg: Schüren.

Duvale, Céline (2006). *Cahier du dimanche*. Avec Serge Elleinstein. Édition doc-cd, houlgate.

Grob, Norbert, Rolf Aurich & Wolfgang Jacobsen (Hrsg.) (1999). *Otto Preminger*. Katalog der Retrospektive der Berlinale.

Henzler, Bettina & Winfried Pauleit (Hrsg.) (2009). *Filme sehen, Kino verstehen.* Marburg: Schüren.

Munby, Jonathan (1999). *Public Enemies, Public Heroes. Screening the Gangster from LITTLE CESAR to TOUCH OF EVIL*. Chicago: University of Chicago Press.

Pauleit, Winfried (2000). "Filme und Bilder kommentieren (feministische) Filmtheorie. Laura Mulvey nachträglich". In: *Frauen und Film* 62. Frankfurt am Main: Stroemfeld, 189-193.

Ders. (2004). *Filmstandbilder. Passagen zwischen Kunst und Kino.* Frankfurt/Main: Stroemfeld.

Ders. (2005). "The Reconsidered reconsidered. Mary Ann Doanes feministische Theoriearbeit zwischen Standbild und Bewegungsbild." In: *Nach dem Film* 6/07, http://www.nachdemfilm.de/no6/pau05dts.html (16.02.2010).

Ders. (2007). "Filmfotografie als falsche Spur. Das Kinematografische zwischen Fotografie und digitaler Videoüberwachung." In: *Maske und Kothurn* 53/2-3 (Falsche Fährten in Film und Fernsehen), 243-254.

Ders. (2009). *Das ABC des Kinos. Foto, Film, Neue Medien.* Heft 6. Frankfurt/Main: Stroemfeld.

Ders. (2009a). *Das ABC des Kinos. Foto, Film, Neue Medien.* Heft 7. Frankfurt/Main: Stroemfeld.

Hanne Walberg

Zwischen Normalisierung und Fremderfahrung. Pädagogische Perspektiven auf die Produktion und Verschiebung von Geschlechterkonstruktionen im Film

Einleitung

„Die Leute ertragen keine Ambivalenzen mehr. Warum? Weil sie durch das Fernsehen und die Mainstream-Dramaturgie daran gewöhnt sind. Sie kennen nur Erzählformen, die ihnen alle Fragen beantworten, damit sie beruhigt nach Hause gehen dürfen. Dafür bezahlen sie. Das ist wie bei der Geisterbahn. Man bezahlt, darf sich für fünf Minuten fürchten und kommt hinten heil wieder heraus." (Haneke in Assheuer 2008, S. 130)

Solche Erfahrungen, bei denen man „hinten heil wieder heraus[kommt]", sind Bestandteil eines Normalisierungsgeschehens, das zu der Entstehung und Bestätigung unserer Welt- und Selbstverhältnisse führt. Es ermöglicht den Aufbau und die Stabilisierung von Ordnungen und hat daher eine wichtige gesellschaftliche Funktion. Denn ohne das Vorhandensein und Funktionieren von Ordnungen – wie Kommunikations- und Verstehensordnungen – könnten wir uns nicht verständigen und wären auch sonst gesellschaftlich nicht handlungsfähig (vgl. Waldenfels 2008, S. 11).

Gleichzeitig können Normalisierungsprozesse auch zu einer Schließung von Ordnungen führen; zu einer Ausblendung des Irritierenden, Außerordentlichen und Fremden und damit zu einer Einschränkung von Veränderungsmöglichkeiten und Lebendigkeit.

Der Regisseur Michael Haneke macht in dem obigen Zitat filmische Präsentationsweisen selbst dafür verantwortlich, dass beim Publikum das „Primat des Normal- und Regelfalles" (Waldenfels 2001, S. 146) gilt, dass also die ZuschauerInnen „beruhigt" und „heil" nach Hause gehen möchten und Ambivalenzen schwer aushalten. Einen Grund dafür sieht er in Erzählformen, die dazu führen, dass alle Fragen beantwortet werden – z.B. mit dem Effekt, dass der Film sich als beherrschbarer Nervenkitzel konsumieren lässt, ohne den Zuschauer noch unmittelbar „anzugehen".

Ich möchte Haneke hier insofern folgen, als auch ich nach den normalisierenden Effekten des filmischen Ausdrucks fragen werde. Gleichzeitig interessiert mich die Frage nach der entgegengesetzten Qualität, also nach dem Fremderfahrungspotenzial, das Filme bergen – ein Potenzial, das Michael Haneke in all seinen Filmen auf eindringliche Weise realisiert.

Dazu werde ich zunächst begründen, inwiefern mir dieses Potenzial in pädagogischer Perspektive überhaupt relevant erscheint. Und zwar, indem ich ein Verständnis von Bildung einführe, demzufolge die Erfahrung des Fremden unverzichtbarer Ausgangspunkt von Bildungsprozessen ist (Abschnitt 1). Vor dem Hintergrund dieses bildungstheoretischen Gedankens werde ich das Verhältnis von Normalisierung und Fremderfahrung noch einmal näher betrachten – mit dem Ergebnis, dass Normalisierungsprozesse sehr gegenwärtig sind, und dass es nicht immer einfach ist, sie für die Erfahrung des Fremden offen zu halten (Abschnitt 2). In diesem Zusammenhang formuliere und begründe ich die Annahme, dass Filme an beiden Prozessen beteiligt sein können: Sie können Normalisierungsprozessen Vorschub leisten, aber auch Fremderfahrungen ermöglichen (Abschnitt 3). Diese Überlegungen konkretisiere ich im zweiten Teil des Aufsatzes anhand des Films *XXY* von Lucia Puenzo, der nach meiner Einschätzung geeignet ist, Normalisierungsprozesse zu durchkreuzen und neue Erfahrungsmöglichkeiten zu eröffnen: und zwar filmspezifische Erfahrungsmöglichkeiten, die auf diese Weise nirgendwo sonst gegeben sind (Abschnitt 4). Vor dem Hintergrund der eingangs eingeführten bildungstheoretischen Perspektive stelle ich schließlich einige Überlegungen dazu an, wie FilmpädagogInnen einer bildenden Begegnung mit Filmen den Weg bereiten können, indem sie den Fremderfahrungspotenzialen des Films zur Geltung verhelfen (Abschnitt 5).

1. Eine erste pädagogische Perspektive: Bildung und Fremderfahrung

Wie angekündigt, möchte ich gleich zu Beginn deutlich machen, inwiefern die Erfahrung des Fremden in pädagogischer Perspektive bedeutsam sein kann.

Mein Ausgangspunkt ist der pädagogisch zentrale Begriff der Bildung, der im Alltagsgebrauch häufig mit dem Begriff des Wissenserwerbs gleichgesetzt wird. Bildung wird dabei als Prozess verstanden, im Rahmen dessen zusätzliche Informationen in vorhandene Kategorien der Informationsverarbeitung eingeordnet werden, und als gebildeter Mensch wird dementsprechend jemand betrachtet, der viel weiß und sein Wissen ständig erweitert.

Im Unterschied dazu wird Bildung in der erziehungswissenschaftlichen Diskussion als grundlegender Transformationsprozess gedacht, der zu einer Veränderung der Kategorien der Informationsverarbeitung selbst führt. Bildung wird gerade nicht in der unproblematischen Einordnung oder Aneignung von Informationen gesehen, sondern in der grundlegenden Veränderung vorhandener Muster der Erfahrungsverarbeitung (vgl. z.B. Marotzki 1990, Koller 1999 oder Kokemohr 2007). Einer solchen Transformation geht das *Scheitern* eines Einordnungsversuchs voraus – sie wird erforderlich, wenn mit vorhandenen Verarbeitungsmustern nicht mehr angemessen auf neue Erfahrungen reagiert werden kann. Bildung wird also nicht als etwas gedacht, das der Einzelne souverän herstellen und als gesicherte Habe bewahren kann, sondern als Prozess, der mit einer widerständigen oder auch krisenhaften Erfahrung beginnt. Mit einer Erfahrung, die nicht der Regie und dem Wollen des Einzelnen unterliegt. Kokemohr (2007) geht deshalb davon aus, dass die Erfahrung des Fremden eine „bildungstheoretisch paradigmatische Situation" (Kokemohr 2007, S. 14/ Fußnote 2) ist, und zwar insofern, als „ein Bildungsprozess durch die Erfahrung von Fremdem herausgefordert werden kann, das, in das mir vertraute Welt- und Selbstverhältnis einbrechend, einer Deutung in dessen Grundfiguren widersteht" (ebd.). Vor diesem Hintergrund betrachtet Kokemohr Bildungsprozesse – im Unterschied zu dem gerade skizzierten Alltagsverständnis – „als durch Fremdes herausgeforderte Veränderung von Grundfiguren meines Welt- und Selbstverhältnisses" (ebd.).

Ein solches Bildungsverständnis ist auch Grundlage der hier vorgestellten Überlegungen. Doch bevor ich daran anknüpfe, soll zunächst der Begriff des Fremden näher betrachtet werden. Dieser Begriff birgt einige Schwierigkeiten, denn die Besonderheit des Fremden besteht gerade darin, dass es sich dem bestimmenden Zugriff entzieht. Es lässt sich nicht einfach beschreiben, verstehen oder definieren, sonst wäre es nicht fremd. Da sich das Fremde nicht positiv bestimmen lässt, versucht Waldenfels, seine Gegebenheitsweise in paradoxalen Beschreibungen zu fassen: Das Fremde zeigt sich, indem es sich entzieht (Waldenfels 1997, S. 29), es zeichnet sich durch eine „leibhaftige[ ] Abwesenheit" (ebd., S. 26) oder eine

„abwesende Anwesenheit“ (ebd., S. 27) aus. Diese Besonderheit der Fremderfahrung macht Waldenfels am Beispiel der Begegnung mit einer fremden Sprache deutlich (ebd., S. 9): Wer einen anderen Menschen in einer fremden Sprache sprechen hört, wird dessen Äußerungen nicht verstehen und im gleichen Moment bemerken, dass er sie nicht versteht. Die fremde Sprache zeigt sich dem Hörer, indem sie sich ihm entzieht; die Begegnung mit einer vertrauten Sprache hätte wahrscheinlich kein vergleichbares Aufmerken ausgelöst.

Die Erfahrung des Fremden ist die Erfahrung des Angesprochen- oder Getroffen-Seins von etwas Unzugänglichem, das in dieser Unzugänglichkeit trotzdem gegenwärtig ist. Für viele Menschen ist der Tod eines anderen Menschen eine solche Erfahrung: ein Ereignis, das sich zeigt, indem es sich entzieht. Eine Erfahrung, die uns schockiert und verunsichert, die sehr gegenwärtig ist und sich trotzdem nicht „fassen“ lässt. Eine Erfahrung also, die sich nicht normalisieren lässt, und aus der man nicht unbedingt „heil“ oder „beruhigt“ herauskommt. Im Zusammenhang mit dem Thema dieses Sammelbandes kann auch die Begegnung mit einem Menschen, der sich geschlechtlich nicht zuordnen lässt, als Beispiel für eine Fremderfahrung dienen. Eine solche Erfahrung führt zum Scheitern vorhandener Verarbeitungsweisen und fordert uns heraus, weil sie sich gerade in ihrer Unzugänglichkeit zeigt und nicht so leicht ausgeblendet werden kann.

Nach Kokemohr (2007) besteht ein Bildungsprozess in der handelnden Antwort auf eine solche krisenhafte Erfahrung; in der Veränderung der jeweiligen Grundfiguren des Welt- und Selbstverhältnisses, also im kreativen Entwurf eines anderen Welt- und Selbstverhältnisses, das seinerseits auch wieder Fremderfahrungen ausgesetzt sein kann: „Ein Bildungsprozess ereignet sich meiner Annahme nach als Entwurf eines Welt- und Selbstverhältnisses, der um den Preis neuer Verschattung ins Licht setzt, was vorausgehende Entwürfe verdeckten“ (ebd., S. 26). Bildung muss daher als Prozess betrachtet werden, der nie abgeschlossen ist, da sich jedem neuen Entwurf wiederum das diesem Entwurf Fremde entzieht.

Wie erwähnt nehme ich an, dass auch Filme Fremderfahrungen auslösen und auf diese Weise eine Veränderung von Selbst- und Weltverhältnissen ermöglichen können. Allerdings führt nicht jedes Scheitern eines Einordnungsversuchs zu einem Bildungsprozess. Denn die Beunruhigung durch die Erfahrung des Fremden löst das Bedürfnis nach Bewältigung aus, das häufig eher zu einem „sinnfestschreibenden Antworten“ führt. Zu einem Antworten, im Rahmen dessen vorhandener Sinn aufgerufen und bestätigt, Fremdes auf Bekanntes reduziert und Außerordentliches auf vorhandene Ordnungen zurückgeführt wird; also zu der von Haneke beschriebenen Situation, in der – durchaus auch nach einem dosierten Gruseln oder einer zwischenzeitlichen Spannung – alle Fragen beantwortet scheinen. Deshalb werde ich im letzten Abschnitt fragen, wie (Film-)PädagogInnen den gewohnheitsmäßigen Rückgriff auf vertraute Bewältigungsstrategien produktiv stören können. Zunächst sollen aber Funktionsweise und mögliche Bruchstellen solcher Strategien beleuchtet werden.

2. Zum Verhältnis von Normalisierung und Fremderfahrung

Eine Möglichkeit, die Erfahrung des Fremden in den Griff zu bekommen, ist die Normalisierung: ein Prozess der (Ein-)Ordnung, im Rahmen dessen das Eingeordnete den Charakter des Außerordentlichen verliert (vgl. Waldenfels 2008, S. 9). Waldenfels sieht daher in der Normalisierung auch eine „Bewältigungs- und Beruhigungsstrategie[ ]“ (ebd.).

Allerdings ist mit Normalisierung nicht nur die Einordnung von Erfahrungen in vorhandene Deutungsmuster gemeint, sondern auch die Entstehung der Deutungsmuster selbst. Waldenfels grenzt den Begriff der Normalisierung daher von den Begriffen Normalität und Normativität ab, die im Alltag gebräuchlicher sind. Mit letzteren wird häufig ein Spannungsverhältnis bzw. eine „Zweiheit“ (ebd., S. 10) zwischen „Sein“ und „Sollen“ beschrieben. Also zwischen einer gesellschaftlichen Realität, die als „normal“ gedacht wird, und bestimmten Vorgaben und Regeln, an denen sich Handelnde orientieren sollten, wenn sie nicht als „unnormal“ wahrgenommen werden möchten. Der Bereich der Normativität, des „Sollens“, ist dabei mit einem Geltungsanspruch verbunden, und seine Missachtung führt zu Sanktionen.

Einer solchen Bestimmung von „Sein“ und „Sollen“ liegt die Annahme zugrunde, dass eine bestimmte gesellschaftliche Situation immer schon gegeben ist und durch ein normatives System mehr oder weniger erfolgreich „im Zaum gehalten“ werden kann. Der Bereich der Normativität wird dabei als Begrenzung individueller Handlungsspielräume gedacht. Die Normativität ist in dieser Vorstellung ein repressives Instrument zur Regulierung und Sicherung der Normalität.

Im Unterschied dazu wird der Prozess der Normalisierung von Waldenfels und anderen Theoretikern (wie z.B. Foucault – vgl. Engel 2002, S. 74) nicht als repressiv, sondern als *produktiv* gedacht (vgl. Engel 2002, S. 74). Waldenfels spricht von einer „Normalisierung ‚von unten'" (Waldenfels 2008, S. 11) und meint damit, dass bestimmte Handlungs- und Erfahrungsmöglichkeiten im Prozess der Normalisierung erst *hervorgebracht* werden (Waldenfels 2001, S. 143) – z.B. bestimmte Beziehungsformen oder bestimmte Arten der Arbeitsteilung. Normalisierung muss in dieser Perspektive als ein Ordnungsgeschehen betrachtet werden, das nicht nachträglich und anhand einer vorgefundenen Situation stattfindet, sondern in den Prozess der Entstehung von Ordnungen eingreift. Es geht also nicht um die Anwendung eines normativen Regelwerks auf eine bestehende Situation, sondern um alltägliche Praxen und Techniken, die Normalität ständig neu entstehen lassen. Im Kontext des Gender-Themas lässt sich als Beispiel die alltägliche Praxis des „doing gender" (West/ Zimmerman 1991) nennen, die die Ordnung der Zweigeschlechtlichkeit mit ihren aktuellen Rollenverteilungen und Machtstrukturen entstehen lässt. Dabei entstehen nicht nur Bewertungsmaßstäbe oder Gesetze, sondern grundlegende Erfahrungsmöglichkeiten und -grenzen wie z.B. die Möglichkeit, sich als Mann oder Frau wahrzunehmen, und die Schwierigkeit, es nicht zu tun.

Die alltägliche Normalisierung des „doing gender" geschieht auf ganz verschiedenen Ebenen:

Auf einer institutionellen Ebene: So gibt es fast überall getrennte Toiletten für Männer und Frauen.

Auf einer gesellschaftlichen Ebene: etwa in Form der Anerkennung bestimmter Rollen oder in Form von Förder- und Unterstützungsangeboten. Karriereförderungsprogramme sind z.B. für Frauen deutlich üblicher als für Männer. Und beim Elterngeld gibt es zusätzliche „Vätermonate", während die „Müttermonate" als selbstverständliche Basis behandelt werden.

Und auf einer individuellen Ebene; eben z.B. in der Selbstwahrnehmung als Mann oder Frau, im Einhalten bestimmter Kleidungs- und Verhaltensordnungen (wie z.B. der Nutzung der jeweils „passenden“ Toilette) oder in der Beachtung bestimmter „Verhüllungsgebote“. So sind Männer mit nacktem Oberkörper an einem Sommertag in der Öffentlichkeit deutlich „normaler“ als Frauen.

Gerade dieser individuelle Bereich wird häufig nicht als Normalisierungsgeschehen wahrgenommen, sondern als unverfängliche oder neutrale Alltagsroutine. Aber Normalisierung setzt bereits auf der Ebene der „sinnlichen Erfahrungen“ (Waldenfels 2001, S. 144) ein und nicht erst bei der bewussten Be- oder Missachtung normativer Maßstäbe. Waldenfels nennt in diesem Zusammenhang verschiedene Maßnahmen, die wir ergreifen, um uns „normale“ Welt- und Selbsterfahrungen überhaupt zu ermöglichen – z.B. das „Tragen von Brillen, [das] Einschalten künstlicher Beleuchtung oder [die] Einnahme bestimmter Sitz- und Schlafhaltungen“ (ebd.).

Normalisierung verläuft entlang konventionalisierter Wahrnehmungsmuster und bringt diese gleichzeitig immer wieder neu hervor. Sie findet ununterbrochen statt und hat die Funktion, die vorhandene Ordnung zu sichern und die Beunruhigung durch das Fremde, das an den Rändern jeder Ordnung aufscheint, zu bändigen. Wie einleitend erwähnt, lässt sich dieser Prozess positiv als Habitualisierung betrachten (vgl. Waldenfels 2002, S. 31), die uns Orientierung und Routine ermöglicht, und uns dadurch erst handlungsfähig macht. Daher ist es weder möglich noch wünschenswert, dem Prozess der Normalisierung zu entgehen.

Allerdings haben Normalisierungsprozesse gerade aufgrund ihrer beruhigenden und orientierenden Funktion die Tendenz in einen „Normalismus“ hineinzukippen, in dem die Normalität „selbst zur Norm wird“ (Waldenfels 2001, S. 34). Diese Situation kann zu einem Sich-Einrichten in einer starren Normalität führen, in der Ausgeschlossenes ausgeschlossen bleibt und Fremdes nur als zu bewältigende Störung in Erscheinung tritt – nicht als Erfahrungsmöglichkeit, die in einen offenen Transformationsprozess münden kann. Zu einer Haltung also, die Bildungsprozesse im oben beschriebenen Sinn eher unwahrscheinlich macht.

Wünschenswert ist es daher, dass der Prozess der Normalisierung dynamisch bleibt und nicht in einen Normalismus mündet; dass seine Brüche und Kontingenzen wahrnehmbar bleiben, dass Normalisierung also unter einem „Fremdheitsvorbehalt“ stattfindet, der es ermöglicht, die jeweilige Ordnung und die eigenen Welt- und Selbstverhältnisse als andersmöglich wahrzunehmen und zu denken.

3. Das Normalisierungs- und Fremderfahrungspotenzial von Filmen

Auch der filmische Ausdruck kann Bestandteil eines Normalisierungsgeschehens sein, und – wie von Michael Haneke in dem Eingangszitat beschrieben – einem Normalismus Vorschub leisten, indem er ausschließlich konventionalisierte Deutungsmuster aufruft und bestätigt.

Dieser Effekt lässt sich auch medientheoretisch begründen: Filme oder Medien im Allgemeinen sind kein unbeteiligtes Material, an das wir unsere Verarbeitungsversuche nur noch herantragen, sondern „Konstitutionsbedingungen von Welt- und Selbstverhältnissen“ (Zahn 2009, S. 107). Wir sind auf Medien angewiesen, um zu denken, wahrzunehmen oder uns auszutauschen, denn es gibt keinen nicht-medialen Weltzugang (vgl. Zahn 2009). So ist z.B. die Sprache – die gerne als souverän einsetzbares Werkzeug betrachtet wird, dessen wir uns nachträglich bedienen, um bereits gefasste Gedanken zu äußern – eine „irreduzible Voraussetzung von Ich-Welt-Verhältnissen“ (Wimmer 2009, S. 62). Sie ist ein Medium, innerhalb dessen bestimmte Weltzugänge erst möglich und andere ausgeschlossen werden. Daher sind Denk- und Verstehensmöglichkeiten in der Sprache bereits präformiert: so etwa die Vorstellung der Zweigeschlechtlichkeit, die sich sprachlich immer wieder einschleicht – auch wenn es um die Frage nach ihren Grenzen geht.

Ebenso wie die Sprache ist auch der Film kein Instrument, mit dessen Hilfe einfach Inhalte wiedergegeben werden, die anderswo bereits zur Verfügung stehen. Denn auch ein Film produziert bestimmte Denk- und Wahrnehmungsmöglichkeiten, die auf diese Weise nirgendwo sonst gegeben sind. Mit dem Film kommen – genau wie mit der Sprache – bestimmte Denk- und Wahrnehmungsmöglichkeiten erst in die Welt. Deshalb betrachtet der Filmphilosoph Gilles Deleuze den Film auch als „Werkzeug der neuen Wirklichkeit“ (1997, S. 24).

Normalisierungsdimension

Filme geben etwas zu sehen und geben dabei den Rahmen des Sehens vor. Dieser kann am Normal- und Regelfall orientiert sein und damit zu einer Festigung „normaler" Wahrnehmungsmuster beitragen – unter Umständen auf eine so weitreichende Weise, dass andere Wahrnehmungserfordernisse (wie von Haneke beschrieben) kaum noch ausgehalten werden. Filmische Darstellungen greifen z.B. durch die ständige Bestätigung einer biologischen Zweigeschlechtlichkeit in Normalisierungsprozesse ein. So wird immer wieder gezeigt, dass es genau zwei Geschlechter gibt, die sich zweifelsfrei unterscheiden lassen. Für diese Unterscheidung wird die Vorstellung eines biologischen Geschlechts („sex") aufgerufen, während die verschiedenen Möglichkeiten, mit dieser biologischen Ausstattung umzugehen, als kulturelle Interpretation („gender") gezeigt werden. Viele Filme enthalten Erzählungen darüber, dass die Kategorie des „sex" im Zweifel der des „gender" überlegen ist (vgl. Schädler 2008, S. IV 15). So wird in etlichen Blockbuster-Filmen die Kategorie „sex" in Anspruch genommen, wenn es darum geht, Probleme zu lösen, die sich aus dem „gender"-Bereich ergeben. Der Topos der Liebe, die alle Grenzen überwindet, wird in zahlreichen Variationen aufgegriffen. Die Liebe wird dabei immer biologisch gedacht, während die – überwindbaren – Grenzen sich eher aus dem Bereich gesellschaftlicher Interpretationen von Geschlecht, Klasse, Anstand usw. ergeben. Beispiele sind Filme wie *Pretty Woman*, *Titanic* oder *Dirty Dancing*. „Diese Geschichten zeigen, wie die Probleme des gender durch die biologische Kraft des sex überwunden werden können" (Schädler 2008, S. IV 15) – und bestätigen dabei die Vorstellung einer „normalen" biologischen Zweigeschlechtlichkeit, die über jede Interpretation oder Maskerade erhaben ist. Andere Selbst- und Fremdwahrnehmungen, wie der „transgender gaze", von dem Kiu Urban und Bettina Kleiner sprechen (in diesem Band), werden auf diese Weise ausgeschlossen.

Eine solche Normalisierungsdimension liegt aber nicht nur in der offensichtlichen Darstellung von Beziehungsklischees oder Geschlechtsrollenstereotypen, wie sie in kommerziellen Film- und Fernsehproduktionen häufig vorkommt. Auch Filme, die mit dem Anspruch produziert werden, „andere" Bilder zu bieten, bleiben auf einer versteckten Ebene nicht selten an die erwähnten Deutungsmuster gebunden. Als Beispiel wird in diesem Band der Film *Boys Don't Cry* (von

Kimberly Peirce, USA 1999) diskutiert (vgl. den Beitrag von Urban & Kleiner in diesem Band), in dem zunächst der Gender-Wechsel von Teena Brandon gezeigt wird. Die Protagonistin entscheidet sich gegen die Dimension ihres biologischen Geschlechts und für die Entwicklung einer männlichen Identität und der Film folgt ihrer/seiner Perspektive bis zu einer Enthüllungsszene, in der die vermeintliche „Wahrheit" ans Licht kommt. Danach gibt es einen Perspektivwechsel und die Beziehung zwischen Teena Brandon und ihrer Freundin wird aus einer Außenperspektive als lesbische Liebe gezeigt, deren Kraft es (zunächst) ermöglicht, den Anfeindungen des Umfelds standzuhalten. So bietet auch in diesem Film die Ebene des biologischen Geschlechts Orientierung und wird damit gleichzeitig als eine „normale" und gültige Perspektive wieder hervorgebracht (vgl. für eine ausführlichere Analyse zu diesem Film den erwähnten Beitrag in diesem Band).

Fremderfahrungsdimension

Aber gerade, weil Filme den Rahmen des Sehens mitliefern, können sie Normalisierungsprozesse auch durchkreuzen. Sie können Fremderfahrungen auslösen, indem sie den Zuschauer einer Wahrnehmungssituation aussetzen, in der gewohnte Zugangsweisen scheitern. Dabei geht es, wie gesagt, nicht um die unverbindliche Präsentation eines Inhalts, sondern um die Konfrontation mit einer Wahrnehmungserfordernis, die sich nicht in vorhandene Kategorien einordnen lässt. Michael Haneke setzt die Zuschauer in vielen seiner Filme solchen potenziellen Fremderfahrungen aus, indem er ihnen über die filmische Anordnung eine Seh-Position zuweist, die sich nicht normalisieren lässt. Haneke geht es dabei häufig darum, den Schrecken von Krieg und Gewalt zu zeigen. Er verwickelt die ZuschauerInnen in gewalthaltige Situationen und macht sie zu ZeugInnen, VoyeurInnen oder MittäterInnen – eine Erfahrung, die dazu führen kann, dass die Brüchigkeit vorhandener Normalisierungsmuster wahrnehmbar wird. Diese bestehen Haneke zufolge z.B. darin, dass Gewalt in vielen konventionellen Filmen nur im Rahmen spektakulärer und ästhetisierter Darstellungen gezeigt wird – was dazu führt, dass der „Normalzuschauer" sich leicht davon abgrenzen kann. Haneke geht es in diesem Zusammenhang darum, die Verantwortung erfahrbar zu machen, die jeder hat, der sich auf das Funktionieren vorhandener Normalitäten zurückzieht, und die enge Verbindung zur Schuld zu zeigen, in die ein solcher

Normalismus führen kann, der nur scheinbar frei von Gewalt und Verletzung ist (vgl. dazu Haneke in Assheuer 2008, S. 80-81). In Hanekes Filmen wird das Fremde und Ausgeschlossene erfahrbar, das jede Normalität begleitet.

Filme geben also nicht nur Inhalte wieder, die entschlüsselt, konsumiert oder kritisiert werden können, sondern sie eröffnen (oder begrenzen) Wahrnehmungs- und Erfahrungsmöglichkeiten. Dieser Gedanke soll nun in Bezug auf das Gender-Thema anhand eines weiteren Filmbeispiels konkretisiert werden.

4. Filmbeispiel *XXY*

In dem Film *XXY* (von Lucia Puenzo, Argentinien 2007) geht es um die 15-jährige Alex, deren Geschlecht uneindeutig ist. Sie[1] wächst als Mädchen auf und wird mit Hormonen behandelt, die die Entwicklung eines weiblichen Körpers fördern, hat aber auch männliche Geschlechtsorgane.

Zu Beginn des Films befindet sich Alex mit ihren Eltern in einem einsamen Küstendorf in Uruguay, in das die Familie gezogen ist, um den Erwartungen, Ratschlägen und Anfeindungen des Umfelds nicht länger ausgesetzt zu sein. Einerseits möchten die Eltern Alex Entscheidungsfreiheit in Bezug auf ihre geschlechtliche Entwicklung lassen – deshalb haben sie sich auch gegen eine normalisierende Operation direkt nach der Geburt entschieden. Andererseits hat vor allem die Mutter das Gefühl, dass irgendeine Entscheidung getroffen werden muss. Deshalb lädt sie eine Freundin ein, deren Ehemann Chirurg ist – allerdings ohne ihren Mann und Alex davon in Kenntnis zu setzen und ohne selber genau zu wissen, was sie von dem Besuch erwartet.

Das Besondere an dem Film ist m.E., dass er konsequent aus der Perspektive der Protagonistin gezeigt wird, die sich jeder Normalisierungsanforderung hartnäckig widersetzt, zum Teil auch gegen ihre unmittelbaren körperlichen Bedürfnisse. So verliebt sie sich in Alvaro, den Sohn des Chirurgen, verweigert sich ihm aber, weil sie das Gefühl hat, dass er ihr nicht als einem geschlechtlich uneindeutigen Menschen begegnet, sondern dass er sich eigentlich eine Beziehung mit einem Jungen wünscht und sie für diesen Wunsch vereinnahmt.

---

[1] Im Sinne der besseren Lesbarkeit spreche ich von Alex als Mädchen – auch weil sie in dem Film von ihrem Umfeld zunächst so angesprochen wird. Sie selber versucht allerdings konsequent, eine unbestimmte Position einzunehmen und zu behaupten.

Im Folgenden werde ich drei Ausschnitte aus dem Film näher betrachten, die sich nach meiner Einschätzung einem normalisierenden Zugriff widersetzen und dabei Fremderfahrungsmöglichkeiten eröffnen.

Szene 1: Enthüllung und Vergewaltigung (1.00.00 bis 1.07.23)[2]

Auch in dem Film XXY gibt es eine gewaltsame Enthüllungsszene, die aber zu einer völlig anderen Entwicklung führt als die oben erwähnte Szene in dem Film *Boys Don't Cry*. Die Szene ereignet sich, nachdem Alex' bester Freund Vando seinen Freunden von Alex' geschlechtlicher Uneindeutigkeit erzählt hat. Vandos Freunde überfallen Alex, zwingen sie, sich auszuziehen und versuchen, sie zu vergewaltigen. In dieser Situation wird Alex von Vando „gerettet", der dazu kommt und seine Freunde entsetzt wegschickt.

Nach dem Übergriff sucht Alex' Vater gemeinsam mit dem befreundeten Chirurgen die Angreifer auf und hält sie unter rüden Drohungen an, seine *Tochter* in Ruhe zu lassen. Als der Chirurg eingreift, um Alex' Vater zur Mäßigung zu bewegen, schlägt er diesen und fordert ihn auf, sich von seinem *Sohn* fernzuhalten. Unterdessen spricht Alex' Mutter in der Küche mit der Frau des Chirurgen, die nun nachdrücklich zu einer Operation rät, da deutlich geworden sei, dass Alex nicht weiter „versteckt" werden könne. Die Mutter weist diesen Rat als „idiotische Meinung" zurück, und betont, dass es ihr nie darum gegangen sei, Alex zu verstecken.

In der letzten Einstellung dieser Sequenz liegt Alex auf dem Bett und wirft ihre Tabletten weg. Sie sagt, dass sie genug hat – genug von Tabletten, der Rede von Operationen oder Schulwechseln – und dass die Dinge nun so bleiben sollen, wie sie sind.

In vielen Filmen (wie z.B. *Boys Don't Cry*) ist die klassische Enthüllungsszene ein Moment der normalisierenden „Klärung". Die „eigentliche Wahrheit" ist ans Licht gekommen, und lässt die Situation nun verständlicher und leichter bewertbar erscheinen. In dem Film *XXY* ist es anders: Hier stiftet die Enthüllung erst recht Uneindeutigkeit und es entsteht nicht die Möglichkeit, eine endgültige und

[2] Bei den Zeitangaben handelt es sich um die Echtzeit-Zählung auf der DVD-Originalfassung von Peccadillo Pictures (2008).

unzweifelhafte Orientierung zu gewinnen. Alex verweigert sich der Normalisierung, und auch für beide Eltern ist der Übergriff ein Wendepunkt, an dem sie sich zu Alex' Uneindeutigkeit bekennen – auch wenn Teile ihres Umfeldes einen starken Normalisierungsdruck auf sie ausüben.

Für den Zuschauer ergibt sich an dieser Stelle eine potenzielle Fremderfahrung: In dem Moment, in dem Alex sich in besonderem Maße von den vielen Kollisionen ihrer Nicht-Normalität mit der gesellschaftlichen Normalität ihres Umfeldes belastet fühlt, entscheidet sie sich, die Dinge so zu lassen, wie sie sind. Sie sagt, dass sie genug von Medikamenten und Schulwechseln hat, und die Bestimmtheit mit der sie sich äußert und die Tabletten wegwirft, deutet darauf hin, dass sie eine klare und bewusste Entscheidung getroffen hat. Beide Eltern unterstützen Alex in dieser Situation fest und unbeirrt. Für den Zuschauer entsteht hier der Eindruck, dass ein Wendepunkt gezeigt wird, der Klarheit und Sicherheit bringt. Das klassische Muster der Enthüllungsszene, die Einordnungs- und Orientierungsmöglichkeiten eröffnet, wird aufgenommen und gleichzeitig durchkreuzt. Denn es ist klar, dass Alex' Entscheidung dafür, die Dinge so zu lassen, wie sie sind, unweigerlich zu einer weiteren Veruneindeutigung führen wird. So hatte der Arzt bereits in einer früheren Szene erklärt, dass das Absetzen der Medikamente zu einer Veränderung von Alex' Körper führen wird – z.B. durch Bartwuchs. Alex und ihre Familie signalisieren Klarheit und Entschlossenheit, und gleichzeitig bleibt der Zuschauer in einer Situation zurück, in der sich unter Rückgriff auf vorhandene Deutungsmuster gerade keine klaren und „normalen“ Perspektiven für Alex vorstellen lassen. Es entsteht eine Wahrnehmungssituation, die den Zuschauer herausfordert, weil sie sein Bedürfnis nach Klärung aktiviert und sich gleichzeitig einer normalisierenden Einordnung entzieht.

Szene 2: Zur Rede gestellt (0.56.21 bis 0.59.28)

Alex hat mit Alvaro geschlafen, der das zunächst nicht wollte. Alvaro ist von Alex angezogen aber auch verwirrt und verunsichert über ihre körperliche Uneindeutigkeit. Er sagt, dass er nicht versteht und fragt Alex, was mit ihr los ist. Sie antwortet „ich bin beides“, worauf Alvaro entgegnet „das ist unmöglich“. Es wird deutlich, dass es Alvaro vor allem darum geht, Klarheit zu gewinnen, und dass er nicht versucht, sich auf Alex' Perspektive einzulassen. Er möchte wissen, ob sie nun Jungs oder Mädchen mag, worauf sie antwortet, dass sie es nicht weiß. Alvaro möchte gerne wieder mit Alex schlafen und schlägt vor, das als gemeinsames Geheimnis zu behandeln. Alex weist Alvaro daraufhin schroff zurück.

Auch in dieser Szene wird deutlich, dass Alex sich immer wieder Raum für Uneindeutigkeit erkämpft, auch wenn ständig die Forderung an sie herangetragen wird, Klarheit zu produzieren. Sie will sich nicht normalisieren lassen, sondern sie möchte in ihrer Nicht-Normalität gesehen werden. In dem Gespräch mit Alvaro klingt an, dass dieser sich eigentlich eine Beziehung zu einem Jungen wünscht, sich aber noch nicht explizit mit einem möglichen Coming-out beschäftigt hat. Alex möchte kein Geheimnis mit Alvaro haben und sich nicht zu seiner Verbündeten im Projekt eines solchen „getarnten" Coming-out machen. Damit verweigert sie auch Alvaro die (vorläufige) Möglichkeit einer Normalisierung gegenüber dessen Umfeld – denn da Alex von diesem als Mädchen wahrgenommen wird, würde eine Beziehung zu Alex für Alvaro die Rolle des „normalen" heterosexuellen Jungen eröffnen.

Für den Zuschauer entsteht hier ein Spannungszustand, weil Alex sich gegen eine klare körperliche Anziehung und für eine weiterhin unklare Beziehungssituation entscheidet. Auch damit wird ein bekanntes filmisches Präsentationsmuster durchkreuzt; nämlich das Muster des Vertrauens in die „körperliche Intuition", das sich aus der Sex/Gender-Unterscheidung ergibt: Wie erwähnt werden in vielen Filmen körperliche Bedürfnisse, wie z.B. eine erotische Anziehung, als verlässliche Hinweise gezeigt, die schließlich zu einer „richtigen" Entscheidung führen. In dem Film *XXY* bleibt die Anziehung zwischen Alex und Alvaro durchgehend als Spannungszustand spürbar, der aber gerade nicht in eine richtige und klärende Lösung mündet, sondern dazu führt, dass die Figur der Alex auf eine besonders widerständige Weise präsent wird. Ihre Empfindungen werden sehr plastisch vermittelt, allerdings in Form eines „unmöglichen Erlebens", das sich zeigt, indem es sich entzieht, und dessen Besonderheit darin besteht, dass es in der vorhandenen Normalität keinen positiven Ort hat (vgl. zu diesem Gedanken Deleuze 1998, S. 286).

Szene 3: Lagerfeuer (1.09.37 bis 1.1.05)

Am Schluss des Films sitzt Alex mit Vando und Alvaro am Strand an einem Lagerfeuer. Auch diese Szene zeichnet sich m.E. dadurch aus, dass an ihr eine Uneindeutigkeit erfahrbar wird, die einen normalisierenden Zugriff erschwert. Einerseits wird eine klassische Konfliktsituation zitiert: Eine Frau sitzt „zwischen zwei Männern“, die um sie konkurrieren. Das zeigt sich z.B. daran, dass Vando dem vermeintlichen Konkurrenten Alvaro sagt „vergiss sie“. Andererseits wird dieses stereotype Bild dadurch unterlaufen, dass die Beziehung zwischen Alex und Vando nicht erotisch konnotiert ist, sondern als sehr alte Freundschaft von Menschen gezeigt wird, die viel zusammen erlebt haben und sich ohne Worte verstehen. In dieser Situation wird Alex’ geschlechtliche Uneindeutigkeit noch einmal sehr unausweichlich präsent: Vando spricht Alex durchgängig als Frau/Mädchen an. Aber gleichzeitig endet die Sequenz mit einer Szene, die als geradezu beispielhaft für die Darstellung einer Männerfreundschaft bezeichnet werden kann: Alex und Vando gehen zum Wasser und pinkeln zusammen stehend ins Meer.

Der Regisseurin gelingt es hier, Bilder zu zeigen, die in der Schwebe bleiben. Bilder, die nicht in gleicher Weise eindeutig geschlechtlich codiert sind wie die Sprache. Daher zeigt sich an dieser Stelle auch noch einmal das besondere Fremderfahrungspotenzial des Films – nämlich die Möglichkeit zur Produktion einer „neuen Wirklichkeit“ (Deleuze 1997, S. 24), die auf diese Weise nirgendwo sonst gegeben ist (vgl. oben).

5. Zwischen Normalisierung und Fremderfahrung: Pädagogische Perspektiven

Aus bildungstheoretischer Sicht ist es wünschenswert, die Brüchigkeit und Kontingenz von Normalisierungsprozessen wahrnehmbar zu machen und Fremderfahrungen zu ermöglichen. Filmpädagogisch bedeutet das, dass pädagogische Angebote nicht nur auf Verstehen oder Analyse abzielen, sondern eine bestimmte Art von *Erfahrungen* ermöglichen sollten. Dabei geht es um Erfahrungen, deren Sich-Ereignen im Alltag unwahrscheinlich ist, weil Normalisierungsprozesse orientierend und beruhigend wirken, während ihre Bruchstellen eine beunruhigende

Wirkung haben und das Bedürfnis nach normalisierender Bewältigung aktivieren. Die pädagogische Herausforderung liegt daher gerade darin, dem Normalisierungsimpuls zu widerstehen und der Erfahrung des Fremden Raum zu geben – auch wenn das bedeutet, dass nicht alle Fragen beantwortet werden (Haneke), und auch wenn gerade das von den SchülerInnen womöglich vehement eingefordert wird.

Den in bildungstheoretischer Perspektive erwünschten Fremderfahrungen können FilmpädagogInnen mindestens auf zwei Ebenen den Weg bereiten: Auf der Ebene der Auswahl bestimmter Filme und auf der Ebene der Begleitung und Nachbereitung des Rezeptionsprozesses.

Auf der Ebene der Auswahl von Filmen scheint es mir sinnvoll, Heranwachsenden Filme wie *XXY* und damit Filme, die irritieren und verunsichern und dabei Normalisierungsprozesse durchkreuzen, überhaupt zu zeigen. Gerade, weil das meistens nicht diejenigen Filme sind, die Heranwachsende sich sowieso irgendwann anschauen, kann ihre Präsentation zu einer Erweiterung des Horizonts führen, die die Grenzen des eigenen Horizonts erst wahrnehmbar macht.

Viele PädagogInnen haben die Befürchtung, ihre Zielgruppe mit solchen Angeboten zu überfordern und Unmut oder Rezeptionswiderstände auszulösen. Alain Bergala gibt in diesem Zusammenhang zu bedenken, dass Bildungsprozesse immer mit widerständigen Erfahrungen beginnen, und dass auch starke Irritationen oder anfängliche Ablehnung noch zu produktiven Verarbeitungsprozessen führen können: „Bei der Begegnung mit dem Kunstwerk ist der schlimmste Fall die Gleichgültigkeit [...], alles andere – Irritation, heftige Ablehnung, Schwierigkeiten, einen Zugang zu finden – lässt immer noch einen Weg offen. Wir erinnern uns alle an Kunstwerke, die uns lange und bisweilen heftig widerstrebten und die schließlich wider alles Erwarten zu denen gehören, die in unserem Leben wirklich zählen“ (Bergala 2006, S. 51). Vor diesem Hintergrund sieht Bergala die Schule sogar in der Pflicht, Heranwachsenden solche Filmbegegnungen zu ermöglichen: „Wenn also die Begegnung mit dem Kino als Kunst nicht in der Schule stattfindet, so droht sie für sehr viele Kinder nirgendwo stattzufinden“ (ebd., S. 31).

Allerdings sollte auch ein irritierender oder „fremder“ Film nicht als treffende oder endgültige Repräsentation behandelt werden, die es nur noch zu verinnerlichen gilt. Wie ich deutlich gemacht habe, gibt es keine „richtigen“ Repräsentationen, mit deren Hilfe vormals Ausgeschlossenes umfassend eingeschlossen und anerkannt werden könnte. Denn jeder Einschluss erzeugt seinerseits Ausschlüsse. Es gibt kein Eigenes ohne die Rückseite des Fremden. Daher geht es auch nicht darum, Fremdes „anerkennbar“ zu machen und sich in einer Haltung der Anerkennung und der Toleranz einzurichten. Vielmehr muss es das Ziel filmpädagogischer Arbeit sein, eine Haltung zu entwickeln, die dem Anspruch des Fremden verbunden bleibt. Damit komme ich zur zweiten Ebene, der Ebene der Begleitung und Nachbereitung des Rezeptionsprozesses.

In einem Rezeptionsprozess, der dem Anspruch des Fremden verbunden bleibt, geht es darum, die Wahrnehmung wach und in Bewegung zu halten. Die Erfahrung des Fremden auszuhalten, ihr Raum zu geben, ohne sich schon vorbeugend auf den sicheren Boden der Normalisierung zurückzuziehen. Sich also tatsächlich zwischen Normalisierung und Fremderfahrung zu *bewegen*, ohne sich einzurichten. Denn die Schwebe in einem Zwischenbereich ist ein dynamischer Zustand, der nicht endgültig erreicht werden kann, sondern immer wieder hergestellt werden muss.

In diesem Zusammenhang kommt dem (Film-) Pädagogen nicht die Rolle des Vermittlers zu, der den Lernenden dabei begleitet, ein dem Pädagogen bereits bekanntes Ziel zu erreichen. Sondern es geht darum, eine Situation zu schaffen, in der Fremderfahrungen möglich sind; eine Haltung vorzuleben und mit den Lernenden einzuüben, die es erlaubt, Brüche und Kontingenzen im Prozess der Normalisierung wahrzunehmen und sich ihnen auszusetzen. Also einen Umgang mit Filmen zu eröffnen, der eine Alternative zu dem von Haneke beschriebenen Geisterbahn-Effekt bietet.

Eine interessante Metapher dazu formuliert Alain Bergala (2006), der den Pädagogen als „Passeur“ betrachtet. Im Wortsinn ist damit ein Fährmann oder ein Schmuggler gemeint, der Menschen oder Waren über Grenzen bringt. Also jemand, der sich selber auf eine riskante Erfahrung/einen riskanten Weg einlässt, ohne genau zu wissen, wo und in welcher Verfassung er ankommen wird: „[D]er Passeur ist jemand, *der sich selbst einsetzt*, wenn er Menschen im Boot oder zu Fuß über den Berg – oder über die Grenze – geleitet, er setzt sich denselben Gefahren aus wie diejenigen, für die er vorübergehend verantwortlich ist“ (Bergala

2006, S. 39f., Fußnote 8, Herv. H.W.). Die Aktivität des Passeurs findet im Rahmen einer Bewegung statt, die sich nicht vollkommen kontrollieren lässt – und die auch scheitern kann. Und sie bezieht sich auf die *Passage*; auf das „Zwischen", das vor dem Hintergrund meiner Überlegungen eine so zentrale Bedeutung hat.

Filmnachweis

Pretty Woman (USA 1990), Regie: Gerry Marshall.

Titanic (USA 1997), Regie: James Cameron.

Dirty Dancing (USA 1987), Regie: Emile Ardolino.

Boys Don't Cry (USA 1999), Regie: Kimberly Peirce.

XXY (Argentinien 2007), Regie: Lucia Puenzo.

Literatur

Assheuer, Thomas (Hrsg.) (2008): *Nahaufnahme mit Michael Haneke. Gespräche mit Thomas Assheuer*. Berlin.

Bergala, Alain (2006): Kino als Kunst. Filmvermittlung in der Schule und anderswo. *Schriftenreihe der Bundeszentrale für politische Bildung*, Band 553. Bonn.

Deleuze, Gilles (1998): *Das Zeit-Bild. Kino 2*. Frankfurt/ Main.

Ders. (1997): *Das Bewegungs-Bild. Kino 1*. Frankfurt/ Main.

Engel, Antke (2002): *Wider die Eindeutigkeit. Sexualität und Geschlecht im Fokus queerer Politik der Repräsentation.* Frankfurt/ New York.

Kokemohr, Rainer (2007): Bildung als Welt- und Selbstentwurf im Anspruch des Fremden. Eine theoretisch-empirische Annäherung an eine Bildungsprozesstheorie. In: Koller, Hans-Christoph, Winfried Marotzki & Olaf Sanders (Hrsg.). *Bildungsprozesse und Fremdheitserfahrung. Beiträge zu einer Theorie transformatorischer Bildungsprozesse.* Bielefeld, S. 13-68.

Koller, Hans-Christoph (1999): *Bildung und Widerstreit: zur Struktur biographischer Bildungsprozesse in der (Post-) Moderne*. München.

Marotzki, Winfried (1990): *Entwurf einer strukturalen Bildungstheorie. Biographietheoretische Auslegung von Bildungsprozessen in hochkomplexen Gesellschaften.* Weinheim.

Schädler, Sebastian (2008): *Wenn Derrida Schneewittchen trifft... . Filmpädagogik und [Dekonstruktion] von Geschlechterklischees.* München.

Waldenfels, Bernhard. (1997): *Topographie des Fremden. Studien zur Phänomenologie des Fremden I.* Frankfurt/ Main.

Ders. (2001): *Verfremdung der Moderne. Phänomenologische Grenzgänge.* Essener Kulturwissenschaftliche Vorträge Band 10. Göttingen.

Ders. (2008): *Grenzen der Normalisierung. Studien zur Phänomenologie des Fremden II.* Frankfurt/ Main, erweiterte Ausgabe.

West, Candace & Don H. Zimmerman (1991): Doing gender. In: Lorber, Judith & Susan A. Farrell (Hrsg.). *The social construction of gender.* Newbury Park, London, New Delhi, S. 13-37.

Wimmer, Michael (2009): Vom individuellen Allgemeinen zur mediatisierten Singularität. Sprache als Bildungsmedium bei Humboldt und Derrida. In: Wimmer, Michael, Roland Reichenbach & Ludwig Pongratz (Hrsg.). *Medien, Technik und Bildung.* Paderborn, S. 57-78.

Zahn, Manuel (2009): Film-Bildung. In: Wimmer, Michael, Roland Reichenbach & Ludwig Pongratz (Hrsg.). *Medien, Technik und Bildung.* Paderborn, S. 107-121.

Manuel Zahn

Das Geschlecht der Bilder.

Bildungstheoretische Überlegungen zur geschlechtlichen Codierung des Films

Das Geschlecht der Bilder – der Titel des vorliegenden Textes ist metaphorisch zu verstehen. Er steht für die These, dass Bilder geschlechtlich codiert sind, sowohl unsere subjektiven Wahrnehmungs-, Vorstellungs- und Erinnerungsbilder als auch die audiovisuellen Filmbilder.[1]

Über diese These will ich im Folgenden aus bildungstheoretischer Perspektive nachdenken und dabei dem komplexen Zusammenhang von Geschlechterverhältnissen (genauer zu fassen als die Trias von *Sex*, *Gender* und *Desire*) und dem Film[2] folgen, der meines Erachtens insbesondere für die Bildung einer Geschlechtszugehörigkeit im Laufe der Adoleszenz von Bedeutung ist. Dazu wende ich mich an einen Film, genauer an ein Musikvideo, um dieses nach differenzierten Beschreibungsmöglichkeiten für eine moderne Bildungstheorie zu befragen, welche Medien bzw. Medialität als Konstitutionsbedingung für subjektive Bildung begreift.

Der Bereich des Musikvideos scheint mir für meine Untersuchungen besonders geeignet und reizvoll zugleich. Zum Einen ist das Musikvideo als empirisches Material geeignet, da es im Zuge der andauernden inflationären und weltweiten Vervielfältigung von Film- und Videobildern, insbesondere durch die digitalen Medientechnologien, vom Fernsehen ins *World Wide Web* migriert ist und somit an Präsenz, Zugänglichkeit und dadurch auch als mediale Sozialisationsinstanz an Relevanz für junge Heranwachsende hinzugewonnen hat. Zum Anderen

---

[1] Zu dieser These und den mit ihr verbundenen Fragen habe ich im Wintersemester 2008/09 an der Universität Hamburg ein Seminar durchgeführt. Ich möchte mich an dieser Stelle bei allen Teilnehmerinnen und Teilnehmern des Seminars für ihre Anregungen, die in diesen Text eingeflossen sind, bedanken.

[2] Wenn nicht genauer spezifiziert, verwende ich den Begriff Film nicht ausschließlich im technischen Sinne von Zelluloid oder seiner technischen Produktions- und Aufführungsbedingungen, sondern als bewegte, audiovisuelle Bilder, wie es im Amerikanischen *movie*, der Kurzform von *moving pictures*, noch enthalten ist.

scheint mir das Musikvideo für eine bildungstheoretische Untersuchung besonders reizvoll, da es durch seine Nähe zum kommerziellen Gebrauchs- und Werbefilm immer noch gern als 'pädagogisch wertlos' degradiert wird.

Ich behaupte hingegen, dass dort, wo sich das Musikvideo seiner Wurzeln in der Videokunst und im Experimentalfilm erinnert, es nicht nur zu einem Experimentallabor für die Medialität des audiovisuellen Bildes[3] wird, sondern auch ein hervorragendes Instrument zur Erforschung der Medialität individueller Bildungsprozesse darstellt.

1.

Bevor ich mich aber meinem Musikvideo-Beispiel zuwende, möchte ich mich der Frage widmen, was es für die bildungstheoretische Forschung heißt, von Medien als Konstitutionsbedingungen für individuelle Bildung auszugehen.

Im Gegensatz zu Theorien des Mediengebrauchs sind sich die vom poststrukturalistischen Denken inspirierten Bildungs-, Medien-, Film- und Gendertheorien darin einig, dass alles, was wir über die Welt und über uns selbst wahrnehmen, denken, fühlen, wissen können, mit Hilfe von Medien wahrgenommen, gedacht, gefühlt und gewusst wird, welche wiederum im störungsfreien Vermittlungsvorgang verschwinden.[4] Das heißt in Kürze: Es gibt keinen Ort, an dem wir uns als Subjekte befinden, der nicht schon mediatisiert wäre. Daraus folgt, dass sich kein Ich mehr denken lässt, das sich der Medien nur bedient, um seinen Intentionen, Wünschen und Handlungen Ausdruck zu verleihen. Medien sind vielmehr Zwischeninstanzen, welche die Bildung eines Ichs, welche die Zugänge zu Welt und Selbst für das Subjekt allererst ermöglichen. Das hat zur Folge, dass ein gebildetes Ich relativ (un)stabil ist und sich stetig im medialen Wahrnehmen, Denken, Fühlen und Handeln bestätigen muss. Dabei kann es auch durch die Bilder der

[3] Ich folge hier Gilles Deleuze (z.B. 1993: 105ff.), der mehrfach darauf hinweist, dass die Videokunst und die Popvideoclips das Potenzial haben, einen experimentellen und 'denkenden' Film zu schaffen.

[4] Vgl. beispielsweise v. Braun (2000: 300ff.).

Medien irritiert oder fraglich werden – was zum Auslöser von Bildung, im Sinne einer Umbildung von individuellen Welt- und Selbstverhältnissen werden kann.[5]

Ich spitze diesen Gedanken hinsichtlich der Frage nach der Medialität von Geschlecht zu: Viele Theoretiker/innen der *Gender* und *Queer Studies* gehen davon aus, dass sich mittels Medien wie dem Film Geschlechterdifferenz und somit auch individuelle Geschlechtsidentitäten als gesellschaftlich und kulturell vorgeformte konstruieren.[6]

Ich möchte diese starke These mit Judith Butlers radikalem Konzept von Gender etwas genauer ausführen. Butler kann in *Das Unbehagen der Geschlechter* (1991) nachweisen, dass auch das anatomische, scheinbar natürliche Geschlecht kulturell konstruiert wird. Daher sollte ihrer Ansicht nach der Begriff Gender auch jene diskursiven und kulturellen Mittel beinhalten, durch die ein scheinbar natürliches Geschlecht als vordiskursiv, d.h. als der Kultur vorgelagert, erst hergestellt und etabliert wird. Butler sensibilisiert uns durch ihren dekonstruierenden Blick auf unsere Geschlechterverhältnisse dafür, die kulturelle und diskursive Konstruktion von Geschlecht als einen Prozess der Naturalisierung zu verstehen, in dem das, was uns natürlich erscheint, ein Effekt des Diskurses selbst ist, der sehr erfolgreich seinen eigenen Konstruktionsprozess samt seinen Bedingungen verschleiert. (Vgl. Butler 1995)

Wir leben, nach Butler, in einer Art Zwangsdiskursivität, die kein Außen kennt und deren kulturelle Norm bezüglich des Geschlechts als System der Zwangsheterosexualität wirksam wird. Dieser Komplex aus normalisierenden und naturalisierenden Diskursen und Praktiken kann mit Hilfe des Begriffs der Heteronormativität beschrieben werden. 'Heteronormativität' ist daher auch einer der grundlegenden, analytischen Begriffe der *Gender* und *Queer Studies* und bezeichnet ein binäres, geschlechtliches Ordnungssystem, demzufolge zwei natürliche Geschlechter (*sex*) existieren, die jeweils mit ihrer sozialen Geschlechtsidentität, ihrem geschlechtlichen Rollenverhalten (*gender*) identisch sind und sich

---

[5] Die Medialität von Bildungsprozessen wird im Phänomenbereich der Sprache schon seit geraumer Zeit untersucht (vgl. beispielsweise Kokemohr 1992, Koller 1999, Koller et al. 2007 und Wimmer 1988). Ähnlich umfassende und intensive Untersuchungen der Medialität von Bildungsprozessen im Hinblick auf den Film stehen bis dato noch aus.

[6] Vgl. beispielsweise Angerer & Dohrer 1994, Butler 1991 oder Geiger et al. 2006.

wechselseitig sexuell begehren (*desire*).[7] Auf diese Weise werden symbolisch-kulturell und diskursiv intelligible und zugleich legitimierte heterosexuelle Körper erzeugt. Gleichsam entstehen mit dieser Inklusionsbewegung davon abweichende, nicht-legitimierte Körper wie die von Homosexuellen, Bi- oder Transsexuellen. Die Herstellung dieser Körper erfolgt durch die ständige Wiederholung und Inszenierung der Normen in Form von Akten, Gesten und Begehren, die "sich insofern als *performativ* [erweisen M.Z.], als das Wesen oder die Identität, die sie angeblich zum Ausdruck bringen, vielmehr durch leibliche Zeichen und andere diskursive Mittel hergestellte und aufrechterhaltene Fabrikationen/Erfindungen sind" (Butler 1991: 200).

Die Konstruktion von Geschlechtsidentität ist daher auch nie vollkommen abgeschlossen, sondern offen und prekär. Die individuelle geschlechtliche Identität muss sich *performativ* im Rahmen der gesellschaftlich, kulturell/diskursiv gegebenen und mediatisierten Geschlechterverhältnisse ständig *re*-konstruieren und bewähren.

Aus der skizzierten Perspektive einer dekonstruktivistischen Geschlechterforschung lässt sich der Diskurs der feministischen Filmtheorie kritisch reformulieren. Stellte die feministische Filmtheorie seit den 1970er Jahren ihre Fragen nach der spezifischen Geschlechtlichkeit der Filmbilder und ihrer Wirkung auf ihre Betrachter noch innerhalb eines heteronormativen, zweigeschlechtlichen Diskurses und verhärtete denselben dadurch, müssen die Fragen und Probleme heute differenzierter gestellt werden. Wie zuvor gezeigt, lassen sich mit Judith Butler soziokulturelle und mediale Strukturen, Formationen und Diskurse beschreiben, welche geschlechtliche und sexuelle Differenzen erst herstellen, damit Identitätsvorgaben machen und gleichsam Identifizierungspraktiken einführen.

Die Fragen, die man vor dem Hintergrund solcher theoretischen Annahmen auf Filme und ihrer geschlechtlichen Codierung formulieren kann, sind andere. Sie richten sich explizit auf die Konstruktion der filmischen Repräsentationen von Geschlecht und geschlechtlicher Identität: Wie beteiligen sich Filme (quer durch die unterschiedlich, technologisch formierten Produktions- und Rezeptionssitua-

---

7 Vgl. zum Begriff der Heteronormativität auch den instruktiven Aufsatz von Peter Wagenknecht (2007): "Was ist Heteronormativität?"

tionen) an der kulturellen Codierung von Geschlecht und an der diskursiven Herstellung der Geschlechterverhältnisse? Welche Diskurse zeigen, *re*-inszenieren die Filme? Und wie zeigen sie diese? Welche Diskurse werden bestärkt bzw. mit dem Film irritiert? Oder: Erfinden Filme gar alternative, abweichende Diskurse zur herrschenden, heteronormativen Geschlechterordnung, die das Potential haben die bestehende Ordnung fraglich werden zu lassen oder sie in ihrer Konstruiertheit erfahrbar zu machen?[8]

Die Ausrichtung der Fragen macht schon deutlich, wo das Interesse dieses Textes liegt. Sicherlich liefert der Film so wie alle anderen popkulturellen Artefakte auch 'Vorbilder' für die Aneignung und Bildung von Männlichkeit, Weiblichkeit, Heterosexualität, Bi- und Homosexualität oder auch *Queer*-Sein. Mich interessiert aber über diese inhaltliche Vorbildfunktion des Films hinaus die Frage *wie* soziokulturelle, diskursive Geschlechterordnungen in die *Formen* der filmischen Darstellung Einzug halten. Damit rückt die spezifische Medialität und Ästhetik des Films in den Fokus meiner Untersuchung.

2.

Um die These vom Geschlecht als soziokultureller und medialer Konstruktion genauer zu betrachten und dabei nach deren spezifisch filmischen Konstruktionen zu fragen, wende ich mich jetzt meinem Filmbeispiel zu, einem Videoclip des schwedischen Regisseurs Jonas Akerlund, den er 1997 für die Singleauskopplung *Smack my bitch up* der englischen Elektro-Band *The Prodigy* gedreht hat.

Akerlunds Clip zeigt unter Verwendung einer subjektiven Kameraperspektive den exzessiven Nachttrip einer den Betrachtern[9] zunächst unbekannt bleibenden Person. Zu Beginn befindet sich diese im Badezimmer, duscht, rasiert sich und zieht sich an, während sie bereits Alkohol sowie Kokain zu sich nimmt. Die Person verlässt das Haus und begibt sich in der Folge ins Londoner Nachtleben, wo sie durch aggressives und gewalttätiges Verhalten gegenüber Frauen und Män-

---

[8] Diese theoretische Perspektive vertreten auch v. Braun (2000: 302) und Ganser & Paul (2007: 2ff.).

[9] Gilt hier und im Folgenden bei nicht näher zu spezifizierenden Personen und Personengruppen auch für die weibliche Schreibform.

nern auffällig wird. Zwischenzeitlich übergibt sie sich mehrfach und ihr Verhalten gerät mehr und mehr zum Exzess. Durch den Einsatz visueller Verzerrungen, Perspektivverschiebungen, Trübungen, Bildrotationen und Fragmentarisierungen wird der Versuch unternommen, die fortschreitende Wirkung der eingenommenen Drogen über die bildästhetische Ebene des Clips sichtbar zu machen. Die Person wird in einen Stripclub getrieben, in welchem sie die Tänzerinnen mit Sekt bespritzt und betatscht. Letztlich nimmt sie eine der Tänzerinnen mit ins Auto, fährt mit ihr in ihre Wohnung, wo sie Sex haben. Die Tänzerin verlässt nach dem Sex die Wohnung und die Person bleibt im Schlafzimmer zurück, wo sie mittels eines Standspiegels für den Filmbetrachter zum ersten Mal im Bild sichtbar wird.

Der sich wiederholende Sample "*Change my pitch up, smack my bitch up!*" treibt die Figur durch die Bars und Clubs der Stadt und verdoppelt gleichsam beschreibend die Handlungen des unbekannten Protagonisten. Der gesamplete Reim lässt sich nicht eindeutig übersetzen. Ich fand zwei, drei gleichwertige Übersetzungen: 1. *Change my pitch up* – Ich schalte einen Gang höher/ Ich bring mich auf Touren oder als Aufforderung: Bring mich auf Touren! und *Smack my bitch up* – Ich spritz' mir Heroin oder 2. Ich schlage/verprügele/haue etc. die Hure/die Nutte/das Miststück/die Schlampe/das Weibsstück um. Letzteres referiert auch auf die Slangbegriffe *bitch-slap* oder *bitch-slapping.*[10] 'Umhauen' kann hier auch als 'flachlegen' gedeutet werden – das alles zusammengenommen geht es in dem Song bzw. dem Video-Clip um nichts anderes als sich auf Drogen und mit aller Gewalt eine Frau für die Nacht, fürs Bett zu beschaffen – was ja letztlich gelingt!

Mich hat beim ersten Sehen insbesondere die formale Konstruktion des Videoclips interessiert. Der kurze Film schafft es durch die konsequent subjektive Kamera, uns als Betrachter als die Stelle der Figur zu setzen, die auf die Szene, die filmische Inszenierung blickt. Aber wer sind wir? Oder genauer: an wessen Stelle schauen wir als Betrachter auf die Bilder? Diese Fragen können noch präzisiert

[10] Allein der Horizont der Verwendungsweisen und damit auch die Bedeutungen von *bitch* sind weitreichend, daher kann das hier nur eine Andeutung eines *close reading* sein, das sicherlich noch fortgesetzt werden könnte und weitere Bedeutungsschichten freilegen würde. Ganz zu schweigen von den anderen Signifikanten des Samples.

werden, wenn wir die Bilder des Videoclips und deren eigenartige Ästhetik mit einbeziehen: Welche Hinweise geben die audiovisuellen Bilder des Clips auf das Geschlecht der handelnden Person? Wie schaffen es die Filmbilder die subjektive Sicht ihres Betrachters zu bilden bzw. beim Betrachter die Vorstellung eines männlichen oder weiblichen Protagonisten zu erzeugen?

In der Eröffnungsszene befindet sich die subjektive Kamera in der Dusche einer Privatwohnung. Kamerablick und die Wahrnehmung der filmischen Figur fallen zusammen, was durch die Wasserspritzer auf der Kameralinse eingeführt und später beispielsweise über die Tonspur beim Trocknen der Haare mit einem Handtuch verstärkt wird. Ohne *Establishing Shot* reiht Akerlund eine Subjektive an die andere und inszeniert damit eine abgeschlossene, subjektive Wahrnehmung. Die ersten Bilder (Abb. 1-3) sind auch schon geschlechtlich codiert, wenn ebenfalls zur Stärkung der subjektiven Perspektive Männerhände, die Wasserhähne zudrehen, den Duschvorhang zur Seite schieben oder Rasierer und Rasierschaum benutzen, ins Bildfeld geführt werden.

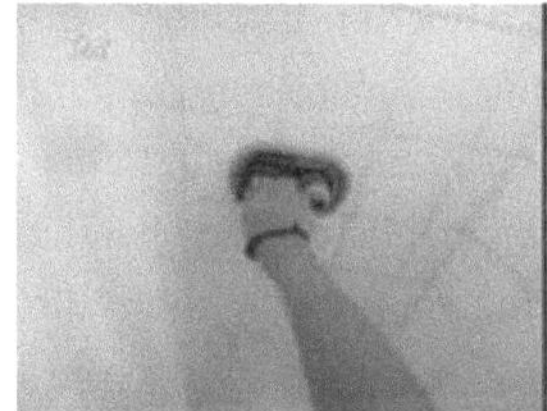

Abb. 1

Abb. 2

Abb. 3

Diese und weitere Attribuierungen (z.B. Turnschuhe, Lederjacke) während der Vorbereitungen des Protagonisten auf seine nächtliche Tour lassen sich als wohl platzierte und somit lesbare Kodierungen der geschlechtlich bestimmbaren, männlichen Identität der subjektiven Filmbilder verstehen.

In Anlehnung an West und Zimmermans Konzept des *Doing Gender* (1987) könnte man am Beispiel von Akerlunds Video die Filmerfahrung auch als ein *Viewing Gender*, als ein Konstruieren, Zuschreiben von geschlechtlichen Identitäten im Sehen bezeichnen. *Doing Gender* umfasst allgemein die kulturelle Inszenierung von Geschlecht und beschreibt im speziellen die Aufnahme und Annahme gesellschaftlich und kulturell bereitgestellter Identifikationsangebote als die eigene, individuelle Geschlechtsidentität. Das Konzept des *Doing Gender* betont dabei die aktive Her- und Darstellung des Geschlechts. Demnach hat man sein Geschlecht nicht von Natur aus und muss sich daher immer geschlechtstypisch verhalten, sondern dieses Verhalten ist vor allem orientiert am kulturell/diskursiv gegebenen, historisch je unterschiedlichen Wissen darüber, wie man sich als Mann oder Frau zu verhalten hat. Übertragen auf die Filmerfahrung von *Smack my bitch up* kann das zu folgenden geschlechtlichen Zuschreibungen führen: "Wenn eine Person auf die Männertoilette geht, kann das nur ein Mann sein!", "Wer einen Mann auf der Tanzfläche zusammenschlägt, kann nur ein Mann sein!", "Wer Frauen begrapscht, wer in einen Strip-Club geht, wer eine Striptease-Tänzerin mit nach Hause nimmt, kann nur ein Mann sein!" usw.[11]

Unterstützt wird dieses *Viewing Gender* sicherlich durch unsere vom Narrations- und Aktionskino sozialisierte Film-Erfahrung. Die im Narrations- und Aktionskino etablierten Machtverhältnisse zwischen männlich-aktivem Subjekt und weiblich-passivem Objekt wurden und werden bis heute noch vornehmlich als Asymmetrie von Sehen und Gesehen-Werden inszeniert.[12] Im Aktionskino dominiert beispielsweise immer noch ein männlicher Blick, in dem männlich codierte Protagonisten den Handlungsraum der Erzählung bestimmen und nach Belieben manipulieren. Entscheidend ist für mich in diesem Zusammenhang, dass bereits die subjektive Kameraeinstellung geschlechtliche Bedeutungen mit sich führt, die mit Akerlunds *Smack my bitch up* aktualisiert werden. Insgesamt zielen die Bild-Ton-Montagen des Clips samt seiner Erzählhandlung auf die Subjektivierung der Blickposition und nötigen den Betrachter die Seherfahrung eines männlichen Protagonisten zu teilen. Während dieser lediglich an den Rändern des Bildes mit Händen und Füßen erscheint, werden die Körper der Frauen vom männlichen Kamerablick fixiert und 'abgetastet'. Aus dem *Off* des Bildes manipulieren (schlagen, zerstören, etc.) dann je nach Belieben die Hände des männlichen Protagonisten die Objekte und vor allem die weiblichen Körper (aber nicht nur diese) im Bild und zwingen sie in ein reagierendes, passives Verhalten.

---

[11] Im zuvor genannten Seminar (vgl. Fußnote 1) haben die Studierenden während und nach dem ersten Sehen des Films solche und ähnliche geschlechtliche Identitätszuschreibungen geäußert.

[12] Vgl. dazu beispielsweise Mulvey (1975) oder v. Braun (2006).

Gegen Ende des Videos schwenkt die subjektive Kamera auf das Spiegelbild einer auf dem Bettrand sitzenden Frau (Abb. 4-6), aus dem hervorgeht, dass die handelnde Person weiblich ist und die Narration des Clips somit eine Schlusspointe erhält.

Abb. 4

Abb. 5

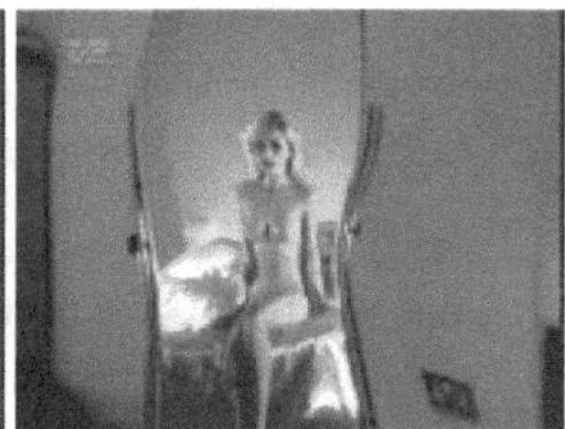

Abb. 6

In der Folge dieser Einstellung löst sich die subjektive Erzählperspektive sukzessive auf: Die Kamera nimmt die Striptease-Tänzerin im Flur des Hauses in den Blick (Abb. 7). Sie wechselt zurück ins Zimmer und zeigt aus subjektiver Perspektive die kreisende Nahaufnahme einer Glühbirne an der Zimmerdecke (Abb. 8). Schließlich kehrt die Kamera ein zweites Mal in den leeren Hausflur zurück, um die subjektive Perspektive vollends in einer letzten, 'objektivierten' Einstellung aufzulösen (Abb. 9) – einer Einstellung die nicht länger der handelnden Person, dem/der Protagonisten/in zugeordnet werden kann. Mit ihr wird die subjektive Erzählperspektive von der Kamera getrennt.

Abb. 7

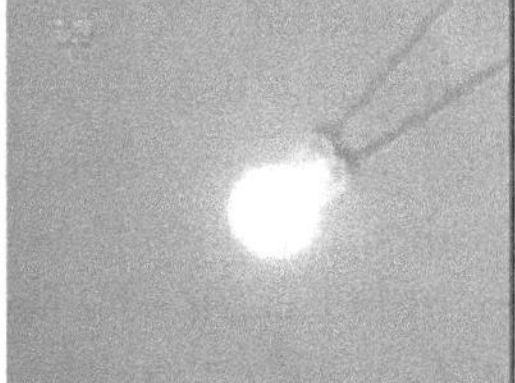

Abb. 8

Abb. 9

Bis fast zum Ende zeigt *Smack my bitch up* Bilder, welche die uneingeschränkte Männlichkeit des Protagonisten, einen männlichen Blick in Szene zu setzen scheinen. In einem letzten 'Blick-Twist' spielt Akerlunds Video mit unseren relativ starren, zweigeschlechtlichen Sinnzuschreibungen im Sehen. Und setzt er damit nicht auch gleichsam die jeweilige Geschlechtsidentität der Betrachter aufs Spiel? – zumindest zwingt er diese das Gesehene retroaktiv zu vergleichen und zu bewerten und vielleicht sogar umzuwerten. Ich möchte zwei mögliche Re-Konstruktionen, Re-Signifizierungen der *Gender*-Bedeutungen der Filmbilder vorstellen:

1. Eine mögliche Reaktion wäre, die Inszenierungsstrategie von *Smack my bitch up* von der Spiegeleinstellung aus, als Täuschung, als fälschende Erzählhandlung zu verstehen. Der männliche Protagonist entbirgt sich dann als ein weiblicher. Dies würde wiederum voraussetzen, dass männliche als auch weibliche Verhaltensweisen, Rollenstereotype als Entitäten existieren, die dann mit der Schlusspointe des Clips von einem Geschlecht auf das andere übergehen, wie etwa: "Wir Frauen können das auch!", "Was Männer können, können wir schon lange!", allgemeiner: Die Frau schlüpft in die männliche Rolle und erobert sich damit einen männlich kodierten Handlungsraum. Zudem würde dieses Verständnis nahe legen, das Spiegelbild (Abb. 5 und 6) als Abbild einer Frau zu sehen und von dort aus die 'richtige' Geschlechtsidentität des Protagonisten zu entlarven. An die Stelle der zuvor 'gefälschten' männlichen Geschlechtsidentität würde eine weibliche gesetzt, ohne aber die geschlechtliche Integrität beider in Frage zu stellen. Das Selbstverständnis der Rezipienten bliebe gleichsam im Rahmen eines heteronormativ konstruierten Geschlechtermodells unangetastet.

2. Angeregt durch Ramón Reicherts Aufsatz *Affirmationen des Fälschens* (2007) möchte ich eine weitere *Re*-Konstruktion von *Smack my bitch up* entwickeln. Diese zielt darauf ab, die gendertypische Repräsentativität der gezeigten Bilder generell in Frage zu stellen. Reichert kritisiert ebenfalls die Signifizierung des Spiegelbildes einer Frau als "realistische Instanz" und fragt weiter: "Was aber, wenn es sich um ein imaginäres Bild handelt oder anders: um eine weitere Fälschung, neben vielen anderen Fälschungen?" (Reichert 2007: 200) Das Fälschen will er als eine Praxis verstehen, "mit der die Re-Signifizierungen und Re-Kontextualsierungen der *gender meanings* als konstruierte Sichtbarkeiten und me-

diale Verfahren entdeckt werden können" (ebd.). Vor diesem Hintergrund macht er die These stark, dass die Täuschungspointe am Ende des Videoclips nur unter der Bedingung behauptet werden kann, dass spezifische Bilder, die im gesamten Videoclip verstreut (und oft nur sehr kurz) gezeigt werden, *übersehen* (und damit negiert) werden. Die Krise der Repräsentation geschlechtlicher Identifizierungen zeige sich damit nicht erst in der Schlusspointe des Videos, sondern schon während der gesamten subjektivierten Erzählhandlung. Falsche Fährten im Sinne von uneindeutig referenzierbaren Bildern werden auf vielfältige Weise eingesetzt: Das Bett des Protagonisten ist mit rosa Satinbettwäsche bezogen (Abb. 10). In einer Einstellung wird der Flirt mit einem männlichen Barbesucher angedeutet (Abb. 11) und in der Bettszene gegen Ende des Clips wird in einer schnell montierten Sequenz die Aufnahme einer weiblichen Brust gezeigt, die von der Tänzerin aus der Nachtbar liebkost wird (Abb. 12).

Abb. 10

Abb. 11

Abb. 12

Reichert weist zudem darauf hin, dass der sich wiederholend vorgetragene Songtext das *Crossover* der *Gender*-Bedeutungen auf der Bildebene verstärkt, lasse sich doch das Wortspiel mit dem Begriffspaar *pitch/bitch* (Laune, weibliches Geschlechtsorgan) als ein weibliches Begehren, das von einer Männerstimme artikuliert wird, verstehen. (Vgl. Reichert 2007: 202)

Die Dekonstruktion visueller Repräsentationen von *Gender*-Identitäten wird durch eine Vielzahl ästhetischer Strategien des Videos verstärkt, fortgesetzt und weiter in eine Ununterscheidbarkeit der gezeigten Bilder getrieben. Die Rauschzustände der handelnden Person werden in einer diskontinuierlichen Montage verschiedener Bildtypen visualisiert. Dabei werden visuelle Metaphern des

Rauschs (wie Verzerrungen, Drehungen, Dehnungen etc.) mit imaginären Bildern in schnell montierten Schnittfrequenzen eng geführt oder auch durch Überblendungen und Mehrfachbelichtungen überlagert, so dass es unmöglich wird, distinkte Unterscheidungen zwischen den verschiedenen Bildern (subjektive Erinnerungen, Imaginationen, Wahrnehmungen oder auch objektivierte Außenwahrnehmungen) zu machen (vgl. Abb. 13-21). Dabei wird die lineare Chronologie der Narration unterlaufen, der Erzählraum desorganisiert und schließlich der personale Erfahrungsraum als abgegrenzte Entität zu seiner objektiven Umwelt prekär und fraglich. (Vgl. Reichert 2007: 202f.)

Die "Mächte des Falschen", wie sie Gilles Deleuze in seinem zweiten Kino-Buch *Das Zeit-Bild* (1999: 168ff.) beschrieben hat, wirken in Akerlunds Clip und bringen die audiovisuellen Bilder in eine *kristalline* Ordnung, die als Beschreibung "ihr eigener Gegenstand ist und ihn [...] zugleich ersetzt, erschafft und tilgt; die ständig neuen Beschreibungen Platz macht, die den vorangehenden widersprechen, sie verschieben oder modifizieren." (Ebd. 168)

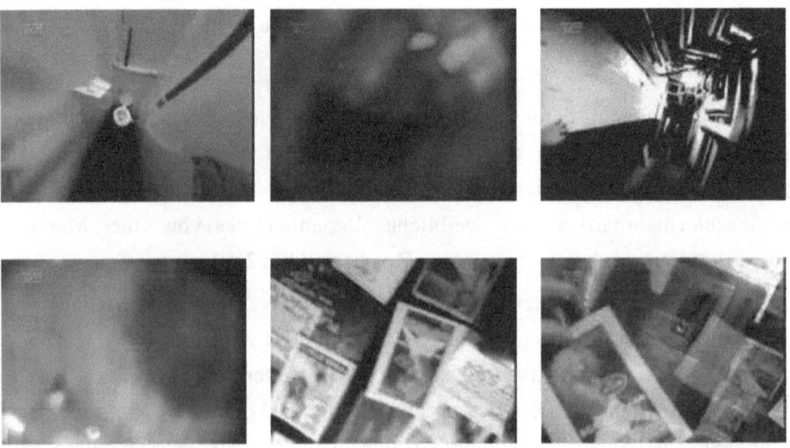

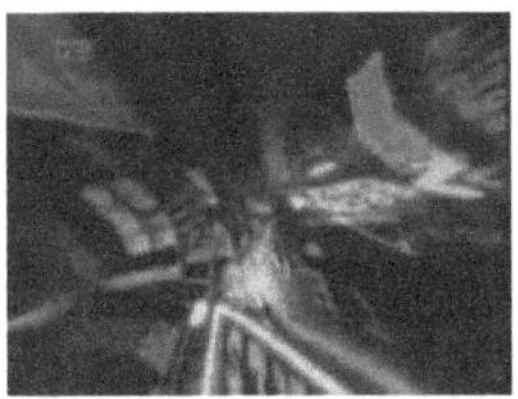
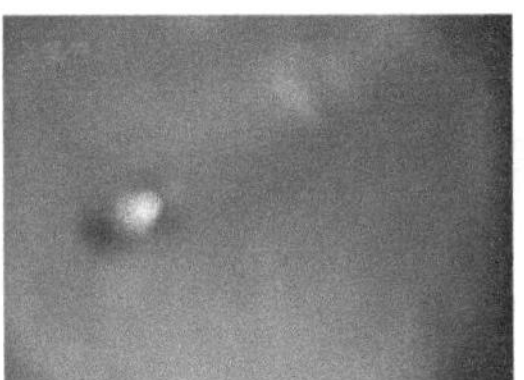

Abb. 13 – 21

Die Ordnung ist nicht länger *organisch* und entspringt nicht mehr aus den chronologisch repräsentierten Handlungen eines (oder mehrerer) Protagonisten. Der Videoclip bietet vielmehr eine Fülle von zwei- bis mehrdeutigen geschlechtlichen Codierungen der Person, deren subjektive Sicht prekär wird und sich mehr und mehr als Zerfall eines die Bilder organisierenden Zentrums darstellt. Vor diesem Hintergrund lässt sich das Spiegelbild am Ende des Clips nicht mehr als ein Abbild einer Frau verstehen, es bieten sich keine verlässlichen Hinweise und Kontexte mehr, um das Bild als imaginäres oder reales zu signifizieren. Vielmehr kann es jetzt Anlass des Zweifelns werden, wie Reichert schreibt: "Wir zweifeln an dem, was wir sehen, und das Sehen selbst hat seine evidente Selbstverständlichkeit verloren, denn in der Spiegelszene wird die Medialität des Sehens und des Selbstbildes vorgeführt" (Reichert 2007: 206)

Die eigentliche 'Pointe' von *Smack my bitch up* ist somit seine diskursive Durchlässigkeit, Befragung und subversive Überschreibung heterosexuell kodierter Geschlechtskörper. Dabei setzt der Clip ein ästhetisches Potential frei, das die Möglichkeit besitzt, die eher binomisch organisierten, heteronormativ kodierten Alltagswahrnehmungen und Sinnzuschreibungen relativ stabiler Erfahrungszusammenhänge in eine offenere, ästhetische Wahrnehmung zu ver- und überführen. Das kann wiederum genderpolitische Konsequenzen haben, wenn die virtuellen Verschiebungen und Verlagerungen visueller Präsentationen paradoxer und komplexer Geschlechtlichkeit in ein *Werden* individueller Welt- und Selbstverhältnisse des sich bildenden Subjekts führen.

3.

Anhand der folgenden Skizze des Film-Sehens (Abb. 22) möchte ich noch einmal über das nachdenken, was sich uns beim wiederholten Sehen von *Smack my bitch up* gezeigt hat:

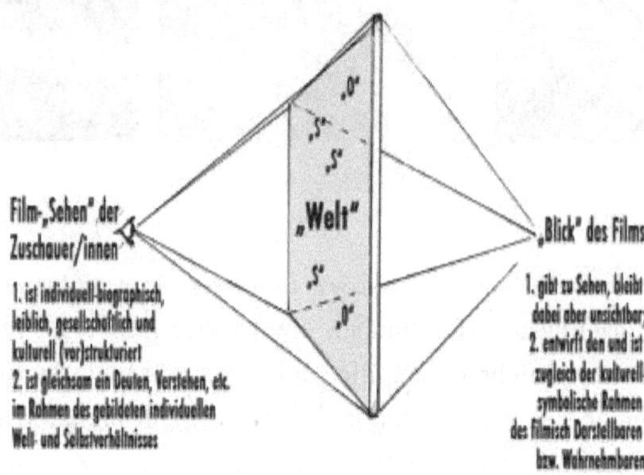

Abb. 22

Der Film gibt durch seine Inszenierung und ästhetischen Strategien den 'Rahmen' der Deutungen vor – in diesem Sinne 'blickt' der Film seine Betrachter an. Diese tragen wiederum im Sehen ihre eingebildeten (Geschlechter-)Ordnungen an den Film heran (*Viewing Gender*) und wählen dabei aus dem Sichtbaren und Hörbaren, dem filmischen Bilderstrom aus – sie machen sich auf dem Hintergrund ihrer je individuell-biographischen Erfahrungen ein Bild, schreiben Sinn zu, ordnen und normalisieren dabei, indem sie bestimmte Bilder vor dem Hintergrund ihrer bestehenden Welt- und Selbstverhältnisse, ihrer Gewohnheiten, Interessen, Erwartungen und Intentionen auswählen und andere dadurch 'übersehen'[13].

---

[13] Deleuze entwickelt in seinem ersten Kino-Buch *Das Bewegungs-Bild* die Wahrnehmung als einen selektiven Prozess: Aus der Unendlichkeit der Bilder wählt das Subjekt einzelne *Frames* aus, indem es eine spezifische Wahrnehmung vom allgemeinen Bilderfluss subtrahiert: "Wir nehmen das Ding wahr unter Abzug dessen, was uns in Bezug auf unsere Bedürfnisse nicht interessiert." (Deleuze 1993: 93) Deleuze affirmiert damit Bergsons Kritik der Wahrnehmung und der Erkenntnistheorie, wie dieser sie in seinen Oxforder Vorträgen

Jetzt muss man sich diese komplexen Bewegungen in der Zeit vorstellen, denn die Filmbilder stehen ja nicht still, sondern sind Bewegung, sie haben eine Dauer, die je nach Montagegeschwindigkeit variiert. Von einem beweglichen Schnitt der Filmbilder zum nächsten schreiben die Betrachter am aktuellen Bild den vorhergehenden Bildern einen Sinn zu und ein, der mit den folgenden Bildern schon wieder in Zweifel gezogen werden kann. Die montierten Filmbilder konstruieren so eine 'Lücke' für den Betrachter, in die er sehend, vorstellend und sinnstiftend eintritt und eintreten muss, wenn er dem Film folgen will. Der Betrachter sieht und deutet zwischen den Filmbildern und wird im filmischen 'Blick' zum verbindenden 'Zwischenbild'. Das Verhältnis von Subjekt und Objekt ist dabei ineinander verwickelt. Der Betrachter ist als Sehender schon im Bild. Der Rahmen seiner Sicht ist dem Forminhalt des sichtbaren Bildes schon eingeschrieben.

Ich denke, man kann beim Film-Sehen davon sprechen, dass zwischen dem audiovisuellen Bilderstrom auf der Leinwand/Bildschirm und dem Bilderstrom in der Vorstellung der Zuschauer/innen ein Film als ein *dritter Bilderstrom* entsteht – der zwar je individuell ist, aber nur nach Maßgabe, nur im 'Spielraum' der inszenierten, medialen Vorbilder[14]. Noch einmal anders formuliert: Mit dem Begriff des filmischen 'Blicks' ist insbesondere dasjenige am Film angesprochen, was ihn sichtbar macht und sich dabei einer direkten Sichtbarkeit entzieht – seine der konventionell-sinnlichen Wahrnehmung nicht direkt zugänglichen Formierungen, seine Medialität oder auch im Butlerschen Sinne seine Diskursivität.

(1911) über die *Wahrnehmung der Veränderung* formulierte. Nach Bergson fragmentieren wir als Subjekte den beweglichen Bilderstrom der Welt, indem wir diesen in begrifflichen Feststellungen anhalten oder auf erwartbare Resultate reduzieren, allgemein: bestimmte Bilder oder Bildmomente nach Prinzipien der Nützlichkeit auswählen.

14 Vgl. dazu beispielsweise Klaus Theweleits Aufsatz *Übertragung und Gegenübertragung. Der dritte Körper: Schwingungsobjekt zwischen Mensch und technischen Medien* (2008) oder auch meine Überlegungen mit David Lynchs *Lost Highway* und Gilles Deleuzes Kinophilosophie in Zahn (2009).

4.

Filme wie Akerlunds *Smack my bitch up* haben aber nicht nur das Potential, sich selbst in ihrer spezifischen Medialität zu thematisieren, sie können gleichsam die *Seh*süchte und Identifizierungswünsche ihrer Betrachter im 'Spielraum' der Film-Erfahrung 'aufs Spiel setzen'. Darin liegt ihr Bildungspotential. (Vgl. Zahn 2006)

Die Film-Erfahrung von *Smack my bitch up* lässt sich hinsichtlich ihres Potentials für individuelle Bildungsprozesse folgendermaßen reformulieren: Der Videoclip zeigt das rituelle Geschehen einer exzessiven Clubtour, das sich zwar sehend und erzählend refigurieren lässt, aber seine Betrachter dabei vor die Schwierigkeit stellt, ununterscheidbare, mehrdeutige Bilder zu beschreiben, die sich in einem heteronormativen Diskurs nicht mehr eindeutig signifizieren lassen. Mehr noch: Repräsentative Formationen einer heteronormativen Genderordnung zerfallen im Verlauf des Videoclips. Mit diesem Zerfallsprozess entsteht gleichsam die Nötigung die bestehenden Konstruktionen zu befragen oder gar sich neue Konstruktionen zu erarbeiten.

Wenn sich also im *Viewing Gender* die aktuellen Wahrnehmungsbilder nicht eindeutig identifizieren lassen, d.h. die Wahrnehmungen nicht sinnvoll im Rahmen der Erfahrungszusammenhänge mit bekannten, konventionellen Diskursfiguren, Gesten, Handlungen, etc. in Beziehung gesetzt werden können, entstehen daraus problematische Spannungen, die das Potential haben die Wahrnehmung und das Denken der Betrachter in ein *Anders-Werden* zu überführen. Dieses Potential, das Akerlunds Videoclip in der Film-Erfahrung entfaltet, könnte man auch mit dem beschreiben, was Rainer Kokemohr als "Bildungsvorhalt" (Kokemohr 2007: 24) entwickelt hat. Einem "figurativen Potential" (ebd.), das die Möglichkeit der Transformation der individuellen Welt- und Selbstverhältnisse der Betrachter gewissermaßen vor- und bereithält.

Dieses durch die Komposition der audiovisuellen Bilder von *Smack my bitch up* bereitgestellte Potential *kann* in Bildungsprozessen seiner Zuschauer realisiert werden, muss es aber nicht. Wie an der Film-Erfahrung von Akerlunds Video gezeigt, besteht eine starke Tendenz die ästhetischen Ununterscheidbarkeiten und Öffnungen im identifizierenden Sehen zu 'übersehen' oder im Sprechen über den Film zu schließen. Damit wird die Krise der Repräsentation geschlechtlicher Identifizierungen, die das Video dem Betrachter als Problem stellt, verschoben und beispielsweise zum Problem des Autorsubjekts gemacht.[15] Das Welt- und Selbstverhältnis der Betrachter bleibt im Rahmen eines heteronormativ konstruierten Geschlechtermodells gleichsam unangetastet – vorerst! –, da es sich in seiner Fragilität in endlosen Wiederholungen bestätigen oder verändern muss.

Filmnachweis

Smack my bitch up (1997), Regie: Jonas Akerlund, Musik: *The Prodigy*.

Literatur

Angerer, Marie-Luise & Johanna Dorer (Hrsg.) (1994). *Gender und Medien. Theoretische Ansätze, Empirische Befunde und Praxis der Massenkommunikation: Ein Textbuch zur Einführung*. Wien: Wilhem Braumüller.

Braun, Christina von (2000). "Medienwissenschaft." In: Braun, Christina von & Inge Stephan (2000). *Gender Studien. Eine Einführung*. Stuttgart/Weimar: Metzler, 300-312.

Braun, Christina von (2006). "'Ceci n'est pas une femme'. Blick und Berührung." In: *nach dem film, Nr. 3: Video und Überwachung*. http://www.nachdemfilm.de/no3/bra02dts.html, 15.08.09.

Butler, Judith (1991). *Das Unbehagen der Geschlechter*. Frankfurt/Main: Suhrkamp.

Butler, Judith (1995). *Körper von Gewicht. Die diskursiven Grenzen des Geschlechts*. Berlin: Berlin.

Deleuze, Gilles (1993). *Unterhandlungen 1972-1990*. Frankfurt/Main: Suhrkamp.

Deleuze, Gilles (1998). *Das Bewegungs-Bild. Kino 1*. (2. Aufl.) Frankfurt/Main: Suhrkamp.

Deleuze, Gilles (1999). *Das Zeit-Bild. Kino 2*. (2. Aufl.) Frankfurt/Main: Suhrkamp.

Ganser, Alexandra & Heike Paul (2007). *Screening Gender. Geschlechterszenarien in der gegenwärtigen US-amerikanischen Popkultur*. Berlin: Lit.

[15] Vgl. beispielsweise Schmidt (1999: 321). Die Autorin nimmt an, dass der Clip der männlichen Phantasien der Gruppenmitglieder von *The Prodigy* entspringe.

Geiger, Annette, Stefanie Rinke, Stevie Schmiedel & Hedwig Wagner (Hrsg.) (2006). *Wie der Film den Körper schuf. Ein Reader zu Gender und Medien.* Weimar: VdG.

Kokemohr, Rainer (1992). "Zur Bildungsfunktion rhetorischer Figuren. Sprachgebrauch und Verstehen als didaktisches Problem." In: Entrich, Hartmut & Lothar Staeck (Hrsg.). *Sprache und Verstehen im Biologieunterricht.* Alsbach: Leuchtturm, 16-30.

Kokemohr, Rainer (2007). "Bildung als Welt- und Selbstentwurf im Anspruch des Fremden. Eine theoretisch-empirische Annäherung an eine Bildungsprozesstheorie." In: Koller, Hans-Christoph, Winfried Marotzki & Olaf Sanders (Hrsg.). *Bildungsprozesse und Fremdheitserfahrung. Beiträge zu einer Theorie transformatorischer Bildungsprozesse.* Bielefeld: transcript, 13-68.

Koller, Hans-Christoph (1999). *Bildung und Widerstreit. Zur Struktur biographischer Bildungsprozesse in der (Post-) Moderne.* München: Wilhelm Fink.

Koller, Hans-Christoph, Winfried Marotzki & Olaf Sanders (Hrsg.) (2007). *Bildungsprozesse und Fremdheitserfahrung. Beiträge zu einer Theorie transformatorischer Bildungsprozesse.* Bielefeld: transcript.

Mulvey, Laura (2003). "Visuelles Lust und narratives Kino (*Visual Pleasure and Narrative Cinema* 1975)." In: Albersmeier, Franz-Josef (Hrsg.). *Texte zur Theorie des Films.* 5. Aufl. Stuttgart: Reclam, 389-408.

Reichert, Ramón (2007). "Affirmationen des Fälschens. Zum Musicvideo *Smack my bitch up* (1997) von Jonas Akerlund." In: Beckmann, Angelika, Astrid Bleier, Patric Blaser & Andrea Braidt (Hrsg.). *Falsche Fährten in Film und Fernsehen. Maske und Kothurn. Internationale Beiträge zur Theater-, Film- und Medienwissenschaft* 53/2-3, 195-206.

Schmidt, Eva (1999). "Eine Jagd durch die Nacht – *The Prodigy* und ihr ausgezeichneter/zensierter Videoclip *Smack my bitch up.*" In: Neumann-Braun, Klaus (Hrsg.). *VIVA MTV! Popmusik im Fernsehen.* Frankfurt/Main: Suhrkamp, 307-324.

Theweleit, Klaus (2008). "Übertragung und Gegenübertragung. Der dritte Körper: Schwingungsobjekt zwischen Mensch und technischen Medien." In: Nessel, Sabine, Winfried Pauleit, Christine Rüffert, Karl-Heinz Schmid & Alfred Tews (Hrsg.). *Wort und Fleisch. Kino zwischen Text und Körper.* Berlin: Bertz &

Fischer, 91-110.

Wagenknecht, Peter (2007). "Was ist Heteronormativität? Zu Geschichte und Gehalt des Begriffs." In: Hartmann, Jutta, Christian Klesse, Peter Wagenknecht, Bettina Fritzsche & Kristina Hackmann (Hrsg.). *Heteronormativität. Empirische Studien zu Geschlecht, Sexualität und Macht*. Wiesbaden: VS, 17-34.

West, Candace & Don H. Zimmerman (1987). "Doing Gender." In: *Gender & Society* 1/1987, 125-151.

Wimmer, Michael (1988). *Der Andere und die Sprache*. Berlin: Reimer.

Zahn, Manuel (2006). *Bilder als Bildungsmoment*. Typoskript. Hamburg.

Zahn, Manuel (2009). "Film-Bildung." In: Wimmer, Michael, Roland Reichenbach & Ludwig Pongratz (Hrsg.). *Medien, Technik und Bildung*. (Schriftenreihe der Kommission Bildungs- und Erziehungsphilosophie der DGfE). Paderborn: Schöningh, 107-121.

Verena Lenzen & Anna-Pina Prasuhn

Mediale Körperbilder: Geschlechterdarstellung in Musikvideoclips

Einleitung

> Musikvideoclips, das heißt in der Regel: Ein Stück Popmusik von drei bis vier Minuten Länge; singende, tanzende, ausgelassene, verträumte oder coole junge Menschen, die sich in bizarren, virtuellen oder 08/15-Landschaften, Innenräumen oder beidem finden, in erotisch-rotes, kühl-blaues oder aufgestellt-buntes Licht getaucht;
>
> Grossaufnahmen der Sängerin oder des Sängers wechseln ab mit aufsteigenden Rauchsäulen, zerspringenden Spiegeln, über gestylte Oberflächen zuckenden Lichtblitzen;
>
> Schweißperlen schimmern auf nackter Haut, Bekleidungen, Bewegungen und Gesten geben erotische Versprechen, eine Gitarre wirbelt vorbei, Jungsiegfried trotzt den Gefahren der Welt, Eva verführt, verliert, findet wieder und verliert erneut ihren Adam.
>
> Verarbeitet wird in Videoclips alles, was an Text, Bild und Ton irgendwie und irgendwo greifbar ist (also zunehmend alles). Und alles wird vorgetragen in einem wahnwitzigen Tempo: alle drei Sekunden ein Schnitt, oft noch öfter. (Schiesser 1996: 1)

Dieses Zitat besagt, wie abstrakt und vielschichtig die Musikvideoindustrie visuell arbeitet. In den gegenwärtig stark medial geprägten Jugendkulturen sind Musik und Musikclips für den soziokulturellen Austausch der Teenager innerhalb ihrer Peergroup elementar. Wie stark dabei audiovisuelle Medien auf ihre RezipientInnen Einfluss nehmen können, ist auf den ersten Blick oft nicht sichtbar.

Die Welt der Musikclips ist gleichsam auch ein Universum der Mode und des 'Hip'-Seins: Neben musikalischen Darbietungen stehen auch korporale Inszenierungen mittels auffälliger Outfits sowie Tanzperformances im Zentrum. So ist es von Interesse, einen Blick auf die Weiblichkeits- und Männlichkeitsentwürfe zu werfen, welche die Musikvideoindustrie hervorbringt.

Massenmedialen Angeboten kommt generell hinsichtlich der Konstruktion von Geschlecht eine bedeutende Rolle zu: Medial erzeugte Geschlechterordnungen beeinflussen die Vorstellungen von Weiblichkeit und Männlichkeit des Publikums.

Wir wollen im Folgenden die Geschlechterentwürfe beleuchten, die das spezifische Medium der Musikvideoclips anbietet. Um dieses Feld zunächst theoretisch zu erschließen, liefern wir in Anlehnung an die Medienwissenschaftler Lothar Mikos und Klaus Neumann-Braun ein Kategoriensystem zur Erfassung von Geschlechterpräsentationen in Musikvideos. Videobeispiele und kurze Sequenzanalysen dienen hierbei der Illustration. Daran anknüpfend beschäftigen uns folgende (medien)pädagogisch relevante Fragen: Welche denkbaren Auswirkungen haben medial vermittelte Geschlechterentwürfe auf die geschlechtsspezifische Sozialisation von Jugendlichen? Wie könnte eine gendersensible (Medien)pädagogik darauf reagieren?

Das Fernsehen als Machtinstrument medialer Geschlechterentwürfe

Feministische Theorien gehen davon aus, dass geschlechtliche Differenzen soziale Konstrukte und somit erlernte Verhaltensmuster darstellen. Judith Butler spricht hier von einem performativen Modell von Geschlecht ('doing/ performing gender'), in welchem die Kategorien *männlich* und *weiblich* als Wiederholungen von bestimmten soziokulturell verankerten (geschlechtsstereotypen) Handlungen verstanden werden. Geschlechtliche Differenzen lassen sich aus diesem Blickwinkel nicht auf einen natürlichen oder unausweichlichen Zustand reduzieren, sondern erfahren eine starke Prägung durch vorherrschende soziokulturelle Weiblichkeits- und Männlichkeitstypisierungen (vgl. Hoff 2005: 162ff., Butler 1991: 190ff.).

Insbesondere das Fernsehen vermittelt eine stark konstruierte dualistische Geschlechteridentität (Genderdualismus). Die Autorinnen Dorer und Angerer gehen so weit, das Medium Fernsehen als eine "Institution sozialer Kontrolle" (ebd. 1994: 15) zu bezeichnen, weil es Geschlechterdifferenzen verstärke. Auch die Medienpädagogin Renate Luca unterstützt diese Meinung in weniger radikaler Weise:

> [Medien] setzen zentrale Impulse für das Gewahrwerden sozialer Beziehungen und das Erlernen sozialer Rollen gemäß normativer Erwartungen. Dieses Lernen beinhaltet auch eine Orientierung bezogen auf das, was in unserer Gesellschaft unter 'Männlichkeit' und 'Weiblichkeit' verstanden wird. (Luca 2003: 7ff.)

So kommt dem Fernsehprogramm eine hohe Definitionsmacht bezüglich der Konstruktion von Geschlecht zu: Wiederkehrende Figurenpräsentationen, die seitens des Publikums als eindeutig männlich oder weiblich identifiziert werden, fundieren die Maßstäbe von Männlichkeit und Weiblichkeit.

Heute Techno morgen Gangsterrap – Inszenierte Identitätsvorlagen als 'Take-Away' Produkte

Über welche Kanäle präsentieren KünstlerInnen ihre Videos und wie kommen Jugendliche mit den darin gezeigten medialen Körperbildern in Berührung? Neben neuen Vertriebsmöglichkeiten, wie dem Internet, werden Musikvideos vor allem im Musikfernsehen gezeigt. Ein Blick auf die JIM-Studie aus dem Jahr 2007 zeigt, dass in Deutschland 99% aller 12- bis 19-Jährigen Zugriff auf ein Fernsehgerät haben. Die Liste der beliebtesten Medienbeschäftigungen in der Freizeit wird vom TV-Konsum angeführt. Dabei stellt MTV sowohl bei Mädchen als auch bei Jungen zwischen 12 und 19 Jahren das drittbeliebteste Programm dar (vgl. Medienpädagogischer Forschungsverbund Südwest 2007: 8ff.). Als Begleitmedium nimmt das Musikfernsehen indirekten Einfluss auf die RezipientInnen. Parallel zu anderen Aktivitäten konsumiert das Publikum die Inhalte des Fernsehens und verarbeitet die gezeigten Botschaften ebenso beiläufig, wie diese präsentiert werden.

Auf der Reise durch verschiedene Lebensabschnitte dient die Rezeption von Musik und deren Clips in hohem Maße der Selbstverwirklichung und -definition Heranwachsender (vgl. Kurp 2004). Verpackt in einer unterhaltsamen, attraktiven Form thematisiert die Musikbranche nahezu alle Entwicklungsetappen der Pubertät. Da Popmusik ein entscheidender Bestandteil jugendlicher Sozialisationsprozesse ist, die sich zum Teil über musikalische Jugendkulturen vollziehen, bietet das Musikfernsehen mit seinem mannigfaltigen Angebot eine Vielfalt an Kopiervorlagen für jeden individuell gewählten Lebensstil der Jugendlichen. Musikstile enthalten Lebensstilentwürfe, die durch Tanzformen, Kleidung, habituelle Rituale, etc. ausgedrückt werden. Die Rezeption der Videoclips ermöglicht Heranwachsenden unterschiedliche Jugendkulturen wie beispielsweise Pop, Reggae, HipHop, Techno, uvm. kennen zu lernen, um im nächsten Schritt selber daran teil zu haben und sich risikolos daran auszuprobieren (vgl. ebd.).

Als Folge intensiver Rezeption kann es zu parasozialen Interaktionen zwischen Jugendlichen und Medienfiguren kommen. Bei diesem Phänomen befindet sich der Jugendliche in einer Art als-ob Interaktion mit seinem favorisierten Star, überlagert somit seine passive Rolle und ist seines Erachtens fortan Teil eines intakten Beziehungsgefüges. Auf der Suche nach der eigenen Identität sieht der Jugendliche die Medienfigur als Vorbild und Kopiervorlage. Signifikant für diese Art der Beziehung ist die fehlende Gegenseitigkeit, das heißt, dass die Kommunikation stets einseitig verläuft. Der Rezipient kann keinen Einfluss auf das Handeln der Medienperson nehmen, hat jedoch jederzeit die Möglichkeit, folgenlos aus der parasozialen Beziehung heraus zu treten, ohne für jegliche Weiterentwicklung verantwortlich zu sein (vgl. Hippel 2000).

Mit Hilfe von Musikvideos werden Jugendlichen unterschiedliche Identifikationsmuster bereit gestellt; die Wahrnehmung und die Lesart der Inhalte können individuell ungleich ausfallen. Geschlecht, Alter, Bildung sowie sozialer Status – all diese Variablen sind beim Konsumieren von Musikvideos ausschlaggebend für die Intensität der Rezeption. Das Musikfernsehen reagiert mit einer Bandbreite unterschiedlicher Formate auf die differenzierten Ansprüche der Zuschauer. Angefangen vom stereotypen Chart-Clip, welcher weniger kritisch als oberflächlich konsumiert wird, bis hin zum Spezialformat, welches eine anspruchsvolle Auseinandersetzung voraussetzt, deckt das Angebot der Musikvideoindustrie nahezu alle Bedürfnisse des Publikums ab.

Darüber hinaus differiert die Rezeption von Videoclips sowohl geschlechts- als auch genrespezifisch. In romantisches Licht getauchte Liebesgeschichten werden beispielsweise thematisch vom weiblichen Publikum bevorzugt. Männliche Jugendliche favorisieren Clips, in denen actiongeladene Inhalte verarbeitet und präsentiert werden (vgl. Kurp 2004). Der Rezeptionsunterschied lässt sich ebenso auf das Genre übertragen. Ein Anhänger eines bestimmten musikalischen Genres dekodiert und bewertet Videobotschaften anders als ein Außenstehender dieses Genres.

Bei der Entschlüsselung von Videoclips handelt es sich nicht um eine schwer erlernbare Technik. Vielmehr ist sie die Folge einer frühzeitigen, durch Mediensozialisation konditionierten Handlung, welche den Jugendlichen nicht bewusst ist.

In der aktuellen schnelllebigen, medial durchtränkten Kultur schlüpfen Musikvideoclips in die Rolle jener "Lebensweltbegleiter und Sozialisationsagent[en]" (ebd.: 31), die den Jugendlichen in Form von 'take-away' Produkten vakante Identifikationsvorlagen anbieten: Greif nur hinein in den bunten Medienpool! Bediene dich am reichhaltigen Buffet unserer Industrie!

Geschlechterclash in Musikvideos

Musikvideoclips zeichnen sich durch eine große Variation von Geschlechterdarstellungen aus – chauvinistischer männlicher HipHop und neofeministischer Pop bilden die Extreme.

Mit Rückbezug auf die einschlägige Expertise von Neumann-Braun und Mikos (2006a) behandelt der folgende Abschnitt ein Kategoriesystem zur Erfassung von medial erzeugten Geschlechteridentitäten, die sich von stereotypen bis hin zu alternativen Darstellungsmustern erstrecken. Exemplarische Videosequenzen und deren Kurzanalysen dienen hierbei der Illustration.

Stereotype Geschlechterentwürfe

Stereotype Geschlechterdarstellungen zeichnen sich durch eine "Differenz und Asymmetrie zwischen Mann und Frau" (Neumann-Braun/ Mikos 2006a: 2) aus. Durch affirmative Darstellungsweisen, in denen Männer mit Attributen wie Dominanz, Macht und Kontrolle versehen werden und Frauen "als inkompetente Wesen, als Übermutter, als verfügbare Verführerin oder als Accessoire für männlichen Lifestyle bzw. als Verkörperung männlicher Potenzwünsche" (ebd.) gezeigt werden, verfestigt und reproduziert sich eine einseitige Geschlechterhierarchie.

Diese binäre Geschlechterordnung wird filmisch durch den männlichen Blick (*male gaze*) generiert, der sich in der Kameraeinstellung, Perspektive und Blickkonstruktion wiederfindet: Weiblichkeit wird hier auf korporale, fetischisierte

Darstellungen reduziert, mit dem alleinigen Ziel, die Schaulust des männlichen Betrachters zu befriedigen (vgl. ebd.: 4).

Als eine stereotype Darstellungsweise gilt die *Exklusion des Weiblichen.* Das Ausklammern weiblicher Figuren findet sich häufig in so genannten "male-adress videos" (ebd.: 2) wieder. Diese richten sich an ein männliches Publikum und thematisieren ein "Universum männlicher Adoleszenz" (ebd.: 3). „[M]ännliche Abenteuerlust, aggressive Konkurrenz und männerbündische Zusammenschlüsse“ (ebd.: 2f.) füllen die Drehbücher; Weiblichkeit erscheint allenfalls als Randerscheinung und wird lediglich im Kontext männlicher sexueller Interessen dargestellt.

Eine zweite Form stereotyper Geschlechterpräsentationen stellt die *Verfügbarkeit weiblicher Figuren* dar. Diesem Bild liegt eine "patriarchalische Definition weiblicher Sexualität" (ebd.: 3) zugrunde: Sexuelle Lust wird als eine typisch männliche Eigenschaft konstruiert und Liebesgeschichten aus männlicher Perspektive erzählt. Frauen werden in Abhängigkeit von Männern abgebildet; Frauenkörper dienen lediglich als "dekoratives Accessoire" (ebd.) der männlichen Protagonisten.

> In den meisten Videoclips werden die Geschlechter dadurch unterschieden, dass Frauen als erotische Objekte männlicher Begierde ('Sexobjekt') repräsentiert werden, wodurch die Hierarchie der Geschlechter etabliert bzw. reproduziert wird. Dadurch werden männliche Omnipotenzwünsche signalisiert. [...] Im Hinblick auf den Jugendschutz gilt anzumerken, dass die Darstellung der Verfügbarkeit des Weiblichen im Rahmen der Literatur als fragwürdigste Form der Frauendarstellung bewertet wird. (ebd.).

KritikerInnen sehen die Grenzen der Darstellungsfreiheit dann übertreten, sobald Frauen bildlich als von Männern beherrschte Sexobjekte inszeniert werden (ebd.: 4).

Quelle: Screenshots aus Sido (2004): *Fuffies Im Club.*

Als veranschaulichendes Beispiel dient die Videosequenz des deutschen Rappers Sido *Fuffies im Club*[1] (1:25-2:10 min). Diverse Musikclips dieses Künstlers lagen bereits wegen Frauen verachtender Inhalte bei der Bundesprüfstelle für jugendliche Medien vor, wurden jedoch nicht zensiert.

Fuffies im Club ist ein deutschsprachiger HipHop-Clip, in dem sich Sido mit seinen Homies[2] in einem Nachtclub vergnügt. Wir befinden uns als ZuschauerInnen in einem männlich besetzten öffentlichen Raum (Rotlichtmilieu), in dem weibliche Körper als Sexobjekte ausgestellt werden. In der ersten Clipminute lassen sich die Protagonisten, auf Ledercouches sitzend, von spärlich bekleideten, sexualisiert dargestellten Frauenkörpern bedienen und unterhalten. Tanzende Frauen werden seitens der Männer mit Geldscheinen beworfen, wodurch die männliche verfügende Macht über Frauen symbolisiert wird. Weiblichkeit fungiert als erkauftes Genussmittel, mit der Funktion stereotype männliche Potenzwünsche zu erfüllen. Die hier dargestellte binäre Geschlechterordnung wird einerseits durch männliche Dominanz und Unantastbarkeit – die Protagonisten verstecken sich in weite Kleidung gehüllt hinter Masken – und andererseits durch weibliche Nacktheit und somit Schutzlosigkeit in Szene gesetzt.

Auf diese Weise werden die dargestellten Frauen in die Rolle der von den Männern "beherrschten Sexobjekte" (s.o.) gedrängt. Unterstützt wird dies durch die Kameraperspektive und -einstellung: Die Kamera nimmt den männlichen Blick ein, der sich auf Nahaufnahmen sexualisierter Frauenkörper beschränkt. Dies wird auf der Textebene unterstützt:

> Ich hol′ die Schwarze an den Tisch und lass sie tanzen [...] Schmeiß die Fuffies durch den Club und schrei Fo Fo, fickt mit eurem Schmuck und schrei Fo Fo. Ich trag die Maske im Club und schrei Fo Fo. Ich penn im Wasserbett mit Eva und Jaqueline sie wollen sich was dazu verdienen, auf den Knien. Wenn wir die dicken Scheine aus der Pocke zieh'n kriegen sofort alle Frauen harte Nippel in Berlin.

---

[1] Sido: *Fuffies im Club*, 2004, R: Daniel Harder.
Quelle: http://de.youtube.com/watch?v=4uZpHibDKMU&feature=related
(letzter Zugriff: 07.04.08).

[2] HipHop-Jargon: Abkürzung für Homeboy, befreundete Person.

Alternative Darstellungsformen

Alternativ zu stereotypen Darstellungsmustern brechen oppositionelle Geschlechterdarstellungen mit der dichotomen Geschlechterrolle von Mann und Frau.

In Videoclips lassen sich folgende drei Strategien der Geschlechterpräsentation als Alternative zu traditionellen Stereotypen unterscheiden:

- Selbstbehauptung durch weibliche Qualitäten
- Imitation männlicher Geschlechtsstereotype
- Ironisch-kritischer Umgang mit Geschlechteridentität

Selbstbehauptung durch weibliche Qualitäten

Mit der Strategie "Selbstbehauptung durch weibliche Qualitäten" ist eine Darstellungsform beschrieben, mit der weibliche Künstlerinnen ihren Protest gegen Diskriminierung ausdrücken. Hierbei äußern diese aus ihrer Perspektive Kritik an der klassischen Rollenverteilung und üben explizit Protest gegen weibliche Diskriminierung aus. Um jene Traditionen zu überwinden, werden progressive Weiblichkeitsdarstellungen durch fortschrittliche mediale Frauenbilder, wie beispielsweise der emanzipiert-kritischen und sozial-engagierten sowie der selbstbestimmten und extrovertierten Frau visualisiert (vgl. ebd.).

Durch die Erweiterung weiblicher Ausdrucksweisen wurde infolgedessen die Ära des *female adress videos* eingeläutet. Lag bisher lange Zeit das Hauptaugenmerk bei der Produktion von Musikvideoclips auf männlichen Subkulturen, so sollte nun mit der Entstehung der *girl culture* vorrangig das weibliche Publikum angesprochen werden. Fortan widersetzt sich die mediale Darstellung der Frau männlichen Privilegien, elterlicher Autorität und institutionellen Zwängen. Die Adressierung der weiblichen Rezipientinnen wird durch visuelle Strategien der Musikclips deutlich. Politische Inhalte spielen nun eine untergeordnete Rolle, vielmehr lösen Themen der weiblichen Adoleszenz diese ab. Des Weiteren werden Handlungsräume und Aktivitäten männlicher Jugendlicher thematisch aufgenommen und mit weiblichen Praktiken ausgefüllt (vgl. ebd.). Durch die spielerische Neuzuschreibung gelernter Symboliken und Bedeutungssysteme konventioneller Geschlechterrepräsentation werden diese umgekehrt.

Exemplarisch lässt sich hierfür Cindy Laupers Musikvideos *Girls just wanna have fun*[3] aus dem Jahr 1983 anführen. Die Sängerin, welche gleichzeitig auch Protagonistin des Videoclips ist, erzählt die Geschichte eines Mädchens, welches mit ihren Eltern in einem traditionellen Familienkonstrukt lebt, wobei sowohl die Mutter- als auch die Vaterrolle stereotyp dargestellt werden. Räumlich beansprucht die Mutter in der Küche das Essen zubereitend wenig Platz des Settings für sich. Der Vater hingegen verkörpert den aktiven und dominanten Part der Familie, der sich auch mal gehen lassen darf, was durch seine legere Bekleidung visualisiert wird. Wild gestikulierend bewegt er sich frei und selbstverständlich durch alle Räume der Szenerie – ganz im Gegensatz zur Mutter, die lediglich in der Küche dargestellt wird – ermahnt den Teenager, spät abends nicht mehr zu telefonieren und stellt so Regeln auf, denen sich seine Tochter unterzuordnen hat.

Quelle: Screenshot aus Cindy Lauper (1983): *Girls just wanna have fun*.

Cindy Laupers Musikclip symbolisiert den Protest an der klassischen Geschlechterrollenverteilung. Die Protagonistin scheint sich sowohl inhaltlich als auch räumlich von den Fesseln ihres Elternhauses zu befreien. Auf der Straße tanzend beansprucht sie selbstverständlich und selbstbewusst den öffentlichen Raum für sich. Das Spiel mit konventionellen Geschlechtersymboliken wird optisch illustriert, indem sie zwar ein rosafarbenes Kleid trägt, jedoch männlich konnotierte Accessoires wie ein schwarzer Herrenhut sowie Nietengürtel und -armbänder das klassische Rollenbild irritieren. Die Künstlerin bedient sich männlicher Symboliken und vermischt diese mit ihrer Weiblichkeit. In beschriebener Szene widersetzt sich Lauper der elterlichen Autorität, indem sie ihrem Vater spielerisch den Arm verdreht. Auch inhaltlich setzt sich die Rebellion gegen das Elternhaus fort. Die Botschaft des Videos *Girls just wanna have fun* adressiert primär das weibliche Publikum und transportiert ein Lebensgefühl, Spaß zu haben, auch wenn es dabei gilt, bisher gelernte Rollenmuster zu durchbrechen. Lyrisch besingt die Künstlerin eben Beschriebenes wie folgt:

[3] Cindy Lauper: „Girls just wanna have fun", 1983, R: o.A.
Quelle: http://www.youtube.com/watch?v=XH3vvXi8k8M (letzter Zugriff 06. 04.08)

I come home in the morning light
my mother says when you gonna live your life right
Oh mother dear we're not the fortunate ones
And girls they want to have fun, oh girls just want to have fun
The phone rings in the middle of the night
my father yells what you gonna do with your life
Oh daddy dear you know you're still number one
but girls they want to have fun, oh girls just want to have...

Imitation männlicher Geschlechterstereotypen

Wozu imitieren Künstlerinnen typische männliche Verhaltensweisen? Sie wollen provozieren, sie wollen irritieren und vor allem wollen sie mit jenen Erwartungen brechen, welche an das klassische Rollenbild von Frauen geknüpft sind – kurzum: Sie verkörpern genau das Gegenteil dessen, was man von einer Frau erwartet.

Die Imitation kann in der Übernahme des Habitus männlicher Rockmusiker, wie es prototypisch Courtney Love (Leadsängerin der Punkband Hole) praktiziert, seinen Höhepunkt finden. Nicht nur die optische Darstellung entspricht hierbei dem männlichen Rollenbild. Auch habituelle männliche Attitüden, wie Prahlerei, sexuelle Offenherzigkeit, das Spielen von Musikinstrumenten, etc. werden von Künstlerinnen aufgegriffen und nachgeahmt. All dies steht für die Umkehrung bestehender Geschlechterhierarchien. Bei der Imitation von Männlichkeit durch Künstlerinnen geht es thematisch meist um Machtaneignung, wobei die Darstellung vor allem in Form von Frauen ausgeübter Aggression und Gewalt bildhaft für die Machtübernahme ist (vgl. ebd.).

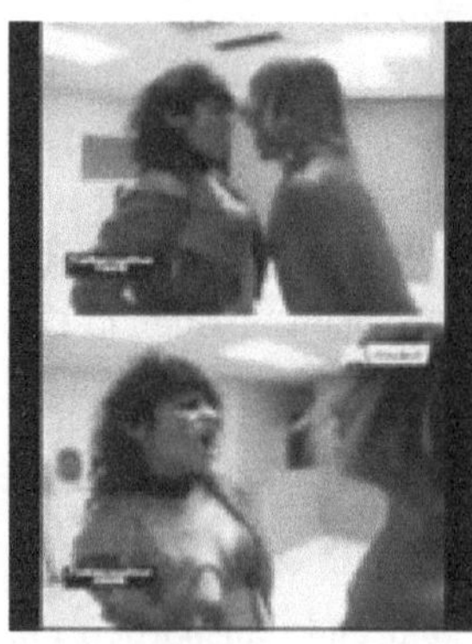

Quelle: Screenshot aus Peaches feat. Iggy Pop (2004): *Kick It*.

Speziell der Musikvideoclip *Kick it*[4] der kanadischen Sängerin Peaches eignet sich zur Illustration dieser Form der oppositionellen Ge-

[4] Peaches feat. Iggy Pop: „Kick it“, 2004, R: Shadforth, Dawn/Smith, Alex. Quelle: http://www.youtube.com/watch?v=ILjUe-znXE4 (letzter Zugriff 06.04.08).

schlechterdarstellung. Der Zuschauer sieht eine Art Machtkampf zwischen der Künstlerin und ihrem männlichen Gegner, welcher durch den Sänger Iggy Pop dargestellt wird. In einem neutralen Raum, von ebenso neutralem Licht erfüllt, befinden sich die beiden Protagonisten und teilen sich zu gleichen Teilen den Raum des Schauplatzes, die Zeit, in der sie zu sehen sind und schließlich auch die Aufmerksamkeit des Betrachters. Die Szenerie kann weder als eindeutig weiblich noch typisch männlich beschrieben werden. Dieses filmische Konzept setzt sich im Folgenden fort: Sowohl Peaches als auch Iggy Pop werden aufgrund ihrer spärlichen Bekleidung visuell auffällig auf ihre Leiblichkeit reduziert. Auch in diesem Punkt begegnen sich die beiden Gegenspieler auf Augenhöhe – entwaffnet und durch close-up Aufnahmen sekundärer Geschlechtsmerkmale den voyeuristischen Blicken des Publikums ausgeliefert.

Diese Situation nutzt Peaches, um sich durch die Überzeichnung ihrer weiblichen Qualitäten selbst zu behaupten. Ein knappes pinkfarbenes Outfit unterstreicht ihre weiblichen Reize. Sie kokettiert trotz leichten Bauchansatzes selbstbewusst mit ihrem Körper, um im nächsten Schritt durch maskulines Verhalten und schroffe Bewegungen Irritationen zu provozieren. Sie schreit, tritt, schlägt um sich und adaptiert habituell männliche Rollenstereotype, die der Zuschauer in gleicher Form von dem männlichen Protagonisten des Musikclips zu sehen bekommt. Im stimmlichen Vergleich scheint sie ihrem Gegner jedoch deutlich überlegen. Auch dessen aggressive Gebärden verunsichern sie keineswegs. Visuell gipfelt die Kopie der Männlichkeit in einem schwarzen Lederschwänzchen, welches sich die Sängerin als Substitut des männlichen Geschlechts zwischen ihren Schritt bindet. Als Ergebnis sehen wir Iggy Pop, der seine Männlichkeit einsetzt und Peaches als weibliches Pendant dazu. Diese spielt neben ihrer Weiblichkeitsdarstellung mit mehreren Geschlechteridentitäten. Sie bedient sich zudem aus dem männlichen Repertoire, um ihre Ausdrucksmöglichkeiten zu erweitern und gewinnt folglich den Machtkampf. In ihrem Videoclip verbindet die Künstlerin die Selbstbehauptung durch weibliche Qualitäten mit der Imitation männlicher Geschlechtsstereotype. Die Aussage dabei ist deutlich: traditionelle Geschlechterdarstellung soll durch ein neues, starkes mediales Frauenbild substituiert werden.

Ironisch-kritischer Umgang mit Geschlechteridentität

Ironisch-kritische Alternativentwürfe, wie beispielsweise die Thematisierung von Homosexualität oder Androgynie sowie parodistische Inszenierungen, tragen ebenfalls zu einer Überwindung binärer Geschlechterordnungen bei (vgl. ebd.: 8f.).

So markiert die Darbietung gleichgeschlechtlichen Begehrens in Musikvideos einen Bruch mit stereotypen Denkweisen und Sehgewohnheiten bezüglich vorherrschender heterosexueller Orientierungen und räumt mit dem Vorurteil, dass Frau und Mann von Natur aus zusammengehören, auf. Die Inszenierung von Homosexualität zeigt wertfrei von der Norm abweichende Beziehungsmodelle und erweitert das traditionelle Geschlechterverhältnis.

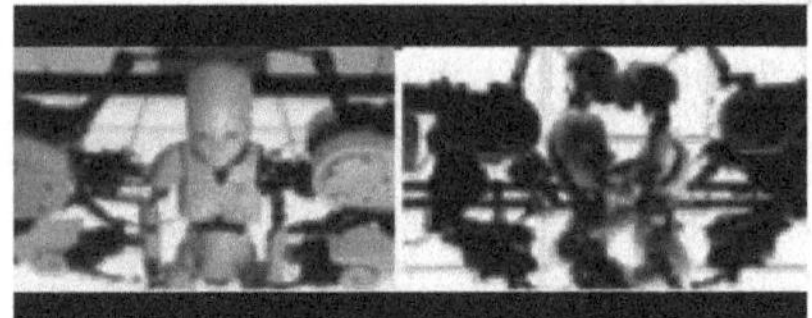

Quelle: Screenshots aus Björk (1999): *All Is Full Of Love*.

Dies gelingt in Chris Cunnighams Björk-Clip *All Is Full Of Love*[5]. Hier geht es um eine Begegnung zwischen zwei gleich aussehenden, als weiblich inszenierten Robotern, die sich schließlich körperlich lieben. Die fließende Bilderkonstruktion vermittelt dabei eine erotisch aufgeladene Atmosphäre, die von Musik und Text unterstützt wird.

> Die Kamera gleitet von unten nach oben, entlang Kabeln wie aus der Perspektive eines Theaterzuschauers auf eine Bühne hinauf [...], der Vorhang hebt sich, die Vorstellung fängt an, der Film beginnt, [...] das Licht bietet [...] das charakteristische Flackern einer Neonröhre. Wir befinden uns in einer Werkhalle. Schwarz und Weiß, clean, aber nicht wirklich kalt, erinnert der Raum an einen medizinischen OP- oder Kreissaal und an die automatische Autofertigung am Fließband gleichermaßen. Auf der Bühne [...] schlägt ein robotisches Wesen die Augen auf, ist am Gesicht erkennbar die Sängerin Björk, und singt während der eigenen Endfertigung durch zwei Maschine mit denen es in Farben, Einzelteilen und Bewegungsarten alles gemeinsam hat, nur nicht die anthropomorphe Gestalt.
>
> Was folgt, ist ein Bündel von [...] Aussagen zum Verhältnis von Künstlichkeit und Liebe, und darin auch ein Kommentar zum Verhältnis älterer und neuer Techniken, ebenso eingebettet wie tendenziell herausgelöst aus der alten, philosophisch traditionsreichen Gegenüberstellung zum Menschen. (Bergermann 2006: 117f.)

---

[5] Björk: "All Is Full Of Love", 1999, R: Chris Cunnigham. Quelle: http://de.youtube.com/watch?v=wxBO28j3vug (letzter Zugriff: 07.04.08).

Nach Silverman und George (zit. n. Bergermann 2006: 125) ist *All Is Full Of Love* ein mehrfach grenzüberschreitender Videoclip über lesbische Liebe: "Alles kehre sich um, Beziehungen, die Vielfalt von Beziehungen, Liebe zwischen Frauen [und] Liebe zwischen Frauen und Maschinen [...]" (ebd.). Es handelt sich hierbei um eine "Inszenierung, deren transzendentale Kraft die stumme Fixierung auf Heterosexualität" aufdecke, "die die zwanghaften Inszenierungen radikaler Differenzen in allen anderen Videos unterminiert" (ebd.: 130). Bergermann betont weiterhin, dass es sich zwischen Björks Robotergestalt und dem Double "um nur fast gleiche Figuren" handelt und legt ihren Fokus damit auf die "Kategorie der Ähnlichkeit" (ebd.: 126). Beide Figuren sind nicht gegensätzlich und nicht durch eine grundlegende Andersartigkeit gekennzeichnet, wie es beispielsweise zwischen Mann und Frau der Fall ist, sondern sind "ziemlich ähnlich" und "ziemlich weiblich" (ebd.).

> Bezogen auf die Bebilderung von Geschlecht hieße das: Nicht nur das ist interessant, was sich zwischen den beiden Geschlechtern abspielt, die am verschiedensten voneinander scheinen. Innerhalb einer Geschlechterkategorie tun sich Differenzen auf. (ebd.)

Feministische Theorien zu Grunde legend wird hier ferner die (soziale) Konstruktion von Geschlecht abgebildet: Die Roboter-Frau wird von anderen Robotern konstruiert und ist körperlich und stimmlich als eindeutig weiblich (als Björk) zu identifizieren – der Roboter wird also durch äußere Einflüsse geformt und als weiblich erkennbar.

Androgyne Inszenierungen brechen ebenfalls mit Geschlechterstereotypisierungen. Androgynie ist gleichzusetzen mit sexueller Ambivalenz und Indifferenz und meint das Verwischen traditioneller Geschlechterdichotomie (*gender bending*). Entgegen traditioneller Sehgewohnheiten zerschlägt "die Strategie der Zweideutigkeit" das "Diktum der Heterosexualität" (Neumann-Braun/ Mikos 2006a: 9): Androgyne Figuren, die zugleich männliche und weibliche Merkmale aufzeigen, wirken auf die Zuschauer irritierend.

Aus Sicht der Gender-Studies wird dadurch die biologische Geschlechterdifferenz in Frage gestellt, wohingegen Gegner daran zweifeln. Letztere meinen, dass das "Phänomen der Androgynie" gerade auf dem "Prinzip der Zweigeschlechtlichkeit" (ebd.) beruht und die sexuelle, natürlich konstituierte Differenz zwischen Mann und Frau voraussetzt. "Das Paradoxe der Androgynität liegt [also] darin, dass es nur in Bezug auf das vermeintlich Stabile abzuleiten ist" (ebd.: 9f).

Quelle: Screenshots aus Marilyn Manson (1998): *The Dope Show*.

Das Musikvideo "The Dope Show"[6] von Marilyn Manson bildet eine fiktive Welt ab, in der ein offener Geschlechterentwurf vorherrscht: Der gleichnamige Sänger tritt in einem androgynen Körper auf; er weist sowohl weibliche als auch männliche Geschlechtsmerkmale auf. In den Ausschnitten 0:25-1:01min und 1:45-2:15min finden sich darüber hinaus andere Merkmale eines kritischen Umgangs mit Geschlechtsidentität wieder: Gleichgeschlechtliches Begehren wird durch sich küssende, rosa gekleidete, tanzende Polizisten abgebildet und darüber hinaus in Bild und Text das gesellschaftlich genormte Schönheitsideal sowie die Schnelllebigkeit und Austauschbarkeit innerhalb des Showbusiness kritisiert.

"They love you when you are on the covers. When not then they love another. We're all stars now in the dope show", so eine Textpassage.

Quelle: Screenshot aus Pink (2005): *Stupid Girls*.

[6] Marilyn Manson: „The Dope Show“, 1998, R: Paul Hunter.
Quelle: http://de.youtube.com/watch?v=1C8mhBGidOU (letzter Zugriff 07.04.08).

Als dritter Alternativentwurf stellen parodistische Musikclips stereotype Geschlechterrollen ironisch-kritisch in Frage, indem sie diese auf übertriebene Weise, z. B. durch Imitation, ins Lächerliche ziehen. Binäre Geschlechterstrukturen werden somit aufgedeckt und überwunden.

Der Videoclip der amerikanischen Sängerin Pink *Stupid Girls*[7] gilt als eine medienwirksame, satirische Absetzung von Musikclips, die Geschlechterstereotype bedienen. Pink parodiert Themen wie den Schlankheitswahn, Schönheitsoperationen und Essstörungen sowie Sexismus im Showbusiness, indem sie klischeehaft existente Starfiguren auf lächerliche Art und Weise imitiert.

Der kalkulierte Skandal des Clips brachte karikierte Prominente wie u.a. Paris Hilton, Jessica Simpson und Nicole Richie gegen Pink auf. Anderweitig wurde der Clip jedoch überaus positiv aufgenommen – selbst die umstrittene Bulimieszene, in der sich Pink (alias Nicole Richie) als dem Schlankheitswahnsinn verfallen darstellt und sich auf einer öffentlichen Toilette die Zahnbürste ihrer bulimischen Waschbeckennachbarin leiht, um sich zu übergeben. Dieser Ausschnitt wurde von internationalen Vereinen im Kampf gegen Essstörungen ausdrücklich gut geheißen.

Fazit

Wir halten fest: Musikvideoclips bieten zwischen stereotypen und alternativen Darstellungsformen zwar vielfältige Weiblichkeits- und Männlichkeitsentwürfe, jedoch dominieren Rollenstereotype deutlich, vor allem im Mainstream. Männer werden als aktive und tatkräftige Macher inszeniert, Weiblichkeit erscheint überwiegend als passive Eigenschaft (vgl. Götz 2003; Seifert 2003).

Betrachten wir Geschlechterdifferenzen als soziokulturell erlernte Verhaltensmuster, welche in den Massenmedien überwiegend stereotyp dargestellt werden, so kommt dem Fernsehen folglich eine erhebliche Sozialisationswirkung - in Bezug auf das, was unter Weiblichkeit und Männlichkeit verstanden wird - zu.

Jugendliche nutzen Musikvideos und die darin präsentierten Geschlechterbilder zur Orientierung; sie implantieren mediale Inhalte in ihre eigene Lebenswirklich-

[7] Pink: „Stupid Girls", 2005, R: David Meyers.
Quelle: http://de.youtube.com/watch?v=Z9n8QHCkPLA (letzter Zugriff 07.04.08).

keit. Unsere vorangegangenen Ergebnisse lassen vermuten, dass dieser Aspekt auch potentielle Gefahren birgt. So können Vergleiche der RezipientInnen mit ihren Idolen zu Unzufriedenheit bezüglich ihrer sozialen Stellung sowie ihrer Körperwahrnehmung führen – schließlich klaffen medial erzeugte Abbildungen stark mit lebensweltlichen Wirklichkeiten auseinander[8] (vgl. Neumann-Braun/Mikos 2006b). Jugendliche müssen daher die notwendige Medienkompetenz erlangen, die sich nicht nur auf einen technischen Medienumgang beschränkt. Vielmehr müssen sie darüber hinaus befähigt werden, audiovisuelle Darstellungen kritisch zu hinterfragen und mediale Geschlechterkonstruktionen selbständig zu relativieren. Eine zentrale Aufgabe der (Medien-)Pädagogik ist folglich, Jugendliche an einen kritisch-reflexiven Umgang mit klischeehaften Geschlechterdarstellungen heranzuführen. Gerade Musikclips eignen sich dafür als Material, da Musik/ -fernsehen einen erheblichen Teil der jugendlichen Lebenswelten darstellt, die Heranwachsende inspiriert, interessiert und beeinflusst.

Das vorangegangene Postulat richtet sich ebenso an Medienproduzenten. Die Überwindung geschlechtlicher Diskriminierung durch Alternativentwürfe sollte seitens der Medienmacher Einzug in den Produktionsalltag finden.[9]

> Als Produzent und Vermittler von Geschlechterideologien kann [das Fernsehen] Werthaltungen unterstützen und kontrollieren, kann Einstellungen und Verhaltensmuster von der Lebenswirklichkeit beeinflussen. Bei solcher Potenz könnte dieses Medium auch emanzipatorisch und aufklärerisch wirken, wenn es Stereotypen in Frage stellte und progressive Leitbilder anböte! (Jud-Krepper 1997: 105)

[8] Ausblickend sollten auch mediale Männlichkeitsentwürfe stärker in den Fokus rücken. Die inszenierte Männlichkeit zeichnet sich stereotypisch durch Begrifflichkeiten wie Macht und Potenz – selten durch Emotionalität oder Schwäche – aus. Dass diese Zuschreibungen auf heranwachsende Jungen enormen Druck ausüben können, liegt nahe. Hier bieten sich wichtige Ansatzpunkte für eine aufklärerische, gendersensible Jungenarbeit.

[9] http://www.yle.fi/gender/

So hat beispielsweise das Programm *Screening Gender* ein Training für Medienmacher entwickelt, in dem es darum geht, die geschlechtliche Diskriminierung seitens der Medien zu überwinden und alternative Geschlechterentwürfe – entgegen der vorherrschenden Sehgewohnheit – zu anzubieten.

Videoclips

Fuffies im Club (2004), Regie: Daniel Harder, Musik: Sido.

Girls Just Wanna Have Fun (1983), Regie: o.A., Musik: Cindy Lauper.

Kick It (2004), Regie: Dawn Shadforth & Alex Smith, Musik: Peaches feat. Iggy Pop.

All Is Full Of Love (1999), Regie: Chris Cunnigham, Musik: Björk.

The Dope Show (1998), Regie: Paul Hunter, Musik: Marilyn Manson.

Stupid Girl (2005), Regie: David Meyers, Musik: Pink.

Literatur

AP/COR (2007). MTV, Vom Trendsetter zum Klingelton-TV. In: *Welt-Online*, 31.07.2007, URL (letzter Zugriff 03.01.2008):

http//www:http://www.welt.de/fernsehen/article1069313/Vom_Trendsetter_zum_ Klingelton-TV.html.

Bergermann, Ulrike (2006). Robotik und digitale Schmiermittel. Björks doppelte Maschinenliebe in 'All Is Full Of Love'. In: Brauerhoch, Annette, Heike Klippel, Gertrud Koch, Renate Lippert & Heide Schlüpmann (Hrsg.). *Frauen und Film*. Heft 65: Celluloid & Co. Frankfurt a.M., S. 117-131.

Butler, Judith (1991). *Das Unbehagen der Geschlechter*. Frankfurt a.M., S. 190-218.

Dorer, Johanna & Marie-Luise Angerer (1994). Auf dem Weg zu einer feministischen Kommunikations- und Medientheorie. In: dies. (Hrsg.). *Gender und Medien – theoretische Ansätze, empirische Befunde und Praxis der Massenkommunikation*. Wien, S. 8-23.

Götz, Maya (2003). Genderreflektierende Medienpädagogik: 21. In: Karin Eble & Martin Welker (Hrsg.) (2003). *Mädchen machen Medien: Stärkung der IT- und Medienkompetenz von Mädchen und jungen Frauen am Beispiel des Landesleitprojekts "medi@girls". Analysen und Projektbericht.* Stuttgarter Beiträge zur Medienwirtschaft Band 8, Stuttgart: April 2003, S. 21-30.

Hippel, Klemens (2000). Parasoziale Interaktion: Bericht. In: Uni Hamburg, 12.11.2000, URL (letzter Zugriff 13.04.2008):

http://www1.uni.hamburg.de/medien/berichte/arbeiten/0024_03.html.

Hoff, Dagmar (2005). Performanz/Repräsentation. In: von Braun, Christina/Stephan, Inge (Hrsg.). *Gender@Wissen. Ein Handbuch der Gender-Theorien*. Köln/Weimar, S. 162-179.

Jud-Krepper, Helga (1997). Das Mädchen- und Jungenbild im Fernsehen und seine sozialisierende Wirkung. In: Erlinger, Hans Dieter (Hrsg.). *Neue Medien, Entertainment, Medienkompetenz. Deutschunterricht im Wandel*. München, S. 105-118.

Kurp, Matthias (2004). Musikfernsehen, das unterschätzte Medium. In: *TelevIZIon* 17/2, S. 28-31.

Luca, Renate (2003). Einleitung. In: dies. (Hrsg.). *Medien Sozialisation Geschlecht*. München, S. 7-10.

Medienpädagogischer Forschungsverbund Südwest (Hrsg.) (2007). *JIM-Studie 2007. Jugend, Information, (Multi-)Media. Basisstudie zum Medienumgang 12- bis 19-Jähriger in Deutschland*. Stuttgart.

Neumann-Braun, Klaus & Lothar Mikos (2006a). Geschlechterpräsentationen [in Musikvideos]. In: dies. (Hrsg.). *Videoclips und Musikfernsehen. Eine problemorientierte Kommentierung der aktuellen Forschungsliteratur*. Schriftenreihe Nordrhein-Westfalen (LfM), Band 52. Düsseldorf, S. 42-52, URL (letzter Zugriff 06.04.08):
http://www.mediaculture-online.de/fileadmin/bibliothek/neumann-braun_mikos_geschlecht/neumann-braun_mikos_geschlecht.html.

Neumann-Braun, Klaus & Lothar Mikos (2006b). Zusammenfassung der Expertise. Expertise von: dies. (Hrsg.). Videoclips und Musikfernsehen. Eine problemorientierte Kommentierung der aktuellen Forschungsliteratur. Berlin (Vistas) 2006. Schriftenreihe Medienforschung der Landesanstalt für Medien NRW (LfM), Band 52, URL (letzter Zugriff 05.01.2008):
http://www.lfm-nrw.de/presse/index.php3?id=400.

Schiesser, Giaco (1996). Video killed the radio star. Musikvideos - Kunst der Gehirnwäsche oder Schule der Ästhetik? In: *Zeitschrift, für Kultur, Politik, Kirche*, Nr.1, S. 16 – 23, URL (letzter Zugriff 05.01.2008):
http://www.lernzeit.de/sendungarchiv.phtml?detail=132517&thema=Medien.

Seifert, Ruth (2003). Machtvolle Blicke: Genderkonstruktion und Film. In: Mühlen-Achs, Gitta & Bernd Schorb (Hrsg.). *Geschlecht und Medien.* Reihe Medienpädagogik, Bd. 7. München 2003, S. 39-56. URL (letzter Zugriff: 13.07.2009):
http://www.mediaculture-online.de/fileadmin/bibliothek/seifert_film/seifert_film.pdf.

Jürgen Budde

Casting-Shows als Gender-Bühne?!

Seit der ersten Staffel von *Big Brother* im Jahre 2001 finden sich zahlreiche TV Formate mit großer Resonanz gerade in der Gruppe der jüngeren ZuschauerInnen, in denen es darum geht, aufgrund unterschiedlichster Leistungen unter Beteiligung des Votum der ZuschauerInnen ausgewählt zu werden. Wenn diese Casting-Shows dabei als eine Bühne betrachtet werden können, auf der sich die KandidatInnen selber inszenieren und durch die Sender inszeniert werden, dann möchte ich in diesem Beitrag die Frage stellen, welche Geschlechter-Stücke dort zur Aufführung kommen.

Gendertheorie

Geschlecht funktioniert als symbolische Ordnung, die in sozialen Praktiken hergestellt wird. Dabei stützt sich die Ordnung der Geschlechter auf eine als stabil konzipierte Dichotomie, das heißt auf die sich wechselseitig ausschließende Binarität von Männlichkeit und Weiblichkeit sowie eine damit einhergehende hierarchische Bewertung. Judith Butler beschreibt diese Aufeinanderbezogenheit mit dem Begriff der "heterosexuellen" Matrix' (vgl. Butler 1991). Pierre Bourdieu lenkt mit seiner Habitustheorie die Aufmerksamkeit darauf, wie diese soziale Konstruktion von Geschlecht funktioniert und welche individuellen, gesellschaftlichen und institutionellen Arrangements für die erstaunliche Stabilität im Geschlechterverhältnis sorgen. Bourdieu geht davon aus, dass sich jeder Habitus in engem Zusammenhang mit der Verfügungsgewalt über unterschiedliche Kapitalien herausbildet. Neben dem ökonomischen, dem kulturellen und dem sozialen Kapital kommt dem symbolischen Kapital eine besondere Beutung zu, da es der Modus ist, in dem die Legitimität der anderen Kapitalien anerkannt wird. Der Besitz symbolischen Kapitals zeigt an, dass man 'sich etwas leisten' kann, es ist eine Art Vertrauensvorschuss als Zugeständnis der Kreditwürdigkeit. Zusätzlich kann das symbolische Kapital verschleiern und vergessen machen, dass die Kapitalienakkumulation willkürlich ist; willkürlich, weil sie einer Logik gehorcht, die durch ihre eigene Gesetzmäßigkeit überhaupt erst installiert wird (vgl.

Bourdieu/Wacquant 1996: 151). Nach Bourdieu bildet gerade dieses Kapital die Basis für die Ordnung der Geschlechter, die symbolisch abgesichert werden muss.

Das symbolische Kapital für die Geschlechterrepräsentationen wird vor allem in Interaktionen ausgehandelt, dieser Prozess lässt sich als "doing gender" (West & Zimmerman 1991) beschreiben und zielt auf die möglichst 'glaubhafte' Herstellung von Geschlecht. *Doing gender* meint dabei nicht, sich möglichst geschlechterstereotyp zu geben, sondern beschreibt den alltäglichen Aushandlungsprozess, in dem Individuen dafür sorgen, dass ihre Geschlechtszugehörigkeit zweifelsfrei erkennbar ist. Da Geschlecht eine soziale Konstruktion darstellt, verschleiert die häufig vorgenommene Trennung in *Sex* – als das biologische – und *Gender* – als das soziale Geschlecht –, dass auch das, was als Sex gilt, eine soziale und kulturelle Leistung ist. *Doing Gender* könnte mit Bourdieu als erfolgreicher Austausch symbolischen vergeschlechtlichen Kapitals angesehen werden. Die symbolische Bedeutung von Gender ist tief in die Handlungsroutinen, aber auch in körperliche Repräsentationsformen und institutionelle Arrangements eingelassen, sodass Bourdieu (1997: 227) nicht weniger als eine "Revolution der symbolischen Ordnung" zur Veränderung der gängigen Geschlechterordnung fordert.

Wie kann diese symbolische Revolution aussehen? Butler schlägt aus dekonstruktivistischer Perspektive die Strategie der Umarbeitung vor. Ihrer Ansicht nach muss Geschlecht 'wiederholt' werden, beispielsweise in den alltäglichen Interaktionen des *doing gender*. Die Wiederholungen bieten die Chance der Umarbeitung, indem Elemente weggelassen, ergänzt oder auf spielerische oder provokante Art und Weise neu kombiniert werden. So ergibt sich durch eine dauerhafte Verschiebung bei der Wiederholung von Geschlecht die Möglichkeit, dies von tradierten Vorstellungen abzulösen und mit neuen Sinngehalten anzureichern oder die Bedeutung, die Geschlecht zukommt, generell zu minimieren. Für diesen Prozess der Umarbeitung hat Butler (1990) den Begriff des *Gender Trouble* geprägt.

Wie steht es nun um die aktuelle Geschlechterordnung und um ihre Abbildung in den Medien? Nimmt man ohne Anspruch auf Vollständigkeit die aktuellen Geschlechterbilder im Fernsehen, dann zeigt sich m. E. ein erstaunliches Paradox, denn einerseits findet eine gesellschaftliche *Auffächerung der Lebensstiloptionen* bei andererseits gleichzeitiger *Verfestigung* symbolischer Darstellungsformen statt. Dies zeigt sich, wenn man Tokio Hotel mit den Männlichkeitsinszenierungen populärer Rapmusiker vom Label Aggro Berlin kontrastiert, oder mit Michael Hirte, dem "Mann mit der Mundharmonika", der die zweite Staffel (2008) von *Das Supertalent* gewonnen hat. Noch zugespitzt findet sich dieses Paradox auf Frauenseite. Zwischen Eva Hermann, Mutter Beimer und Lady Bitch Ray, zwischen Tatortkommissarin oder Bond-Girl haben sich die populären Darstellungsformen vervielfacht und ausdifferenziert. Damit werden vier Aspekte zu Kennzeichen der Geschlechterordnung in der spätmodernen Gesellschaft, nämlich:

1. die Vielfältigkeit und die Parallelität höchst unterschiedlicher Geschlechterentwürfe, da die Variationen innerhalb derselben Geschlechtergruppe erheblich sind. Dies bedeutet auch, dass von der gleichen Person unterschiedliche Geschlechterrepräsentationen erwartbar sind.

2. die Tatsache, dass deswegen tradierte Geschlechternormen nicht bedeutungslos werden. Dies zeigt sich an so unterschiedlichen Punkten wie der symbolischen Inszenierung oder dem Berufsinteresse.

3. die zunehmende Herausforderung, die eigene geschlechtliche Zugehörigkeit auszugestalten. Aufgrund der Vervielfältigung von Genderoptionen kommt der eigenen Ausgestaltung eine höhere Bedeutung zu – und damit auch eine höhere Eigenverantwortlichkeit.

4. eine Transformation von Machtverhältnissen, vom (personalen) Patriarchat hin zu Sebsttechnologien und *self-governance* unter Beibehaltung der unterschiedlichen Wertschätzung von Weiblichkeit und Männlichkeit.

Vor diesem Hintergrund stellt sich die Frage, welche Qualität die Darstellungen von Geschlecht in populärmedialen Inszenierungen aktuell haben. Sind wir mit fundamentalem Wandel konfrontiert – und damit mit der Möglichkeit, Geschlecht weniger binär, hierarchisch und ausschließlich zu gestalten – sozusagen mit dem Triumph des Feminismus? Oder sind die Darstellungen nicht mehr als oberflächliche Anpassungsleistungen an den Zeitgeist unter Beibehaltung oder gar Restaurierung tradierter Geschlechtermodelle – sozusagen alter Wein in neuen Schläuchen?

Den Medien, zumal den populären Formen, kommt dabei eine doppelte Funktion zu: Einerseits bilden sie 'möglichst alltagnah' die Geschlechterkonzepte der ZuschauerInnen ab, andererseits stellen sie einen Experimentierraum für Transformationen und symbolische Spielereien dar. Die Frage, die ich anhand von Casting-Shows diskutieren möchte, ist: Welcher Stellenwert kommt unterschiedlichen Inszenierungsformen von Geschlecht zu? *Meine These ist, dass sich symbolische Verschiebungen der Geschlechterordnungen finden lassen, die neben ihrem irritierenden Charakter auch der Stabilisierung von geschlechterdifferenten Vorstellungen dienen können.* Das, was als Veränderungen erscheint, muss keine Emanzipation sein.

Casting-Shows als 'popkulturelle Stichwortgeber' für Gendersymboliken

Um dies zu untersuchen, greife ich im Folgenden vor allem auf die Casting-Shows *Germany's Next Topmodel* und *Deutschland sucht den Superstar* (DSDS) sowie als historische Kontrastfolie auf die erste Staffel von *Big Brother* zurück. Bei *Germany's Next Topmodel* geht es darum, dass ausschließlich weibliche Kandidatinnen in unterschiedlichen Fotoshootings ihre Qualitäten als Model unter Beweis stellen, die Sendung läuft auf Pro7 und wird von Heidi Klum moderiert. DSDS wird von Dieter Bohlen auf RTL moderiert, hier geht es um die Auslobung besonders talentierter MusikerInnen. Jede Woche fliegt, wie auch bei *Big Brother*, einE KandidatIn aus dem Rennen, bei DSDS und bei *Big Brother* entscheiden die ZuschauerInnen darüber, bei *Germany's Next Topmodel* eine Jury.

Ich verstehe die Formate als etwas, was sich in Bezug auf Geschlecht als 'Auseinandersetzungsangebote' beschreiben lässt. In diesem Sinne sind Casting-Shows, so die Grundüberlegung, geradezu mikroskopische Fokussierungen der populären Inszenierbarkeit. Da Medien eine zunehmend wichtige Rolle bei der Vermittlung und Aushandlung gesellschaftlich legitimierter Symboliken spielen, ist zu vermuten, dass den medial inszenierten Geschlechterbildern eine Art 'Stichwortgeberfunktion' zukommt. Alle drei Formate lassen sich im weitesten Sinne einem (nicht mehr ganz) neuartigen Genre innerhalb der Fernsehkultur zuordnen, die von *Big Brother* und *Girls Camp* über Daily Talk Shows oder *Bauer sucht Frau* bis zu Casting-Shows reicht und die als Reality TV zu bezeichnen sind. Die popkulturellen Qualitäten der Reality-Shows lassen diese als exemplarische Paradebeispiele für diejenigen Symboliken erscheinen, denen ein privilegierter Platz im Alltäglichen der ZuschauerInnen zukommt. Dabei geht es nicht um die Frage, ob 'alles echt' sei, oder die Casting-Shows 'eigentlich ein abgekartetes Spiel' sind. Gerade die hochgradige Inszeniertheit dient in herausragender Weise als Momentaufnahme virulenter Symboliken, da die Sendungen nach dem Kriterium des Marktwertes funktionieren. Der Marktwert bestimmt sich vor allem über die Einschaltquote (vgl. Bourdieu 1998: 68), die wiederum einen guten Gradmesser darstellt, denn Quote bringt, was ankommt. Das muss dabei nicht unbedingt Identifikation und bedingungslose Zustimmung sein, aber eine Anknüpfung an die Erlebniswelt der ZuschauerInnen muss hergestellt werden, um eine möglichst breite Rezeption zu erzielen (vgl. Cornelißen 1998: 12).

Die Rezeption der ZuschauerInnen darf dabei nicht als Einbahnstraße verstanden werden; mediale Produkte bieten unterschiedliche – auch widerstrebende oder nicht-intentionale – Interpretationsmöglichkeiten. Dementsprechend ist Popularkultur kein aufgezwungenes Produkt, sondern eine aktive Aneignung, ein "soziales Ereignis" (Winter 1999: 24). Hier kann die Idee der Umarbeitung von Butler fruchtbar ins Spiel gebracht werden. Denn die ZuschauerInnen wiederholen nicht 1:1 die Geschlechterdarstellungen, die ihnen aus dem TV bekannt sind, sondern im Prozess der Auseinandersetzung finden eigene und eigensinnige Interpretationen statt.

So kann davon ausgegangen werden, dass im Reality TV populäre Inszenierungen (nicht nur, aber auch) von Geschlecht zur Aufführung kommen. Auch wenn die Rezeption der ZuschauerInnen adaptiv bis widerspenstig sein kann, wird der öffentlich gültige Symbolhaushalt dennoch auch aus diesen Quellen gespeist. Gerade die Zielgruppe von Formaten wie *Germany's Next Topmodel* oder DSDS (nämlich junge Menschen und hier vor allem diejenigen weiblichen Geschlechts) befindet sich häufig in Phasen der eigenen Orientierung bezüglich ihrer Geschlechterkonzepte. Um es vereinfachend zu formulieren: Die Zunahme von Essstörungen bei weiblichen und auch männlichen Jugendlichen könnte zumindest in einem ersten Zugriff darauf verweisen, dass die Rezeption von medialen Vorbildern nicht ganz so selbst bestimmt verläuft, wie es die Cultural Studies bisweilen glaubhaft machen wollen.

Reality TV als Popkultur

Reality TV Formate weisen einige spezifische Merkmale auf, die sie für die Rolle der Produktion von 'symbolischen Stichwörtern' geradezu prädestinieren.

Erstens fungieren viele der Reality-Shows als Tabubruch, indem sie auf den Bildschirm holen, was zwar längst gesellschaftliche Realität ist, aber von traditionellen TV Formaten nicht in gleicher popkultureller Art und Weise aufgegriffen wird. So fungiert beispielsweise das Prinzip der sozialen Selektivität als wesentlicher Antrieb. Die Fragen, "wer fliegt raus?" oder "wer muss was tun, um mitzumachen?", erhalten ihre Brisanz gerade vor dem Hintergrund aktueller ökonomischer Transformationen und verschärfter gesellschaftlicher Konkurrenz. Hier wird nicht Ausgleich von Chancenungleichheiten propagiert, sondern je nach Kontext des Formates unterschiedliche Varianten von Durchsetzungsvermögen.

Zweitens stehen hier erklärtermaßen die 'ganz normalen' Leute auf der Bühne. Dies lässt sich gut anhand der ersten Staffel von *Big Brother* dokumentieren: So war der Kandidat John ein arbeitsloser Zimmerer, Sabrina war hoch verschuldet, und Zlatko und Jürgen waren durchschnittliche Angestellte (vgl. Budde 2003). Auch in den Daily Talk Shows ist selten die distinguierte Oberschicht zu Gast. Die Attraktivität des Formats resultiert vielmehr zu guten Teilen aus der niedrigen sozialen Schicht, aus der die Gäste stammen. Bei DSDS und bei *Germany's Next Topmodel* wird ebenfalls versprochen, dass *alle* eine Chance erhalten, entdeckt zu werden, gerade das Verfahren der öffentlichen Bewerbung bei Dieter Bohlen macht Versprechen und Unterhaltungswert zugleich aus.

Drittens spielt scheinbar paradoxerweise das Thema Authentizität eine wichtige Rolle und ist bis heute noch ein leitendes Motiv von Casting-Formaten. Gerade die extrem unnatürliche Situation der permanenten Aufmerksamkeit und Veröffentlichung jedweder Privatheit erfordert von den KandidatInnen eine möglichst große Natürlichkeit. Während Spielfilme deutlich auf der Seite der Fiktion und damit in der Sphäre der Öffentlichkeit anzusiedeln sind, gerät mit der Ausstrahlung von Reality TV Formaten immer stärker das vermeintlich Authentische, Private in die öffentliche Darstellung. Das Private wird Teil der Öffentlichkeit, größtmögliche 'Authentizität' wird Garant für Natürlichkeit in einer hochgradig inszenierten Casting-Show.

Geschlechter-Bilder im Reality TV

Zurück zur Ausgangsfrage, welche Geschlechterbilder in Casting-Shows inszeniert werden. Aus einer geschlechterkritischen Sichtweise handelt es sich bei *Germany's Next Topmodel* um Inszenierungen von Weiblichkeit, die die Frage nach Veränderung oder Verfestigung symbolischer Repräsentationen obsolet erscheinen lässt. Schönheit, Anmut, normierte Körperkonzepte usw. gelten als Erfolgskriterien. Die jungen Frauen zwischen 16 und 25 Jahren orientieren sich an hegemonialen Schönheitsidealen und werden anhand der möglichst passgenauen Erfüllung beurteilt, wobei dem Kriterium der 'persönlichen Ausstrahlung' eine wichtige Funktion in Hinblick auf die Absicherung von 'Authentizität' zukommt. So boten beispielsweise die bisherigen Gewinnerinnen Lena Gercke, Barbara Meier oder Jennifer Hof kaum Anlass, auf die Verschiebung von Weiblichkeitsentwürfen zu hoffen.

Auch bei DSDS agieren vor allem durchschnittliche Geschlechterinszenierungen: Hier ist wohltemperiertes Mittelmaß mit einer 'individuellen Note' ein wesentliches Kennzeichen der bisherigen Gewinner. Dies gilt sowohl für Alexander Klaws, Tobias Regner oder Thomas Godoj, der als "Rocker mit Herz" die fünfte Staffel (2008) gewann. Die Inszenierungen dieser drei Sieger ragen schon in ihrer Ästhetik nicht über das hinaus, was in einem durchschnittlichen H&M-Markt zu erwerben ist. So könnte also das Zwischenfazit lauten, dass populäre Medien nicht unbedingt der Ort von *Gender Trouble* oder "symbolischen Revolutionen" sind, sondern vor allem tradierte Geschlechterbilder stärken.

Freakphänomen als *Gender Trouble*?

Allerdings ist es so einfach nicht, denn einerseits existiert bei den Casting-Shows etwas, was sich als 'Freakphänomen' beschreiben lässt und in dem *Gender Trouble* deutlich werden könnte. So fällt Mark Medlock, der Gewinner der vierten Staffel von DSDS, aufgrund seiner Inszenierung sowie seiner offensiv geäußerten Homosexualität aus dem Rahmen der heterosexuellen Matrix. Auch Daniel Küblböck kann als solch ein Grenzgang angesehen werden. Ihm ist das offensive Spiel mit der Ablehnung dessen, was Connell (1999) als hegemoniale Männlichkeit beschreibt, eine Zeit lang sehr erfolgreich gelungen. Auch die Gewinnerin der zweiten Staffel von DSDS, Elli Erl, entspricht nicht unbedingt dem, was bei Heidi Klums *Germany's Next Topmodel* als Schönheitsideal verhandelt wird.

So ist in der Sympathie, die Außenseitern wie Daniel Küblböck entgegenschlägt, Freude an Parodie und Durchkreuzung zu erkennen. Gegen den Willen von Dieter Bohlen haben die ZuschauerInnen mit Küblböck einen Vertreter untergeordneter Männlichkeit bis unter die letzten vier KandidatInnen gewählt. Dabei hat gerade seine inszenierte Un-Männlichkeit wesentlich zu seinem Erfolg beigetragen. Dies könnte die These unterstützen, dass die ZuschauerInnen die Formate durchaus mit eigene Bedeutung belegen und durch die Möglichkeit der Teilnahme, z.B. durch Votings, auch nutzen, um den Gang der Casting-Shows zugunsten weniger tradierter Geschlechterbilder zu beeinflussen.

Dieses Freakphänomen in Reality Formaten ist so neu nicht. Vergleicht man die erste Staffel von *Big Brother* mit heutigen Reality-Shows, wird man zwar erstaunt sein darüber, wie brav die KandidatInnen damals wirkten. Die erste Staffel lebte geradezu von der Identifikation, die aus der vermeintlichen 'Normalität' der KandidatInnen resultiert. Mit Alex, John, Sabrina, Jana, Jürgen oder Kerstin waren zwar unterschiedliche, aber innerhalb der symbolischen Ordnung zweifelsfrei und unaufgeregt zu identifizierende Geschlechterpositionen vertreten. Allerdings ließen sich bei zwei KandidatInnen abweichende Genderkonzepte finden: John galt als 'Softie', weil er in der Lage war, Haushaltstätigkeiten eigenständig durchzuführen und bei Andrea wurde vom Sender auf ihre Homosexualität rekurriert (vgl. Budde 2003, Winter 2000).

Nicht immer steht der Freak für – wie auch immer geartete – alternative Geschlechterkonzepte, im Gegenteil, bisweilen resultiert die Differenz zu den hegemonialen medialen Geschlechterbildern geradezu aus einer Übererfüllung von Geschlechternormen. Als Beispiel kann Zlatko, der Urvater der Casting- und Reality TV Freaks, herangezogen werden, der gerade durch die Inszenierung von chauvinistischer Schlichtheit Kultstatus erlangte. Ähnliches gilt auch für das Finale der achten Staffel von DSDS, denn hier duften die zehn 'schlechtesten' KandidatInnen aus der Casting-Vorrunde gemeinsam auf die Bühne und zum Abschluss "We are the Champions" singen, sehr zur Unterhaltung von Dieter Bohlen und dem Publikum. Dieser Auftritt gewinnt seine Bedeutung vor dem Hintergrund, dass der Vorrunde ein hoher Stellenwert in Bezug auf die

Popularität zukommt – und gleichzeitig der umstrittenste Part von DSDS ist. Hier dürfen sich mehr oder weniger talentierte SängerInnen um einen Platz bewerben und gerade besonders schlechte Darbietungen erhalten vom Sender RTL eine besonders ausführliche Plattform. Mit *Gender Trouble* hatte diese Vorführung der VerliererInnen zwar wenig zu tun, allerdings wurde m. E. deutlich, dass der eigentliche Grund für den Effekt dieser Darbietung im Bruch zwischen dem Habitus der VerliererInnen und dem der GewinnerInnen lag. Mit Bourdieu kann formuliert werden, dass vor allem die Ungleichverteilung von ökonomischem Kapital die Situation so kontrastreich gestaltete. Aber auch das symbolische Kapital und damit auch die Möglichkeit, Geschlecht situationsangemessen zu inszenieren, variierten zwischen den Statusgruppen erheblich. Denn während die einen – gewohnt auf Bühnen zu stehen, attraktiv hergerichtet und ökonomisch hochwertig gekleidet – souverän erschienen, waren die anderen – nicht gewohnt, auf Bühnen zu stehen, gewöhnlich hergerichtet und ökonomisch wenig hochwertig gekleidet – um Haltung bemüht. Gegen die hegemonialen Genderrepräsentationen der erfolgreichen KandidatInnen sowie der Jury, allen voran Dieter Bohlen, hatten die VerliererInnen keine Chance. Im Anschluss wurde entsprechend in Internetforen an dem Auftritt vor allem die Unglaubwürdigkeit der Machoposen kritisiert, die einige der Verlierer zeigten. So wirkten gerade besonders maskulinistische Posen aus dem Hip Hop wenig überzeugend. Diese Überinszenierung von Männlichkeit lief aufgrund des spezifischen Kontextes in die Leere, denn *doing gender* heißt eben nicht, Geschlechterstereotype *über*zuerfüllen, sondern je nach Situation *angemessene* Repräsentationen und Interaktionen zu wählen. Genau an dieser Situationsangemessenheit scheiterte ein Teil der Verlierer.

Allerdings ist die Frage zu stellen, ob das Freakphänomen tatsächlich als Verschiebung gewohnter Ordnungen gesehen werden kann. Drücken sich im Kultstatus von Mark Medlock und in der Sympathie für Ellie Erl oder Daniel Küblböck alternative Vorstellungen von Geschlecht aus? Oder handelt es sich um eine Strategie, die tradierte Geschlechterbilder dadurch bestärkt, dass sie die Abweichung von der Norm thematisiert und heraushebt und auf diese Weise gerade das Erwartungswidrige markiert und somit eigentlich die zugrunde liegende normative Erwartung wiederholt?

Die Qualität von Transsexualität und Crossdressing als *Gender Trouble*?

Diese These soll anhand von Crossdressing und Transsexualität im Folgenden vertieft werden. Die dritte Staffel von *Germany's Next Topmodel* sah nämlich eine besondere Aufgabe vor: Die Modells werden als Männer geschminkt und gestylt und sollen dann mit je einem weiblichen Gegenpart Fotos machen. Diese Aufgabe kann als klassisches Crossdressing bezeichnet werden, eine Strategie, die in politischen Kontexten der Queerbewegung zum Einsatz kommt, um normatives und geschlechterkategoriales Denken und Wahrnehmen zu durchkreuzen. Gesteigert wird dies noch durch die Wahl des weiblichen Gegenparts für die Models, der von Drag Queens übernommen wird.

Crossdressing ist eine Variante von Geschlechterrepräsentationen, welche die Normalität entlarven und durchkreuzen können. Entsprechend beschäftigt sich die Geschlechterforschung bereits seit Beginn mit dem Phänomen der Transsexualität. So zeigt Goffman (1994) anhand der transsexuellen Agnes, welche Arbeit darin steckt, eine neue Geschlechterinszenierung als glaubhaft zu repräsentieren, denn beim Geschlechterwechsel handelt es sich nicht lediglich um einen medizinischen Vorgang, sondern insbesondere um das Erlernen der gesamten Symboliken und Interaktionsformen des neuen Geschlechts als Mann oder Frau (vgl. Kessler/McKenna 1978). Damit verbleibt Transsexualität im Rahmen der dichotomen Zweigeschlechtlichkeit, da es nicht um das Ablegen von Geschlechternormen geht, sondern um den Erwerb einer neuen Repräsentationsform. Der mühsame Weg des *Passing* verweist auf den komplexen *Gendering*-Prozess, da Transsexuelle sich sowohl eindeutig in ihrem Geschlecht präsentieren wie auch von Anderen zweifelsfrei interpretiert werden müssen. Dabei geht es nicht nur darum, die Kleidung des anderen Geschlechts anzulegen, sondern um das mühsame Erlernen eines neuen Habitus (vgl. Hirschauer 1999). Hier taucht erneut das Motiv der Authentizität der Inszenierung wieder auf.

Die Anfangsszene des Fotoshootings bei *Germany's Next Topmodel* verweist auf die Anstrengung und das Risiko, welches damit verbunden ist, aus der geschlechtlichen Rolle zu fallen. Viele der Models berichten davon, dass sie die Aufgabe negativ irritiert, wie an den Kommentaren "oh, nein", "leicht geschockt" oder "nicht lustig" deutlich wird. Auch die Anmoderation von Heidi Klum macht deutlich, dass die Inszenierung keineswegs selbstverständlich ist, sondern ein Casting der "etwas anderen Art"[1], wie sie sagt.

In diesem Sinne ist dieses Casting als ein Ausbrechen aus der tradierten symbolischen Ordnung zu verstehen, indem Aspekte auf die Bühne gebracht und zur Sensation und Aufforderung erhoben werden, die in anderen Zusammenhängen zu sozialem Ausschluss führen können. Die Irritation der Kandidatinnen und ihre Schwierigkeiten, überhaupt angemessene Begriffe zu finden, mit denen die drei Brasilianerinnen zu beschreiben sind, offenbart, dass es sich hier offensichtlich um einen öffentlich inszenierten Rollentausch in einem populären Format und deutlichen Bruch mit der heterosexuellen Matrix handelt. Die heterosexuelle Matrix wird durchkreuzt, das symbolische Kapital neu gemischt und neu verteilt.

Wendet man die Aufmerksamkeit den geladenen Drag Queens zu, fällt zuerst auf, dass diese (im Gegensatz zu den Beschreibungen von Hirschauer oder Goffman) keineswegs auf möglichst glaubwürdige Inszenierungen von Weiblichkeit setzen. Im Gegenteil – ihre offensichtliche Strategie ist es, Aufmerksamkeit zu erregen. Die Drag Queens werden doppeldeutig eingeführt, einerseits gelten sie als "keine normalen Frauen", andererseits aber werden an sie sexualisierte Botschaften adressiert, sie sollen die Models "beißen". An die Models wird im Rahmen der heterosexuellen Matrix die Erwartung gerichtet, als "schöne Gentlemen" zu fungieren. Trotz der Entkopplung von Sex und Gender wird Heterosexualität so als Ordnungsprinzip der Situation aufrechterhalten. Dies wird auch darin deutlich, dass eine Kandidatin Sorge bezüglich der Körpergröße äußert. Sie erlebt die drei Brasilianerinnen als körperlich "riesig", mit "riesigen Köpfen", also als geschlechtsunangemessen im Sinne der tradierten Erwartung, dass der Mann körperlich größer zu sein hat als seine Partnerin.

Welchen Zweck erfüllt die Sensationierung, die durch die Drag Queens erzeugt wird? Wie würde das Casting wirken, wenn eindeutig als Frauen wahrnehmbare Personen den Gegenpart zu den Models übernehmen würden? Oder wie würde das Casting wirken, wenn der weibliche Part von weißen, deutschen Männern übernommen worden wäre, die dafür ebenso wie die Models nur ein zeitlich be-

---

[1] Dies und die folgenden Zitate stammen aus der Sendung vom 10.04.2008, ein Ausschnitt des Shooting ist zu sehen unter:
http://topmodel.myvideo.de/watch/3913830/Drag_Queen_Shooting (29.04.2009).

grenztes Crossdressing vornähmen? Wie auch immer dies im Detail gewirkt hätte, in beiden Fällen wäre es vermutlich nicht so "lustig" gewesen. Die Wahl von brasilianischen Drag Queens ermöglicht es, die inszenierte Abweichung als genau dieses zu markieren: als eine Abweichung. Ähnliches zeigt sich auch in Travestieshows, die ja nicht zuletzt der Absicherung der meist heterosexuellen ZuschauerInnenschaft dienen, die gerade im Angesicht der humorvoll inszenierten Abweichung behaglich daran erinnert wird, dass sie die Norm erfüllen. Die Inszenierung wird so zur augenzwinkernden Ironie und damit zur Möglichkeit, das Ganze als Spaß erscheinen zu lassen. Die Abweichung wird markiert und erfährt eine Besonderung und dadurch kann von der stillschweigenden Norm abgesehen werden. Denn so wie bei diesem Casting eine interaktionelle Leistung zur Herstellung von gegengeschlechtlicher Zugehörigkeit gefordert wird, so wird verdeckt, dass ja auch die alltäglichen Situationen ohne Crossdressing oder Drag Queens der – oft routinierten, bisweilen mühevollen – Herstellung von eindeutigen Geschlechterrepräsentationen dienen und dass auch dies eine Menge Arbeit ist.

Wie geht es nun weiter mit dem Shooting? Die Models erhalten unterschiedliche Rollen: Bauarbeiter, Balletttänzer, Romeo, Boxer, Anzugträger, Bräutigam, Hiphopper und Rocker. Dabei rekurrieren die meisten auf Klischeebilder. Lediglich der Balletttänzer widerspricht dem und wird auch ebenso von der Kandidatin markiert. Er sei "schwierig", so die Kandidatin, weil er "so feminin" sei. Damit fällt die dichotome Kontrastierung zwischen männlich und weiblich bei dieser Figur sehr unscharf aus.

Die anderen Inszenierungen verkörpern allesamt tradierte Geschlechterstereotype. Dies bezieht sich nicht nur auf die zugeschriebenen Rollen, sondern auch auf deren Ausgestaltung. Die männerspielenden Models werden aufgefordert, den Frauen auf den Hintern zu hauen oder ihnen an den Haaren zu ziehen, herumzuschreien, etc. Auch die Moderation von Heidi Klum zielt auf tradierte Männlichkeit ab, beispielsweise indem der Bauarbeiter als "echter Mann" bezeichnet wird. Die 'richtige Männlichkeit' dieser Figur wird noch dadurch gesteigert, dass der Kandidatin eine Socke in die Hose gesteckt wird, um einen Penis zu simulieren, wobei gescherzt wird, ob die Socke die Größe X, XL oder XXL haben solle. Zugespitzt könnte man formulieren, dass der Körper hier mit simplen Mitteln den

Vorstellungen von Sex künstlich angepasst wird. So werden übersteigerte Klischees von Männlichkeit inszeniert und Botschaften über Männlichkeit transportiert: "Du musst richtig Gas geben als Mann", "Als Mann sieht man Scheiße aus" etc. Lob erfahren die Kandidatinnen vor allem dann, wenn sie die Männlichkeitsklischees möglichst überspitzt erfüllen.

Sexualisierungen spielen in den Arrangements eine wichtige Rolle. So soll der Bauarbeiter seine Partnerin anmachen, bzw. "richtig rannehmen", wie es die Moderatorin ausdrückt, der Bräutigam sich auf die Nacht freuen oder der Rocker sich in den Schritt fassen. Der Anzugträger hingegen sollte seine Frau gerade aufgrund der femininen und sexualisierten Kleidung beschimpfen. Auffallend ist, dass die Sexualisierungen ausschließlich unter heterosexueller Bezugnahme funktionieren. Die heterosexuelle Matrix entfaltet ihre Wirkung trotz Crossdressing und Drag Queens.

Auch die mit der heterosexuellen Matrix einhergehenden Vorstellungen von Aktivität als männlicher Part und Passivität als weiblicher Part wiederholen sich. Während die Brasilianerinnen am Anfang noch deutlich das Geschehen dominierten, kommt ihnen in weiteren Verlauf des Shootings kaum noch eine Rolle zu. Dies ist sicherlich zu großen Teilen dem Format geschuldet, schließlich geht es ja darum, die Kandidatinnen gut in Szene zu setzen. Bemerkenswert ist jedoch, wie sehr sie in den Hintergrund der Wahrnehmung geraten und wie sehr sie zum Spielball, zum Accessoire der Models werden. Wie "schmeichelnde Spiegel", so hat Virginia Woolf (1979) die Bedeutung von Frauen für die Herstellung von Männlichkeit beschrieben. In dieser Art fungieren auch die Partnerinnen beim Shooting. Oder wie die Moderatorin formuliert: "Die Drag Queens waren super, denen war das ganz egal, egal was, einfach mitgespielt". Am deutlichsten wird dies in der Pose des Boxers: Die Partnerin liegt am Boden, das Model stellt ein Bein auf sie und reckt die Arme triumphierend in die Höhe.

Die Reaktionen der Kandidatinnen schwanken zwischen Ablehnung und positiver Zustimmung. Die Ablehnung bezieht sich einerseits auf den Kontakt mit den Drag Queens, der einigen schwer gefallen ist; vor allem die mangelnde Distanz wurde kritisiert. Eine Kandidatin formuliert, die Brasilianerinnen wären "unangenehm, weil die sehr aufdringlich sind". Bei weiteren Shootings im Rahmen von *Germany's Next Topmodel* mit ähnlicher körperlicher Nähe wurden diese

Schwierigkeiten nicht geäußert, vermutlich, weil hier die Geschlechterrollen nicht vertauscht wurden.

Andererseits hatten einige Kandidatinnen Schwierigkeiten damit, in die männliche Rolle zu schlüpfen. Dies lag vor allem darin begründet, dass sie mit der eingeforderten 'Härte' nicht zurechtkamen. Eine formuliert, dass "sie gar nicht böse gucken könne", eine andere, dass sie sich selber eher als "guten Mann" sähe. Damit werden Essentials von Männlichkeit definiert, gegen die sich die Models, verhaftet in der gewohnten Inszenierung von Weiblichkeit, absetzen. In diesen kleinen Einblicken wird deutlich, dass das symbolische Kapital, welches an die Herstellung von Geschlecht gebunden ist, aufwendiger zu akkumulieren ist als lediglich durch männliche Kleidung. Es steckt offensichtlich mehr Arbeit darin, als Frau 'ihren Mann' zu stehen.[2]

Fazit

Welche Gender-Konzepte kommen nun auf der Bühne der Casting-Shows zum Einsatz? In der bisherigen Lesart ist deutlich geworden, dass die Castings-Shows wenig Raum für *Gender Trouble* bieten. Bei DSDS dominieren geschlechterkonforme Inszenierungen, gebrochen lediglich von einigen Outsidern, von einigen Freaks. Diese eröffnen zwar alternative Möglichkeitsräume, tragen aber andererseits durchaus dazu bei, die "Normalität" der heterosexuellen Matrix aufrecht zu erhalten. Durch die Veralberung und öffentliche Vorführung der Freaks haben die ZuschauerInnen – wie bei der Travestie – die Möglichkeit, sich von deren Praktiken abzusetzen. Die Abweichung wird markiert, die Norm bleibt unentdeckt, der Habitus der "Nicht-Freaks" wird gerade durch die Besonderung der Abweichung stabilisiert.

Auch *Germany's Next Topmodel* dient in dieser Betrachtungsweise eher der Verfestigung von Geschlechterbildern denn deren Erweiterung. Der inszenierte Bruch und die symbolische Verschiebung in Form von Crossdressing und Drag Queens führen nicht zu einer Auflösung oder Verwirrung von Geschlechterdualismus, sondern zur Wiedereinführung durch die Hintertür und somit zu einer

[2] Andere Kandidatinnen reagierten positiv auf die Aufgabe und gaben an, dass sie ihnen viel Spaß gemacht hätte. Zwar wird auch hier geäußert, dass es komisch sei, mit den Drag Queens zu arbeiten, aber auch interessant.

verdeckten Verfestigung der heterosexuellen Matrix. Der Habitus funktioniert vor allem deshalb, weil er – selbst in dieser fokussierten Form – verschleiert wird. Für die Bedeutung von symbolischem Kapital bei der Herstellung von Geschlecht heißt dies, dass erstaunlicherweise gerade die Unsichtbarkeit die Grundlage der Wertigkeit darstellt. Je weniger offensichtlich ist, dass symbolisches Kapital verhandelt wird, umso erfolgreicher laufen die Tauschgeschäfte, könnte man hier zugespitzt formulieren.

Die Ironie, die in dem Filmausschnitt zutage getreten ist, führt dazu, die Normabweichung als solche zu markieren, da allen Beteiligten klar ist, dass es "um einen Spaß" geht. Hier kann jedoch – und an dieser Stelle liegt das Potential von Casting Shows auf kritischer Genderperspektive – der Eigensinn der ZuschauerInnen ansetzen. Gerade weil sich in Casting Shows 'normale Menschen' selber zur Aufführung bringen, bieten sie für Jugendliche Möglichkeiten zur eigenen Auseinandersetzung mit Geschlecht, Authentizität und Selbstkonzept – dies kann in der Medienpädagogik nutzbar gemacht werden.

Literatur

Bourdieu, Pierre (1997). "Eine sanfte Gewalt. Pierre Bourdieu im Gespräch mit Irene Dölling und Margareta Steinrücke." In: Dölling, Irene & Beate Krais (Hrsg.). Ein alltägliches Spiel. Geschlechterkonstruktionen in der sozialen Praxis. Frankfurt/Main: Suhrkamp, 218-230.

Bourdieu, Pierre (1998). *Praktische Vernunft. Zur Theorie des Handelns*. Frankfurt/Main: Suhrkamp.

Bourdieu, Pierre & Loïc Wacquant (1996). *Reflexive Anthropologie*. Frankfurt/Main: Suhrkamp.

Budde, Jürgen (2003). "Zwischen Macho, Freak und Onkel. Männlichkeitsinszenierungen in der Reality Soap *Big Brother*." In: Luca, Renate (Hrsg.). *Medien. Sozialisation. Geschlecht. Fallstudien aus der sozialwissenschaftlichen Forschungspraxis*. München: Kopaed, 69-84.

Butler, Judith (1991). *Das Unbehagen der Geschlechter* (orig. 1990 *Gender Trouble*). Frankfurt/Main: Suhrkamp.

Connell, Reawyn (1999). *Der gemachte Mann*. Opladen: Leske + Budrich.

Cornelißen, Waltraut (1998). *Fernsehgebrauch und Geschlecht: Zur Rolle des Fernsehens im Alltag von Frauen und Männern.* Opladen/Wiesbaden: Leske + Budrich.

Goffman, Erving (1994). "Das Arrangement der Geschlechter." In: Ders. *Interaktion und Geschlecht.* Frankfurt/Main: Campus, 105-158.

Hirschauer, Stefan (1999). *Die soziale Konstruktion der Transsexualität.* 2. Aufl. Frankfurt/Main: Suhrkamp.

Kessler, Suzanne J. & Wendy McKenna (1978). *Gender. An ethnomethodological approach.* Reprint. Chicago: Univ. of Chicago Press.

West, Candace & Don H. Zimmerman (1991). "Doing gender." In: Lorber, Judith & Susan A. Farell (Hrsg.). *The Social Construction of Gender.* London/New Delhi: Sage, 13-37.

Winter, Rainer (1999). "Cultural Studies als kritische Medienanalyse: Vom encoding/decoding-Modell zur Diskursanalyse." In: Hepp, Andreas & Rainer Winter (Hrsg.). *Kultur – Medien – Macht. Cultural Studies und Medienanalyse.* 2. überarb. und erw. Aufl. Opladen/Wiesbaden: Leske + Budrich, 15-32.

Winter, Rainer (2000). "Die Hoffnung auf Sex. Zur Wirklichkeitskonstruktion bei *Big Brother.*" In: *medien praktisch: Daily talk - Daily soap - Big Brother*, Nr. 3, Sept., 61-66.

Woolf, Virginia (1979). *Die Fahrt zum Leuchtturm.* Frankfurt/Main: Suhrkamp.

Monika Seidl

Slash Sit **und andere Geschichten vom Sitzen: Geschlechterstereotypen in Bildmedien und Computerspielen und ihre Untersuchung im Fremdsprachenunterricht***

1. Computerspiele und allgemeine Pädagogik

Jeweils neue Medien, insbesondere die beliebten, lösen im hegemonialen gesellschaftlichen Diskurs Verunsicherung aus, da sie kulturelle Normen und Werte aus der Balance bringen. Heute konsumieren Kinder und Jugendliche Computerspiele als bedeutenden Teil des derzeitigen Medien- und Unterhaltungsangebots. Nutzten beispielsweise laut Daten der KIM- und JIM-Studien des medienpädagogischen Forschungsverbundes Südwest (www.mpfs.de) 2002 nur 63% der befragten Jugendlichen täglich oder mehrmals wöchentlich den Computer, waren es 2007 schon 84%. Zwar steht in der Freizeitbeschäftigung mit Medien noch immer das Fernsehen an erster Stelle, aber die Beschäftigung mit dem Computer hat in den letzten Jahren rasant zugenommen. Die Kontroverse ist vorprogrammiert: Man diskutiert über die mögliche Vereinsamung der spielenden Kids, die Gefahren der mimetischen Aneignung gewalttätigen Verhaltens und die damit einhergehende ganz allgemeine Verrohung von Sitten und Anstand. Es steht wieder einmal viel auf dem Spiel.

Wie die Pädagogik schlüssig gezeigt hat, folgen auf das kulturpessimistische Ausloten populärkultureller Medien so gut wie immer Phasen der Vereinnahmung und Instrumentalisierung. War das Romanlesen im frühen 19. Jahrhundert noch verpönt, so galt es im späteren Verlauf des Jahrhunderts als probates zivilisatorisches Mittel. Die Lehr- und Lernmethoden der 1970er Jahre waren geprägt vom audiovisuellen Hype und seit den 1990er Jahren gibt es „digital game-based learning“ (vgl. Prensky 2001; Schrammel 2008), didaktisierte Computerspiele als Lernspiele, auch für den Englischunterricht (Mersmann/Krug 2007), wobei der affektive Mehrwert der Spiel-Lernumgebung des neuen Mediums helfen soll, den Lernerfolg zu sichern.

2. Computerspiele, *visual literacy* und *play-based* learning

Dieser Beitrag beschäftigt sich nicht mit der Diskussion des Für und Wider von Computerspielen. Im Zentrum der Ausführungen steht vielmehr das eher Unsichtbare, die Normen und Wertvorstellungen einer Gesellschaft, wie Geschlechterstereotypen und geschlechtsspezifische Rollenerwartungen, die in populärkulturelle Spiele hineinprogrammiert sind und die im Sinne der Förderung von *visual literacy* sichtbar gemacht werden sollen. Erst durch diese Entfremdung des scheinbar allzu Bekannten eröffnen sich neue, bisher unbekannte Perspektiven. Wir kennen zwar alle Lara Croft und ihre wirklich übertriebenen weiblichen Körperformen, aber subtilere geschlechtsangepasste Verhaltensweisen bleiben häufig verborgen.

Die Beschäftigung mit der Visualität von Computerspielen im fremdsprachlichen Unterricht entspricht dem Lehr- und Lernziel „Seh-Verstehen" (vgl. Schwerdtfeger 1989) als 5. Fähig- und Fertigkeit neben den üblichen vier kommunikativen Kompetenzen des Sprechens, Hörverstehens, Schreibens und Leseverstehens. Die Auseinandersetzung mit visuellen Darstellungsmitteln am anregungsstarken Medium Computerspiel hat das nachhaltige Erlernen visueller Darstellungsmuster zum Ziel. Ein kulturwissenschaftlich orientierter Englischunterricht muss Sorge dafür tragen, dass sich im fremdsprachlichen Unterricht ein dem aktuellen Stand der Wissensvermittlung adäquater multimodaler Diskursbegriff etabliert, in dessen Zentrum die Kombination von verschiedenen Codes steht. Leider tendiert schulischer wie auch universitärer Unterricht dazu, vorrangig die mit der linearen Symbolik von Schrift verbundenen Kompetenzen zu fördern. Es gibt beispielsweise anders als im anglophonen Raum kein eigenes Unterrichtsfach Medienbildung und schon gar keine Bildmedienbildung oder *visual literacy* (vgl. Seidl 2007; Sturken/Cartwright 2001; Rose 2001).

Gelernt wird am populärkulturellen Material selbst, an jenen Computerspielen, die den Alltag der Kinder und Jugendlichen bestimmen. Diese Strategie des so genannten *play-based learning* wird von Sabrina Schrammel (2008: 121) am Beispiel der Computerspiele mittels dreier Eckpunkte beschrieben:

(a) Exploration der Spielpraxis,

(b) Erarbeitung von zentralen Themen, die in der Spielpraxis zum Ausdruck kommen,

(c) Bearbeitung dieser Themen in Hinblick auf Computerspiele/n und die eigene Lebenswelt.

Kinder und Jugendliche sollen zentrale Themen – wie einprogrammierte Geschlechterstereotypen – erarbeiten und dabei auf jene Normen und Weltbilder aufmerksam werden, die in ihrer performativen Wirkung identifikatorisches Potential haben und dadurch zum Aushandeln von Subjektpositionen beitragen. In diesem Sinne wird die Spielpraxis zur Erkundung eigen- und fremdkultureller Praktiken genutzt.

Wie sich Kinder und Jugendliche in ihrer Freizeit mit Medien beschäftigen, ist geschlechtsspezifisch unterschiedlich. Allerdings sind diese Unterschiede weit geringer als man denkt. Die Jungen liegen beim Computer zwar noch vor den Mädchen, aber nur mehr mit knapp 6%. Jungen spielen sowohl allein als auch mit anderen mehr Computerspiele, sie dominieren die Konsolenspiele; 32% beschäftigen sich täglich bis mehrmals wöchentlich damit, aber nur 8 % der Mädchen (vgl. www.mpfs.de). Harvard-Studien (vgl. Kutner/Olson 2008) haben gezeigt, dass 12- bis 14jährige Mädchen *Grand Theft Auto* schätzen. Es liegt an zweiter Stelle der Beliebtheitsskala hinter *The Sims*. Eine Studie (vgl. Feng/Spence/Pratt 2007) suggeriert sogar, dass man Mädchen *shooter-* und *action games* besonders ans Herz legen sollte, da sich dadurch bestimmte Aspekte ihres räumlichen Vorstellungsvermögens verbessern, die statistisch gesehen bei Jungen besser entwickelt sind.

Pädagoginnen und Pädagogen sind gefragt, wenn es darum geht, diese Unterschiede mit Geschlechterstereotypen in Verbindung zu bringen. Wir wundern uns darüber, dass ein Actionspiel wie *Grand Theft Auto* bei Mädchen so beliebt ist, schließlich nur deswegen, weil wir von Geschlechterstereotypen ausgehen. Dass die hilflose Prinzessin in *Super Mario Bros.* Geschlechterklischees bedient, fällt allgemein auf, viel weniger offensichtliche stereotypisierende Unterschiede zwischen Männern und Frauen bleiben allerdings verborgen.

Der vorliegende Artikel stellt eine sehr wirksame Denaturalisierungskampagne vor, die Kindern und Jugendlichen dabei hilft, ihre Augen für Geschlechterstereotypisierungen in Computerspielen, aber auch im alltäglichen Leben zu schärfen. Computerspiele eignen sich daher als Schule des Sehens, die vermittelt, dass man nur sieht, was man weiß und kennt. Diese Themen haben im Fremdsprachenunterricht ihren Platz, da geschlechtssensibler Unterricht für die Identitätsbildung von Bedeutung ist. Computerspiele sind Orte des Sozialen, an denen Machtverhältnisse verhandelt werden. Es zählt mit zu den Aufgaben des fremdsprachlichen Unterrichts Kinder und Jugendliche auf "Definitionen und Redefinitionen von Unterordnung und Unterdrückung" (Marchart 2008, 252) aufmerksam zu machen, insbesondere dann, wenn er sich dem Projekt der *Cultural Studies* verpflichtet fühlt.

3. Geschlecht, Raum und Körper

Körperhaltungen wie Sitzen oder Stehen artikulieren Geschlecht, Raum und Körper. Daher sind diese drei Begriffe für die Analyse von tertiären Geschlechterdifferenzierungen wie Kleidung und Körperhaltung zentral. Mein Blick darauf folgt der Perspektive der britischen *Cultural Studies* (vgl. Mecheril/Witsch 2006, Storey 1997, Turner 1990), die sich seit ihren Anfängen in den späten 1950er und frühen 1960er Jahren (vgl. Williams 1958) einer kritischen Pädagogik verpflichtet fühlen. Im Folgenden werden in aller Kürze die Begriffe ‚Geschlecht', ‚Raum' und ‚Körper' sowie ‚Artikulation' erläutert, um dann im zweiten Teil Funktionsweisen von Avataren, jenen künstlichen, von den echten Spielerinnen und Spielern ausgewählten und von der Software vorgegebenen Computerspielfiguren, mit dem Feminismus bzw. Postfeminismusbegriff des 21. Jahrhunderts in Beziehung zu setzen.

Der Prämisse der *Cultural Studies* folgend bilden kulturelle Artefakte wie Computerspiele ab und bestimmen zugleich, was uns eigenkulturell normal erscheint und was als normal zu gelten hat. Bei dieser Fragestellung gilt es den Blick auf die kleinen Praktiken des alltäglichen Lebens, wie die Praxis des Sitzens, zu richten, um in Zeiten der proliferierenden weiblichen *Action*-Heldinnen – von Lara Croft bis Nariko und Kai – nicht zu verfrüht die Gleichheit der Geschlechter zu beschwören. Claudia Herbst (2005) verweist in diesem Zusammenhang auf das symbiotische Verhältnis zwischen Spiele- und Militärindustrie. Sie setzt das verstärkte Aufkommen von weiblichen *Action*-Heldinnen mit der Notwendigkeit in Verbindung, das Verhältnis von Frau und Gewalt zu naturalisieren, da es zumindest im Interesse der US Army ist, die Anzahl der weiblichen Rekrutinnen zu erhöhen. Trotz dieses Buhlens um die aktive Frau wird zu zeigen sein, dass uns viel Ungleiches allzu normal erscheint und wir ungleiche symbolische Zuteilungen wie jene von Platz und Raum manchmal erst auf den zweiten Blick bemerken.

Die Artikulation von Geschlecht, Raum und Körper ist im Bildlichen verankert. Innerhalb der *Cultural Studies* widmen sich die *Visual Culture Studies* dem Visuellen. Verallgemeinernd ausgedrückt basieren sie auf der kommunikativen Relevanz des Visuellen als bedeutungsstiftende, bedeutungstragende und bedeutungsvermittelnde Instanz und suchen zu ergründen, wie unsere alltäglichen Praktiken des Sehens historisch gewachsen sowie sozial und kulturell bedingt sind.

Innerhalb des Paradigmas der *Visual Culture* folgen nun einige kurze Bemerkungen zu den für unser Thema zentralen Parametern von Geschlecht, Raum und Körper. Zuerst wird ganz knapp der in den *Cultural Studies* übliche Geschlechtsbegriff erläutert, dann wird ‚Geschlecht' mit ‚Raum' verbunden, und in einem letzten Schritt werden alle drei Begriffe verbunden oder ‚artikuliert', wie es in der Sprache der *Cultural Studies* heißt. ‚Artikulation' (vgl. Slack 1996) meint dabei eine nicht notwendige, aber in bestimmten historischen Kontexten notwendig oder natürlich erscheinende Verbindung von Prinzipien, wie beispielsweise ‚Geschlecht', ‚Raum' und ‚Körper'. Es zählt mit zu den vorrangigen Aufgaben der Kulturanalyse, solche scheinbar fixen Gefüge und Ordnungen kritisch zu hinterfragen und insbesondere auf die Kontingenz, die kontextabhängige Zufälligkeit scheinbar starrer Systeme, zu verweisen.

Beim Begriff ‚Geschlecht' gehen die *Cultural Studies* von der breit akzeptierten Annahme der Unterscheidung in biologisches und soziales Geschlecht aus, die in der englischen Sprache griffig als ‚sex' und ‚gender' bezeichnet wird. Für die *Cultural Studies* und *Gender Studies* ist vorrangig das soziale Geschlecht im Sinne eines kulturellen Dispositivs von Interesse, und es wird analysiert, was einer Gesellschaft als normal erscheint, wenn sie Versionen von Maskulinität und

Femininität zu bestimmen sucht. Die Unterscheidung in ‚sex' und ‚gender' eröffnet klare Spielräume, denn das soziale Geschlecht unterliegt in seinem historischen und situationsabhängigen Kontingenzen Änderungen. Trotzdem erscheinen uns viele Aspekte von Maskulinität und Femininität als natürlich, d.h. wir bemerken sie gar nicht, denn Systeme des Wissens, Texte und Medien wiederholen für uns ständig Bilder und Handlungen, denen Weiblichkeit oder Männlichkeit eingeschrieben ist. Die *Cultural Studies* spüren diesen kulturellen und sozialen Geschlechterkonstruktionen nach und suchen die Umstände zu problematisieren, in denen sich die als normal erachtete Geschlechtlichkeit entfaltet.

Die Aufgabe von Pädagoginnen und Pädagogen besteht nun darin, scheinbar fixe Artikulationen sichtbar und zugleich darauf aufmerksam zu machen, dass diese scheinbar fixen Verbindungen nicht für alle Zeiten notwendig, sondern zufällig und änderbar sind. Hier gilt es ein Bekenntnis dazu abzulegen, dass gesellschaftspolitische und machtpolitische Implikationen auch im Bereich der Fremdsprachendidaktik einen festen Platz haben. Damit soll gleichzeitig verhindert werden, dass Artikulationen zwischen Körper, Raum und Geschlecht einerseits auf gesellschaftliche Bedingtheiten reduziert werden und anderseits durch essentielle Konstanten schon vorgegeben erscheinen (vgl. Slack 1996). Analysen und pädagogische Interventionen suchen daher zu erklären, wie kulturelle Artefakte Bedeutungen und Identifikationsmodelle mobilisieren und damit die soziale Wirklichkeit beeinflussen.

Zu diesen vermeintlichen Konstanten zählen Verbindungen von Geschlecht und Raum. Der Begriff des Raumes ist dabei in zweifacher Weise zu lesen: einerseits als Ort, an dem man sich befindet, und andererseits als Platz, den man hat und den man einnimmt. Repräsentationen alltäglicher Verrichtungen wie Kochen, Hausarbeit oder Gartenarbeit aus den 1940er und 50er Jahren zeigen Frauen bevorzugt in Innenräumen und Männer bevorzugt draußen. Diese kontingenten Artikulationen von Geschlecht und Raum wiederholen sich in vielen ähnlichen Darstellungen aus der Zeit und formieren sich in der Sprache der *Cultural Studies* zu Repräsentationssystemen. Repräsentieren meint hier ‚für etwas stehen'; Repräsentationen sind daher Konstruktionen, sie sind abhängig von bestimmten Kontexten und unterliegen bestimmten Konventionen. Repräsentationssysteme sind nicht Abbildungen des tatsächlichen Lebens, sind aber genauso wirkmächtig wie soziokulturelle Konventionen, deren Nichthinterfragung ein reibungsloses Funktionieren des sozialen Gefüges, sei es Staat oder Familie, ermöglicht.

Die *Cultural Studies* sind an der Frage interessiert, wie Repräsentationssysteme, die beispielsweise der Frau Innenräume und dem Mann Außenräume zuweisen, zur Identifikation einladende Subjektpositionen konstruieren. Die stetige Wiederholung solcher Systeme naturalisiert und normalisiert und führt zu sozialem Lernen und zu Wissen darüber, was als normal und natürlich gilt und damit das soziale Geschlecht ausmacht. Die diachrone Analyse von Repräsentationsystemen schärft den Blick für kontextuelle Bedingtheiten, wenn offensichtlich wird, dass uns das einst Heimliche unheimlich, fremd, ja sogar lächerlich erscheint, wie Frauen, die mit Stöckelschuhen am Herd stehen, wie es in Werbungen der 1940er und 50er Jahre durchaus üblich war.

Zu den bereits etablierten Begriffen von Raum und Geschlecht wird nun der Begriff des Körpers dazu genommen. Körper sind wir und haben wir, daher sind Körper Subjekt und Objekt zugleich. Körper sind materiell und unterliegen natürlichen Prozessen wie Wachstum und Verfall. Körperliches Aussehen, körperlicher Zustand und alles, was wir mit dem Körper tun, ist wiederum kulturell geprägt und unterliegt naturalisierten kulturellen Erwartungshaltungen. Es gilt zu zeigen, dass es für Mann und Frau nicht nur ein unterschiedliches und institutionalisiertes Verhältnis zu bestimmten Orten gibt, sondern auch ein unterschiedliches Verhältnis von männlichen und weiblichen Körpern zum Raum, der sie umgibt.

Abb. 1

Im Folgenden sollen exemplarisch mögliche Artikulationen von Geschlecht, Raum und Körper an einem der bekanntesten Gemälde der englischen Malerei untersucht werden, an der Darstellung der Landbesitzer *Mr and Mrs Robert*

Andrews (vgl. Abb. 1), das ungefähr 1748 im Auftrag der Dargestellten von Thomas Gainsborough ausgeführt wurde und heute in der National Gallery in London zu besichtigen ist. Das circa 70x120 cm große, querformatige Tafelbild ist in zwei ungefähr gleich große Bereiche gegliedert: Die linke Hälfte wird von der Darstellung des Ehepaars eingenommen, während die rechte Seite ihr Land zeigt. Kontingente Artikulationen zwischen Geschlecht, Raum und Körper sind am Grundbesitzerpaar selbst illustrierbar: Mr Andrews steht, sein Körper nimmt Platz ein, wodurch er Aktionsraum hat und den Eindruck erweckt, er könne jeden Moment weggehen. Mrs Andrews wiederum sitzt sehr starr und aufrecht auf einer ornamentalen Gartenbank, deren geschwungene Lehnen von den Umrisslinien ihres voluminösen Kleides aufgenommen werden. Diese Parallelität von Mrs Andrews zur Bank als etwas Statischem wird durch einen weiteren Bezug der Frau zu etwas Fixem noch verstärkt: Die gerade Linie ihres überaufrechten Oberkörpers spiegelt sich im geraden Stamm des Baumes hinter ihr. Mrs Andrews bekommt damit starken Objektcharakter, sie scheint bewegungsunfähig auf ihrer Bank festgewurzelt zu sein. Ihre Füße stehen eng zusammen, sie trägt für den erdigen Boden völlig ungeeignete Seidenpumps, die es ihr nicht erlauben, sich ähnlich wie Mr Andrews den sie umgebenden Raum gehend zu erobern, was für Frauen aus ihrer Gesellschaftsschicht auch nicht vorgesehen war.

Insgesamt nimmt nicht ihr Körper Raum ein, sondern ihr Kleid, das allerdings durch Korsett und voluminösen Rock Bewegung eher behindert als fördert. Während Mr Andrews Kleiderraum und Körperraum sich annähernd entsprechen und ihn dieser bekleidete Körperraum beweglich macht (die Hosen erleichtern beispielsweise das aktive Einnehmen von Raum), wird Mrs Andrews durch ihren Kleiderraum unbeweglich und passiv. Der ganz links im Bild stehende mobile Mr Andrews wird so als mehrfach besitzender gekennzeichnet, dem nicht nur das ihn umgebende Land, sondern auch die immobile Mrs Andrews gehört.

Mrs Andrews ist auch ein gutes Beispiel dafür, wie die Körpergrenzen durch Kleidung verändert werden können: Ihr Rock erweitert ihren Körper, während zur gleichen Zeit das in das Oberteil eingearbeitete Korsett ihren Körper bedrängt und verengt. Die Veränderung der Körpergrenzen durch Kleidung kann unterschiedliche Zwecke verfolgen, und im Folgenden sollen einige Beispiele aus der Frauenkleidung kurz skizziert werden, die sich in geringfügigen Adaptionen auch in den Kleidungen der weiblichen Avatare in Computerspielen finden. Besonders das *fantasy*-Genre bietet reiches Anschauungsmaterial für Damen- und Herrenbekleidung: Action-Heldinnen schmücken oft Phantasierüstungen, die eng geschnürte Taillen mit martialischen, weit ausladenden Schultern verbinden.

Kleidung und die Art, wie Körpergrenzen durch Kleidung verändert werden, spiegeln ganz deutlich gesellschaftliche Frauen- und Männerrollen. Sowohl Korsett als auch Krinoline beschränken die Mobilität und engen (im Falle des Korsetts) den Körper auch ein. Insbesondere im 19. Jahrhundert konnte damit die klassenspezifische Immobilität der Frau zur Schau getragen werden, da bereits die Kleidung sie für jede Arbeit als ungeeignet darstellt. Ein anderes Frauenbild vermittelt beispielsweise die Mode des Zweiten Weltkriegs, als Frauen starke und gerade Schultern trugen. Ansonsten war die Silhouette der Kostüme meist sehr schmal gehalten, da Rationierungen bei der Menge von für Kleidung zu verwendenden Materialien üblich waren. Die stark gepolsterten Schulterpartien verfolgten symbolische Zwecke, schließlich mussten die Frauen in Kriegszeiten ihren Mann stehen und wurden fern der Front auch in typischen Männerberufen eingesetzt (vgl. de La Haye 1997).

In den 90er Jahren des 20. Jahrhunderts vereinigt die britische Modeschöpferin Vivienne Westwood in ihrer Kreation des *Power Jacket* (vgl. Wilcox 2004: 153), einer aus Harris Tweed gefertigten Kostümjacke mit sehr enger Taille und gepolsterter Schulter- wie auch Hüftpartie, traditionell Männliches und Weibliches. In diesem Kleidungsstück erweitert sich in übertriebener Art und Weise der Körper der Trägerin durch Polsterungen sowohl an den Schultern als auch an den Hüften, womit Westwood auf die kontingenten Artikulationen von Geschlecht, Raum und Körper aufmerksam macht. Sie zeigt damit anschaulich, dass die drei Parameter nicht notwendige, sondern zufällige Verbindungen eingehen und damit in der Form der Kleidung Versionen von Männlichkeit und Weiblichkeit für den Körper der Frauen geschaffen werden können.

4. *Action chicks* und *action babes* – Untersuchung von Geschlechtsstereotypen anhand von Computerspielen

Die nachstehenden Beobachtungen zu Raum, Geschlecht und Körper in Computerspielen gehen von der These aus, dass sich viele stereotype Artikulationen, im Sinn von zufälligen Verbindungen zwischen Raum, Geschlecht und Körper, fortschreiben. Die Kleidungsstücke vieler harter Kämpferinnen ähneln von der Silhouette stark dem *Power Jacket* der Vivienne Westwood. In der Schulterpartie sind diese Damen ganz Mann, in der Taille und Hüfte ganz Frau. Der sogenannte *second-wave feminism* der 1960er bis 80er Jahre scheint seine Schuldigkeit getan zu haben, denn Frauen erscheinen den Männern als ebenbürtig; als rege Kämpferinnen in *Guild Wars*, *Lineage* oder *World of Warcraft* verfügen sie über einen enormen Aktionsradius, und auch die äußeren Merkmale der Kleidung inszenieren sie zugleich als Mann und Frau.

Dennoch sind die dargestellten Versionen von Männlichkeit und Weiblichkeit nur bei flüchtiger Betrachtung egalitär, wenn sich männliche wie weibliche Avatare mit gleichem Elan in den Kampf, den es gerade zu gewinnen gilt, werfen. Oberflächlich gesehen scheint es sogar, als gewännen weibliche Kämpferinnen mehr und mehr die Oberhand, was für ein neues Frauenbild fern von althergebrachten patriarchalischen Strukturen spräche. Feministische Analysen (vgl. Gillis/Howie/Munford 2007) haben jedoch schlüssig dargelegt, dass manche althergebrachten Stereotype resistenter sind, obwohl der erste Blick Konträres zu suggerieren scheint.

Hyperfeminine weibliche Kämpferinnen, ‚*action chicks*' oder ‚*action babes*' genannt, haben sich einen festen Platz im *action*-Genre des frühen 21. Jahrhunderts erobert, wozu im populären Film die Heldinnen aus *Miss Congeniality* (2000, 2005), *Lara Croft: Tomb Raider* (2001, 2003) oder *Charlie's Angels* (2000, 2003) zählen. Die Literatur (vgl. Stasia 2004/2007) sieht sie als Kinder des Post-Feminismus, der Frauen davon überzeugen will, dass die Forderungen der feministischen Bewegungen der 70er Jahre des 20. Jahrhunderts schon erfüllt sind und die Gesellschaft längst ein post-patriarchalisches Stadium erreicht hat. Diese neuen Heldinnen des *action*-Genres stellen stereotype Versionen von Weiblichkeit offen zur Schau, Feminismus ist Lifestyle und heterosexuell erotisierendes Spektakel und kein politisches Anliegen. An den dominanten Geschlechternormen ändert sich dadurch gar nichts: Die *action chicks* und *action babes* sind ermächtigt zu kämpfen – und zwar von Charlies Gnaden oder (wie Lara Croft oder Nariko) im Auftrag ihrer toten Väter.

5. *Slash Sit* – Sitzen in Computerspielen

Wie es im nachstehenden Abschnitt zu zeigen gilt, decken sich die Befunde der vorgestellten Beispiele über das Sitzen mit der feministischen Forschung. Kontingente Artikulationen von Geschlecht, Raum und Körper haben sich zu uns natürlich erscheinenden geschlechtsspezifischen Körperstrategien verfestigt, die in die visuelle Gestaltung vieler Computerspiele fix einprogrammiert sind. Auch wenn spektakuläre kämpferische Frauen aktiv im Mittelpunkt des Geschehens stehen, so verstecken sich in Details, wie in der sexualisierenden Kleidung oder eben in der kulturellen Praxis des Sitzens, doch die althergebrachten dominanten Normen, die den Männern mehr Platz und damit Macht geben und sie wie Mr Andrews über den sie umgebenden Raum verfügen lassen.

Die folgenden Beispiele beschränken sich auf ‚Sitzen' als räumliche Strategie und als kulturelle Praktik, wobei analysiert wird, wer sich wie setzt und dabei wie viel Platz einnimmt. In der Blütezeit des *second-wave feminism* hat sich Marianne Wex ausführlich mit männlicher und weiblicher Körpersprache auseinandergesetzt und 1977 in der *Neuen Gesellschaft für Bildende Künste* in Berlin Fotoreihen von etwa 9000 Einzelbildern aus dem alltäglichen Leben gezeigt. Wex wollte den Beweis erbringen, dass weibliche und männliche Körpersprachen als Folge patriarchalischer Machtverhältnisse zu sehen sind. 1977 schrieb sie im einschlägigen Magazin *Emma*: „Die Selbstverständlichkeit, mit der die Männer von dem Raum um sich Besitz ergreifen, ist physischer Ausdruck ihrer psychischen und ökonomischen Besatzung" (Wex 1977: 39).

Männliche und weibliche Körperstrategien haben sich seit den 70er Jahren des letzten Jahrhunderts verändert, und wenn Wex noch feststellen konnte, dass breitbeiniges Sitzen bei Frauen immer etwas Provozierendes hat und oft stark sexuell konnotiert ist, dann gilt das nicht mehr in dieser Ausschließlichkeit. Dennoch kann auch für das 21. Jahrhundert behauptet werden, dass breitbeiniges Sitzen bei Frauen als markiertes Sitzen zu bezeichnen ist, während breitbeiniges Sitzen bei Männern als neutral und als Norm gilt.

Sitzen ist mit ‚Rasten' verbunden und daher auch ein Privileg. Seit der Antike gibt es das Sitzen auf dem Thron, wobei sitzende Herrscherinnen und Herrscher ohne bedeutende Unterschiede abgebildet wurden. Eine ähnlich breitbeinige Sitzhaltung findet sich bei Frauen in der christlichen Ikonographie, insbesondere sei hier auf das Sujet der Maria mit dem Kind auf dem Thron verwiesen. Hier hat sich eine Beinhaltung etabliert, welche die Breite des Schosses und damit den Ursprung des Kindes betont, wobei zugleich erreicht wird, dass dem zur Schau gestellten Kind viel Platz zugewiesen werden kann.

Wie diese Beispiele zeigen, entspricht breitbeiniges Sitzen für Frauen in einigen Bereichen der Norm, bleibt aber auch auf diese Bereiche beschränkt. Die Befunde aus den Computerspielen legen Zeugnis darüber ab, dass sich dort das postfeministische Frauenbild des 21. Jahrhunderts, das sexualisierte Weiblichkeit betont, stark etablieren konnte, während die als überwunden deklamierten patriarchalischen Geschlechterstereotypen den dominanten Rahmen bilden. Körperstrategien sind ganz eindeutig weiblich und männlich definiert und zeigen große Ähnlichkeit zu den Bildreihen von Marianne Wex aus dem alltäglichen Leben der 1970er Jahre.

Sitzen ist in den untersuchten Fällen das Ergebnis der Handlungsausführung ‚/SIT', wobei Avatare eine vorprogrammierte Aktion ausführen, die meist nichts mit der Spielmechanik zu tun hat, mit der Ausnahme mancher Spiele, wo Sitzen die Funktion des Kräfte-, d.h. Lebensammelns erfüllt. Die Spielerfiguren setzen sich dann auf Sitzgelegenheiten, so vorhanden, oder auf den Boden. Frauen in martialischen Rüstungen, die ihre Schultern aufs Männlichste erweitern, setzen sich, vom Spiel vorgegeben, mit eng aneinander gepressten Beinen nieder und wirken durch die Inkohärenz von hypertrophierten Kennzeichnern von Männlichkeit und sittsamem Sitzen lächerlich. Denn die durch die breiten, Körper erweiternden Schultern signalisierte Dominanz wird durch die Submission der Körperhaltung konterkariert (vgl. Abb. 2).

Abb. 2

In der Mehrzahl der analysierten Beispiele schreiben sich kontingente Artikulationen von Geschlecht, Raum und Körper fort. Männer sind daran erkennbar, dass sie breitbeinig in den Raum um sich expandieren, während Frauen sich mit eng aneinander gepressten Schenkeln und Knien schmal machen (vgl. Abb. 3). Ausnahmen bestätigen die Regel: Ähnliche Körperstrategien für Männer und Frauen finden sich beispielsweise in dem sich an Superheldencomics anlehnenden Spiel *City of Heroes* (2004) oder dem *fantasy*-Spiel *Neverwinter Nights 2* (2006), wo Sitzen ‚Rasten, um Kräfte zu sammeln' bedeutet. Die Posen sind für Männer und Frauen gleich, es hat sich breitbeiniges Sitzen durchgesetzt, weiblich konnotiertes Sitzen mit geschlossenen Knien kommt nicht vor, so dass die egalitäre Norm von den etablierten Mustern der Männlichkeit bestimmt wird.

Abb. 3

Trotz einiger gegenteiligen Befunde kann davon ausgegangen werden, dass die zufälligen Artikulationen von Geschlecht, Raum und Körper sich etwa bei der Darstellung des Sitzens zu machtvollen Praktiken der kulturellen Unterscheidung von Mann und Frau verfestigt haben. Die zahlreichen, Geschlechteregalität suggerierenden Heldinnen im *action*-Genre unterwerfen sich durch die Vorgaben der Programmierung althergebrachten Geschlechterstereotypen, die innerhalb der Visualität, d.h. innerhalb der als normal empfundenen Sehgewohnheiten unserer Kultur, weiterhin wirkmächtig sind.

6. Methoden und Aufgaben für die Unterrichtspraxis

Die folgenden Aufgabenbeispiele haben sowohl rezeptive als auch produktive Komponenten und erweitern das visuelle Material um *icons* von Websites und private Fotos: Beim neuen Blick auf geschlechtsspezifische Stereotype und Codes liegt der Schwerpunkt auf dem Bewusstmachen des Zusammenhangs von Organisation der dargestellten Personen im Bildraum und daraus resultierender Bildwirkung. Die vorgestellten rezeptiven und produktiven Verfahren sichern das neu gewonnene Seh-Verstehen und tragen zugleich zu dessen sprachlicher Bewältigung im Fremdsprachenunterricht bei. Das Beispiel für ein produktives Verfahren ermöglicht eine kreative Verarbeitung der gewonnenen Erkenntnisse in den vorgestellten Texttypen. Die Beispiele für rezeptive Verfahren sollen die Schülerinnen und Schüler an Methoden der Medienrezeption in Verbindung mit Bildern heranführen. Durch die Anwendung der vorgestellten Verfahren wird innerhalb des fremdsprachlichen Unterrichts Englisch eine reflektierende und sensiblere Haltung in Bezug auf die Repräsentation von Geschlechtern gewonnen. Die Beispiele für produktive Verfahren ermöglichen über die visuellen Medien hinausgehende Eigenproduktion und fordern eine hohes Maß an Kreativität. Durch die Kombination beider Verfahren gewinnen die Schülerinnen und Schüler Erfahrungen mit der Produktion und Rezeption von Bildern, wodurch die Kompetenzbereiche *Visual Literacy und Media Literacy* erweitert werden.

Rezeptive Verfahren:

Material 1:

- Describe the man and the woman in the picture. (Abb. 1, 2 und 3)

	man	woman
Dress		
Posture: arms and hands		
Posture: legs and feet		

Material 2:

- Collect pictures of mixed-sex couples from a number of sources such as fine art, magazines, family shots, etc. Do you notice any patterns in postures? Are there any patterns in the ways of sitting?
- Conduct some research in public spaces such as the train, the bus or the park. How do men sit? How do women sit? Who needs how much space?
- Does the way we dress have any effect on our body? Do clothes determine our postures?

Produktive Verfahren (vgl. auch Sanger 1998):

Material 3:

- Pick a photograph of your choice. (Abb. 4, 5, 6, 7, 8) Look at the picture and interpret what is happening in any way you like. Write at least two accounts of the scene, but before doing so decide what points of view you wish to adopt.
- Who are the two people who tell the story?
- You can write from several positions:

  the external point of view, which is detached and without insight; the internal point of view, which sees only what one character sees; the all-seeing, all-knowing omniscient position.
- Decide on the personalities of your narrators (e.g. hesitant, confident,

boasting, ashamed, ...), and the tone they adopt (e.g. amused, detached, outraged, ironic, arrogant, unpleasant ...).

- Also think of a profession of your narrators, which could then appear through the way he or she speaks, the similes used, the comments made (e.g. sports-person, teacher, lorry-driver, butcher, psychiatrist, politician, ...).
- Now relate the scene in the picture, choosing at least two points of view. You can choose to relate a very brief scene (the few minutes before and after the scene depicted) or a longer story, including what happened further back in the past and what happens afterwards.
- After having written your stories (accounts), comment briefly on the effects you wanted to achieve, and briefly describe the two characters you have chosen.

7. Fazit

Die hier skizzierte Schule des Sehens soll im Fremdsprachenunterricht dazu beitragen, kulturelle Kompetenz und Medienbildung zu vermitteln und das ganz jenseits gesellschaftlicher Diskussionen, ob populärkulturelle Produkte wie Computerspiele in der Schule überhaupt Gespräch sein dürfen. Ich plädiere dafür, dass Computerspiele Gespräch sein müssen, damit die Kluft zwischen außerschulischen und innerschulischen Lebenswelten von Kindern und Jugendlichen nicht immer größer wird, sondern den Medienerfahrungen von Kindern und Jugendlichen gerecht wird und entspricht. Kritische Reflexion über implizite Geschlechterannahmen müssen Teil jeder Ausbildung sein, sei es nun der Fremdsprachenunterricht oder die Medienkunde, denn nur dann wird eine Generation heranwachsen, der die stereotypen weiblichen Körperstrategien und deren machtpolitische Relevanz auf den ersten Blick ins Auge fallen.

Abb. 4-8 (von links oben nach rechts unten)

Literatur

De la Haye, Amy (Hrsg.) (1997). *The Cutting Edge. 50 Years of British Fashion 1947-1997*. London: V&A Publications.

Feng, Jing & Ian Spence & Jay Pratt (2007). Playing an Action Video Game Reduces Gender Differences in Spatial Cognition. *Psychological Science* 18/10, 850-855.

Gillis, Stacey & Gillian Howie & Rebecca Munford (Hrsg.) (2004/2007). *Third Wave Feminism: A Critical Exploration*. Basingstoke: Palgrave Macmillan.

Herbst, Claudia (2005). Shock and Awe: Virtual Females and the Sexing of War. *Feminist Media Studies* 5/3, 311-324.

Kutner, Lawrence & Cheryl Olson (2008). *Grand Theft Childhood: The Surprising Truth about Violent Video Games and What Parents Can Do*. New York: Simon and Schuster.

Marchart, Oliver (2008). *Cultural Studies*. Konstanz: UVK.

Mecheril, Paul & Monika Witsch (Hrsg.) (2006). *Cultural Studies und Pädagogik: Kritische Artikulationen*. Bielefeld: Transcript.

Mersmann, Arndt & Christian Krug (2007). Vom Pixel zur Traumstadt: Interaktive Bilderwelten Erkunden. In: Seidl, Monika (Hrsg.). *Visual Literacy:* Bilder Verstehen. *Der fremdsprachliche Unterricht Englisch* 87 (Mai 2007), 16-19.

Prensky, Marc (2001). *Digital Game-Based Learning*. New York: McGraw-Hill.

Rose, Gillian (2001). *Visual Methodologies*. London: Sage.

Sanger, Keith (1998). *The Language of Fiction*. London: Routledge.

Schrammel, Sabrina (2008). *Play-based learning* – Die Aktivität des Computerspielens als Lernanlass. In: Mitgutsch, Konstantin & Herbert Rosenstingl (Hrsg.). *Faszination Computerspielen: Theorie – Kultur – Erleben*. Wien: Braumüller, 117-125.

Schwerdtfeger, Inge C. (1989). *Sehen und Verstehen. Arbeit mit Filmen im Unterricht Deutsch als Fremdsprache*. Berlin: Langenscheidt.

Seidl, Monika (2008). Über Himmlische Schwerter, Schulterpolster und sitzende Avatare: Geschlecht, Raum und Körper in Computerspielen. In: Mitgutsch, Konstantin & Herbert Rosenstingl (Hrsg.). *Faszination Computerspielen: Theorie – Kultur – Erleben*. Wien: Braumueller, 95-104.

Seidl, Monika (Hrsg.) (2007). *Visual Literacy: Bilder Verstehen. Der fremdsprachliche Unterricht Englisch* 87 (Mai 2007).

Slack, Jennifer Daryl (1996). The Theory and Method of Articulation in Cultural Studies. In: Morley, David & Kuan-Hsing Chen (Hrsg.). *Stuart Hall: Critical Dialogues in Cultural Studies*. London: Routledge, 112-130.

Stasia, Cristina Lucia (2004/2007). 'My Guns Are in the Fendi!' The Postfeminist Female Action Hero. In: Gillis, Stacey, Gillian Howie & Rebecca Munford

(Hrsg.). *Third Wave Feminism: A Critical Exploration*. Basingstoke: Palgrave Macmillan, 237-249.

Storey, John (1997). *An Introduction to Cultural Theory and Popular Culture*. Hemel Hempstead: Prentice Hall.

Sturken, Marita & Lisa Cartwright (2001). *Practices of Looking: An Introduction to Visual Culture*. Oxford: OUP.

Turner, Graeme (1990). *British Cultural Studies: An Introduction*. London: Routledge.

Wex, Marianne (1977). Weibliche und Männliche Körpersprache als Folge Patriachalischer Machtverhältnisse. In: *Emma* 12, 39-43.

Wex, Marianne (1979). *Let's Take Back our Space: Female and Male Body Language as a Result of Patriarchal Structures*. Hamburg: Frauenliteraturverlag.

Wilcox, Claire (2004). *Vivienne Westwood*. London: V&A Publications.

Williams, Raymond (1958). *Culture and Society*. London: Chatto and Windus.

Spieleverzeichnis

AreneaNet (2005): Guild Wars. – Bellevue.

Blizzard Entertainment (2004): World of Warcraft. – Irvine.

Core Design (1996): Tomb Raider. – Derby.

Cryptic Studios (2004): City of Heroes. – Los Gatos.

NCsoft (2003): Lineage II. – Seoul.

Ninja Theory (2007): Heavenly Sword. – Cambridge.

Obsidian Entertainment (2006): Neverwinter Nights 2. – Santa Ana.

Abbildungen

Bild 1: Gainsborough, Thomas: Mr and Mrs Andrews (1748)

Bild 2: Screenshot aus Guild Wars

Bild 3: Screenshot aus World of Warcraft

Bilder 4-8: private Fotografien

Danksagungen

Eine Reihe von Beispielen haben meine Studierenden und zwei meiner Kolleginnen und Kollegen zusammengetragen. Namentlich möchte ich mich bedanken bei: Barbara Mollay, Julia Pirecki, Elisabeth Schweiger und Thomas Weilguny sowie Niki Ritt und Randi Gunzenhäuser. Für seine kritische Lektüre danke ich Klaus Puhl. Passagen dieses Artikels finden sich auch in Seidl 2008.

* Dieser Beitrag ist ein Wiederabdruck aus Hecke, Carola & Carola Surkamp (Hrsg.) (2010). *Bilder im Fremdsprachenunterricht: Neue Ansätze, Kompetenzen und Methoden*. Tübingen: Narr, 294-311.

Bettina Kleiner & Kiu Urban

The Transgender Gaze: Perturbationen und Perspektivenwechsel in der Filmbildung?

"Wenn wir nicht anerkannt werden können,
wenn es keine Normen der Anerkennung gibt,
durch die wir anerkannt werden können,
dann ist es nicht möglich, im eigenen Sein zu beharren,
und wir sind keine möglichen Wesen:
wir sind von der Möglichkeit ausgeschlossen."
(Judith Butler 2009: 57)

Einleitung

In den letzten Jahrzehnten ist ein signifikanter Zuwachs populärkultureller medialer Produktionen, die sich mit Homosexualität, Cross-Dressing und Transidentitäten auseinandersetzen, zu verzeichnen. Fernsehformate wie *Germany's Next Topmodel* schließen Cross-Dressing Szenen ein (siehe Jürgen Buddes Beitrag in diesem Band), und Kinofilme wie *Milk*, *Brokeback Mountain* und *Transamerica* füllen die Kinosäle. Dieser quantitative Zuwachs vermeintlicher Queerness in medialen Produktionen geht jedoch nicht notwendigerweise mit dem Unterlaufen traditioneller Vorstellungen von Heterosexualität und Zweigeschlechtlichkeit einher: Ganz im Gegenteil stützen manche dieser Filme und Fernsehsendungen die normative rassifizierte Körper- und Geschlechterordnung als einen Bestandteil hegemonialer Macht-Wissens-Strukturen, indem Queerness und widerständige Formen von der herrschenden Kultur usurpiert und dort in einer entpolitisierten und vertrauten Art und Weise repräsentiert werden (vgl. Reed 1997: 31ff).

Im vorliegenden Aufsatz diskutieren wir vier Filme mit transidentischen Protagonist_innen im Hinblick auf ihren Einsatz im schulischen Unterricht. Folgende Fragen stehen dabei im Mittelpunkt: Inwiefern kann Filmbildung zu einer produktiven und positiven Sichtbarkeit von schwulen, lesbischen und transidentischen Menschen beitragen und gleichzeitig heteronormativen Vorstellungen entgegenwirken? Was ist bei der Auswahl von und der Arbeit mit den Filmen zu berücksichtigen, damit Lehrende nicht Gefahr laufen, stereotypen Vorstellungen, Vorurteilen und Diskriminierung Vorschub zu leisten? Blickinszenierungen und die Frage, inwiefern Filme über dichotome und hierarchische Konstruktionen von Geschlecht, Sexualität und Rassifizierung funktionieren, spielen – so unsere These – eine bedeutende Rolle in Bezug darauf, ob sie sich für den Einsatz im Rahmen einer heteronormativitätskritischen Filmbildung eignen.

Der Begriff Heteronormativität beschreibt die Normsetzung und Institutionalisierung von Heterosexualität und Zweigeschlechtlichkeit, die sich in vielfältigen Prozessen regulierend und normalisierend niederschlägt.[1] Als symbolische Ordnung fußt Heteronormativität auf sozial konstruierten Assoziationen und Kategorien, die im Alltag oftmals selbstverständlich erscheinen und deshalb als Teil der gesellschaftlichen und sozialen Textur nicht unbedingt sichtbar werden (vgl. Hark 2002: 51). Begreift man jedoch Heterosexualität und Zweigeschlechtlichkeit als Ordnungen (und Institutionen), die durch alltägliches Handeln erst hergestellt werden und nur durch einen unhinterfragten Konsens in Bezug auf das, was als normal und natürlich gilt, aufrechterhalten werden können, dann eröffnet sich die Möglichkeit, sie zu überschreiten, zu verschieben und zu destabilisieren. Nicht nur die prekäre Situation transidentischer und homosexueller Jugendlicher an Schulen verdeutlicht[2], dass das Hinterfragen und Durchkreuzen von Heteronormativität – hier mit dem Verb *queering* bezeichnet – im Rahmen einer

[1] Der Begriff Heteronormativität wurde durch Michael Warner (2003, *Fear of a Queer Planet.* Introduction) aufgebracht. Peter Wagenknecht hat Geschichte und Gehalt des Begriffs Heteronormativität ausführlich erläutert und definiert ihn wie folgt: "Heterosexualität als Norm der Geschlechterverhältnisse, die Subjektivität, Lebenspraxis, symbolische Ordnung und das Gefüge der gesellschaftlichen Organisation strukturiert [...]. In der Subjekt-Konstitution erzeugt Heteronormativität den Druck, sich selbst im Rahmen einer sexuell und geschlechtlich bestimmten Identität zu verstehen, wobei die Vielfalt möglicher Identitäten hierarchisch angeordnet ist und im Zentrum der Norm die kohärenten heterosexuellen Geschlechter Mann und Frau stehen. Zugleich reguliert Heteronormativität die Wissensproduktion, strukturiert Diskurse, leitet politisches Handeln, bestimmt über die Verteilung von Ressourcen und fungiert als Zuweisungsmodus in der Arbeitsteilung. Heteronormativität ist sämtlichen gesellschaftlichen Verhältnissen eingeschrieben; auch Rassismus und Klassenverhältnisse sind heteronormativ geprägt und prägen ihrerseits die kulturellen Bilder und konkreten Praxen heteronormer Zweigeschlechtlichkeit." (ebd. 2007: 17f)

[2] Sowohl transidentische (*Equality and Human Rights Commission* 2009, Research Report 27) als auch homosexuelle Jugendliche (Biechele 2004, Kosciw 2008) werden an Schulen sehr häufig aufgrund ihrer Geschlechtsidentität und Erscheinung diskriminiert.

Bildungsarbeit für soziale Gerechtigkeit notwendigerweise einen Platz im schulischen Unterricht haben muss. Auch Jugendliche, die sich nicht lesbisch, schwul oder transidentisch identifizieren, werden häufig Idealbildern von Männlichkeit, Weiblichkeit und Heterosexualität nicht gerecht und leiden unter Umständen ebenso unter der repressiven Wirkung des heteronormativen Systems (vgl. Quinlivan/Town 1999).

Unsere Überlegungen zur heteronormativitätskritischen Filmbildung als Bestandteil schulischen Unterrichts schließen an ein Seminar- und Unterrichtsprojekt mit dem von dem transidentischen[3] Filmemacher Lukas Blakk produzierten Video *Tough Enough*[4] an. Das bis dahin hauptsächlich auf lesbischwulen und queeren Filmfestivals gezeigte Kurzvideo wurde in den Jahren 2006 bis 2008 im Zuge mehrerer Unterrichtseinheiten in Mittel- und Oberstufen an Hamburger Schulen sowie im Rahmen einiger fremdsprachendidaktischer Seminare an der Universität Hamburg[5] gezeigt und mit Schüler_innen und Student_innen analysiert und diskutiert. Im Rahmen der Filmbildungsarbeit standen für uns Autor_innen zwei Fragen im Mittelpunkt: Inwiefern eignen sich Filme und Videos, in denen geschlechtlich mehrdeutige Körper bzw. Personen im Mittelpunkt stehen, deren Geschlechtsidentität nicht in das heteronormativ vorgesehene Begehren mündet, für das Hinterfragen und Durchkreuzen von Heteronormativität im Rahmen von Bildungsprozessen? Welche Reaktionen ruft die durch die Filme initiierte Thematisierung von Homosexualität und Transidentität bei den Zuschauer_innen hervor?

Am Beispiel der praktischen Arbeit mit diesem Videofilm gehen wir im ersten Abschnitt diesen Fragen nach und erläutern dabei das Vorgehen des *queering*. Im

---

[3] Wir benutzen die Bezeichnung transidentisch, um damit die vielfältigen Selbstpositionierungen von transsexuellen Menschen und von solchen, die sich nicht mit ihrem Geburtsgeschlecht identifizieren oder sich nicht in die dichotome Geschlechterordnung einpassen wollen, zu beschreiben.

[4] Der Film ist im Internet zu finden unter: http://dvblog.org/movies/10_2008/toughenough.mov (08.01.2010)

[5] An dieser Stelle möchte ich, Bettina Kleiner, mich ganz herzlich bei Prof. Dr. Helene Decke-Cornill dafür bedanken, dass sie mir in ihren Seminaren "Poetry in Language Education" und "Film in Language Education" mehrfach die Gelegenheit gegeben hat, mit dem Video zu arbeiten und mit den Lehramtsstudenten über dessen Einsatz an Schulen zu diskutieren. Daraus entstanden in Folge mehrere Unterrichtsprojekte mit *Tough Enough* sowie die Examensarbeit von Marc-Philipp Hermann zum Thema Literaturunterricht als Dritter Ort.

zweiten Abschnitt werden das Unterrichtsprojekt und die implizite These "Anerkennung über eine verstärkte Sichtbarkeit von Homosexualität und Transidentität" (in diesem Fall auf der Ebene von Filmen und Videos im schulischen Unterricht) im Zuge einer Diskussion des Verhältnisses zwischen Anerkennung, *queering* und Sichtbarkeiten theoretisch verortet. Im dritten und letzten Abschnitt vergleichen wir drei weitere Filmbeispiele mit transidentischen Protagonist_innen in Hinblick auf Heteronormativitätskritik sowie auf Anerkennung über Blickinszenierungen.

1. Tough Enough?

Abb. 1

Im Mittelpunkt des Videos *Tough Enough* von Lukas Blakk stehen die im voice-over artikulierten Gedanken des/r auktorialen Erzählenden zur eigenen Queerness und zu der Rolle von Kontakt und Berührung darin. Der kraftvolle Kurzfilm, der in seiner Ästhetik stark an Musikclips erinnert, kombiniert verschiedene Formate, wodurch die sich verschiebende und hybride Identität des/r Ich-Erzählenden auch auf der formalen Ebene Umsetzung findet. Zentrale Momente in *Tough Enough* sind das gefühlte Außensein der Hauptfigur und ihre ambivalente Haltung zu normativen Entwürfen von Männlichkeit oder Weiblichkeit. Das Außen- und Anderssein führt auf verschiedenen Ebenen zu Konflikten – innersubjektiv und mit dem erzählten Umfeld. Körper, Bewegungsradius, Sport und Berührung werden als Austragungsort und Indikator des Andersseins inszeniert (Abb. 1). So sind in der Rahmenhandlung, zu Beginn und Ende des Videos, zwei Weiße, geschlechtlich nicht kategorisierbare Menschen in dicker Winterkleidung zu sehen, die in Slow Motion auf einem verschneiten Sportplatz das Tackling beim Footballspiel imitieren. Die Kamera fährt manchmal ruckartig an die Personen heran, um dann wieder abzurücken. Der Kamerablick, der die Personen in unterschiedlichen Einstellungen einfängt, ist an dieser Stelle verschwommen, das Bild körnig, sodass die sich balgenden Gestalten nur wie durch einen Weichzeichner erkennbar sind. Die auf Super-8-Film aufgezeichneten und auf Video kopierten Aufnahmen der Beiden vermitteln den Zuschauer_innen den Eindruck, nicht nah genug heranzukommen und nichts Genaues erkennen zu können. Unterlegt sind diese Aufnahmen mit einem melodisch-basslastigen und sehr körperlich anmutenden Technosound, der beim ersten Schnitt von einer Stimme aus dem Off abgelöst wird. In einer poetisch anmutenden Sprache erzählt eine eher tiefe Stimme:

I wanna learn how to be tougher.
I wanna learn how to take a hit.
I was never the athletic type and I never learned how to throw my body around.
I am envious of those who can touch freely, like it's no big deal.
To me every kind of touch has so much weight on it.
The way boys touch each other is too startling and scary to me.
And not touching anyone, the cells of my body shut down.
I went to an all girls summer camp.
The highlight of the summer being an all camp square dance for (which)
Half the girls dressed up like boys.
I was always the photographer,
Unable to ask a girl to dance or dress like a boy.
It would have been different if I had done it.
Can you see the gay kid in the corner - not touching anyone?
I'm trying to shock my body.
I'm trying to feel every cell.
So, could you run at me and hit me over and over again?
I wanna see if I keep getting up.

Erst dieser aus dem Off gesprochene Text stellt einen Zusammenhang zwischen den Bildercollagen im Mittelteil des Videofilms her und passt in der Aneinanderreihung von einfachen Hauptsätzen zu der verfilmten Zusammenstellung von Fotos, Fernsehaufnahmen und Kinofilmaus-schnitten. Metaphorisch deuten gleich zu Anfang Kollokationen wie *throw my body around* in Anlehnung an *throw one's weight around* (sich durchsetzen, einen Platz in der Welt einnehmen) eines der Themen des Kurzvideos an: die Verortung in der Welt, das Sich-

Abb. 2

Durchsetzen gegen herrschende Vorstellungen und Normen. Die Konsequenzen des Sich-Nicht-Einpassens werden im Verlauf der kurzen Erzählung dargestellt. Mit einem jähen Schnitt werden die Szenen der beiden Figuren im Schnee zunächst abgelöst von gestochen scharfen Fernsehaufnahmen von männlich-aggressiven Footballspielern und danach durch Filmausschnitte, in denen spaßhafte körperliche Übergriffe zwischen männlichen Jugendlichen gezeigt werden (Abb. 2). *I am envious of those who can touch freely, like it's no big deal. To me every kind of touch has so much weight on it. The way boys touch each other is too startling and scary to me. And not touching anyone, the cells of my body shut down*, kommentiert der/die Erzählende im voice-over diese medialen Repräsentationen körperbetonter Männlichkeits-Inszenierungen. Diese Maskulinität ist jedoch ein unerreichbares Ideal, das (den Protagonist_en) lediglich weiter davon entfernt, einen eigenen Ort zu finden.

Abb. 3

Es folgt ein Rückblick auf ein Schlüsselerlebnis der Highschoolzeit: Bei einem *all girls summer camp*, in dem viele Mädchen sich als Jungen inszenierten (Abb. 3), war sie/er nicht imstande dazu, weil das Cross-Dressing eine besondere (möglicherweise entlarvende?) Bedeutung transportiert hätte: *it would have been different if I had done it.* In dem nachfolgenden Foto wird das zuvor beschriebene Ich sichtbar: Am Rande einer Gruppe Weißer Mädchen steht das *gay kid in the corner*, isoliert und abseits. Hier entsteht ein Bruch in der bisherigen Geschichte: Die eher männlich anmutende Stimme gehört zur Schulzeit einer weiblichen Person, die vorher gezeigten Repräsentationen von Männlichkeiten werden abgelöst von der Darstellung jener Mädchenschulfreizeit, an der die/der Ich-Erzählende teilgenommen hat. Spätestens hier wird deutlich, dass die Erzählfigur den Druck, sich in die zweigeschlechtliche Ordnung einfügen zu müssen, zwar verspürt, sich jedoch weder männlich noch weiblich verortet, was unweigerlich Konflikte und Widersprüche produziert. Der aus dem Off gesprochene Text, der wiederholt auf das Innerste, nämlich auf Zellen, referiert, bildet auf der Tonebene eine Analogie zu den Widersprüchlichkeiten, denen sich die Hauptfigur ausgesetzt sieht: Die Differenz zwischen Außen- und Eigenwahrnehmung, zwischen gefühltem Innen und repressivem Außen stürzt die Person, die sich nicht eindeutig als Mädchen versteht, sich jedoch auch nicht imstande sieht als Junge aufzutreten, in einen zunächst nicht lösbaren Konflikt.

Der Wendepunkt im Video, nämlich der Zeitpunkt, zu dem die Erzählstimme einem Mädchen zugeordnet wird, erinnert an ein Charakteristikum vieler Filme mit transidentischen Protagonist_innen: Durch das Aufdecken der bis dahin verheimlichten Vergangenheit und Identität tritt das "wahre Geschlecht" zum Vorschein. *Tough Enough* bricht jedoch mit dieser Konvention. Eine Entlarvung findet nicht statt, ein vermeintlich wahres Geschlecht der Erzählfigur kommt nicht zum Vorschein und die Figur schreibt ihre Geschichte auch nicht um, um Verständlichkeit, Stringenz und Einheitlichkeit („war doch schon immer ein Mädchen bzw. ein Junge“) für das Publikum zu erzeugen. Das Kurzvideo belässt es stattdessen bei der Unwissenheit in Bezug auf Geschlecht und Geschlechtsidentität der Hauptfigur und lenkt die Aufmerksamkeit auf die Auseinandersetzung mit einem System, das die Konstruktion von Außenseiter_innen als Normalisierungsstrategie einsetzt, sowie auf daraus entstehende Widersprüche auf der Ebene des Subjekts.

1.1 Unterrichtsprojekte mit *Tough Enough*

Tough Enough wurde mehrmals in Lehrveranstaltungen der Englischdidaktik an der Universität Hamburg gezeigt. Dabei haben wir uns für das folgende Vorgehen entschieden: Zunächst wurde den Student_innen der Text zum Film präsentiert, damit erste Assoziationen zu Geschichte, Erzählperspektive und -person ermöglicht werden. Im zweiten Schritt präsentierten wir den Film ohne Ton und lenkten damit die Aufmerksamkeit auf die verschiedenen im Kurzvideo verfilmten Formate und deren mögliche Bedeutung. Erst danach wurde der Film mit Ton gezeigt und ein Plenumsgespräch darüber veranlasst. Die Fragen – Welche Themen wirft das Video auf? Wer erzählt hier worüber? In welcher Beziehung steht die Erzählung der Stimme aus dem Off zu den Fotos und Film- und Fernsehausschnitten? Inwiefern wird hier ein Konflikt deutlich? – leiteten dabei die Diskussion. In allen Sitzungen löste *Tough Enough* angeregte Gespräche über Zugehörigkeiten (vor allem von Jugendlichen), Männlichkeiten/Weiblichkeiten, Vorannahmen und Stereotype und schließlich Homosexualität und Transidentitäten aus. Immer wieder befürworteten die Lehramtsstudierenden den Einbezug dieser Themen sowie normierender Diskurse in Bezug auf Geschlecht und Sexualität in den (englischen Literatur-)Unterricht. Sie stellten aber auch den Mangel an entsprechenden Medien und an heteronormativitätskritischer Fortbildung fest.

Die positive Resonanz in den Seminaren führte zu mehreren Unterrichtsversuchen von Lehramtsstudierenden an Oberstufen Hamburger Gymnasien bzw. Gesamtschulen, in deren Rahmen das Video (in einem ähnlichen wie dem beschriebenen Unterrichtsverlauf) mit Schüler_innen besprochen wurde. Im Zuge von "stillen Diskussionen" (Gruppenarbeitsform, bei der – einem Chat gleich – Diskussionen zwischen den Schüler_innen auf einem Plakat niedergeschrieben werden, ohne dass sie dabei sprechen), Partnerarbeiten und Plenumsgesprächen brachten die Schüler_innen folgende Motive zur Sprache: Außenseitertum, Anderssein, Isolation, Unsicherheiten in der Pubertät, Freundschaften, Zuschreibungen und Schimpfwörter, Parallelen, Unterschiede und Überschneidungen von rassistischen und homophoben Beschimpfungen, Homosexualität, Männlichkeit und Weiblichkeit und stereotype Vorstellungen von beiden sowie Fragen nach dem Geschlecht der/des Erzählenden. Eine genaue Auswertung von zwei Unterrichtseinheiten im fortgeschrittenen Englischunterricht (an einer Gesamtschule und in einem Gymnasium) findet sich in Marc-Philip Hermans Examensarbeit zu Literaturunterricht als drittem Ort[6] (vgl. Hermann 2008). Zusammenfassend kann festgehalten werden: Die Schüler_innen zeigten in vielen Fällen zwar eine erste Irritation durch die im Video angelegte geschlechtliche und sexuelle Mehrdeutigkeit, diese mündete aber meist in einen Perspektivenwechsel und Versuche, dem Blick der/des Erzählenden zu folgen und dessen Position einzunehmen. Damit wurde oft die Erfahrung des Anders- oder Außenseins zum Thema, gleich-

[6] Das Konzept der *Third Domain* oder des Dritten Ortes geht zurück auf die postkolonialen Theoretiker_innen Homi Bhabha (1994) und Gloria Anzaldúa (1999). Der dritte Ort – als ein Ort des Zwischen verschiedener Lebensrealitäten – ermöglicht nach Bhabha die Dekonstruktion von Machtverhältnissen und gleichzeitig die Aushandlung neuer Sichtweisen und intersubjektiver Beziehungen.

zeitig das Recht auf Anderssein bekräftigt und die Begrenztheit möglicher und legitimer Identitätsentwürfe thematisiert. In keinem Fall wurden homophobe oder transphobe Äußerungen laut (vgl. Hermann 2008: 77ff). Hermann kommt in seiner Auswertung der Unterrichtseinheiten zu dem Schluss, dass der Film in vielen Fällen die Anerkennung von Differenz fördere und dass die Auseinandersetzung damit bei etlichen Schüler_innen den Eindruck hinterließ, etwas Neues gelernt zu haben.

1.2 Queering mit *Tough Enough*

In *Tough Enough* wird auf der formalen und inhaltlichen Ebene versucht, Bilder und Vorstellungen vom Suchen und Finden von Geschlechtsidentität(en) aufzuzeigen und dabei vermeintliche Festschreibungen, Ausschlüsse und normierende Repräsentationen zu hinterfragen. Beim Publikum erzeugt das Video zunächst möglicherweise Irritation, da die Person, die ihre Reflexionen über Berührungen und ihre Bezugnahme zu (ihr als Referenz zur Verfügung stehenden) Männlichkeiten und Weiblichkeiten mitteilt, sich einer eindeutigen geschlechtlichen Verortung entzieht. Jene erste Orientierungslosigkeit der Rezipient_innen – Wer spricht? Warum kann ich keine Geschlechtszuordnung aufgrund der Bilder und der Stimme vornehmen? – lässt sich produktiv nutzen: zum einen als Herausforderung, die gesetzten Zeichen dieses Videos und die unterschiedlichen Bildebenen zu analysieren, und zum anderen für eine inhaltliche Auseinandersetzung über die Bedeutung der Suche nach Geschlechtsidentität. Somit wohnt der ersten Irritation, konstruktivistisch gesprochen, Perturbation, ein äußerst produktives Potenzial inne, denn sie setzt in Folge einen Lern- und Bildungsprozess in Gang (vgl. Decke-Cornill 2007: 248).

Die Verunsicherung, die das Video auslöst, steht ganz im Sinne des *queering*, wie es von Atkinson und DePalma definiert wird: "Queering is keeping questions open when faced with the temptation of easy certainties" (2007: 67). Auf manche Fragen gibt es eben keine einfachen Antworten und bereits das Aufwerfen bestimmter Fragen erschüttert vermeintliche Selbstverständlichkeiten. Dieses radikale Infragestellen einer Normalität, die durch die heteronormative symbolische Ordnung erst hergestellt wird, bildet einen ganz entscheidenden Aspekt des *queering* in Unterrichtskontexten. Dort kann die Entweder-Oder-Formel – Junge

oder Mädchen, Junge liebt Mädchen, Mädchen liebt Jungen – sowie damit einhergehende Ausgrenzungsmechanismen konstant in Frage gestellt werden. DePalma und Atkinson verweisen in Bezug auf die Frage "how to teach queerly?" auf polysemische und offene Texte als Unterrichtsmaterial, dessen besondere Qualität in ihrem Potenzial zur "subversion and inversion of the norm" (2007: 77ff) liegt. *Queering* im Kontext von Bildung hat damit das Ziel, kritisches Wissen zu ermöglichen, Normalisierungsprozesse zu hinterfragen und minorisierten[7] Subjektpositionen einen Raum im Unterricht zu verschaffen. Während Atkinson und DePalma im Rahmen eines zweijährigen Forschungsprojekts[8] heteronormativitätskritischen Unterricht in Grundschulen angeleitet und untersucht haben, konzentrieren sich unsere Überlegungen auf die Arbeit mit Filmen für den Unterricht in der Sekundarstufe II. Die Arbeit mit *Tough Enough* hat gezeigt, dass das Außerkraftsetzen vermeintlich selbstverständlicher Informationen produktive Auseinandersetzungen mit medialen Bild- und Bedeutungsproduktionen und mit normativen Vorstellungen anzustoßen vermag.

1.3 Queering und Anerkennung

In den USA und in Großbritannien sind eine Reihe von empirischen Studien zu den Möglichkeiten und Grenzen heteronormativitätskritischen Unterrichts (vgl. Atkinson/DePalma 2009, 2007; Nelson 2007, 1999; Røthing 2008) und zu den Auswirkungen von Homo- und Transphobie auf LGBTQ-Schüler_innen[9] (vgl. Blackburn/McCready 2009; Kosciw et al 2008) durchgeführt worden. Dagegen

[7] Johanna Schaffer definiert minorisierend und majoritär wie folgt: "Die Begriffe 'minorisierend' bzw. 'minoritär' (versus majorisierend und majoritär) wurden im deutschsprachigen antirassistischen Diskurs der 1990er Jahre in der Kritik an einer Rede entwickelt, die, obgleich oftmals (z.B. in der Rede von 'Frauen, Migranten, Behinderten und anderen Minderheiten') karitativ verbrämt, unweigerlich das Minderwertige der als Minderheit bezeichneten impliziert. 'Minorisierend' als Begriffskonstruktion hingegen will den Prozess des strukturellen Disprivilegierens, des Zur-Minderheit-Machens bezeichnen. [...] 'Majoritär' bezeichnet demgegenüber eine Position der strukturellen Privilegiertheit, die an der Schnittstelle unterschiedlicher, aber verzahnter normativer Entsprechungen (weiß, bürgerlich, nichtbehindert, heterosexuell, männlich) als Effekt minorisierender Handlungen entsteht und durch sie abgesichert wird." (ebd. 2008: 26)

[8] Homepage des Forschungsprojekts: http://www.nooutsiders.sunderland.ac.uk/about-the-project; Zugriff am 20.11.2009.

[9] LGBTQ: lesbian, gay, bisexual, transgender, queer

fristet das Thema Heteronormativität, Schule und Unterricht in Deutschland bisher ein Nischendasein. Mit Ausnahme weniger Untersuchungen zu den Möglichkeiten des Durchkreuzens der diskursiv-symbolischen Geschlechterordnung im Rahmen des fortgeschrittenen Literaturunterrichts (vgl. Decke-Cornill 2004, Hermann 2008, Shipley 2007) liegen hier bisher weder Untersuchungen zur Gestaltung eines in Bezug auf Geschlecht und Sexualität differenzsensiblen Fachunterrichts noch zur Situation von LGBTQ-Jugendlichen in Schule und Unterricht vor. Obwohl das Feld Sexualität und Lebensformen als schulisches Querschnittsthema angelegt ist, ist davon auszugehen, dass Schule in Deutschland ebenso wie in den anglophonen Ländern eine heteronormative Institution (vgl. Hark 2002) darstellt und dass ihre Auswirkungen denen ähneln, die Blackburn und Donelson dem amerikanischen Schulsystem zuschreiben:

> Many researchers have pointed out that schools may be the most homophobic of all social institutions as they resist any effort that might challenge the heterosexist notions on which they operate. Young people who are perceived as having nonheterosexual identities are critically affected by the homophobia and heterosexism of the institution of schools. These youth are neglected in schools in various ways, as the school culture, in terms of curricular and extracurricular issues, seems to operate on the heterosexist presumption that everyone within its walls is heterosexual. [...] In fact schools have been called the primary setting for violence against young people growing up with LGBT identities. (2004: 101)

Erste Untersuchungen der Erfahrungen von LGBTQ-Jugendlichen an deutschen Gymnasien, die derzeit im Rahmen des Dissertationsprojektes einer der beiden Autor_innen[10] erhoben werden, weisen auf ähnliche Befunde hin: LGBTQ-Jugendliche stehen demnach nicht auf der 'Gästeliste' von schulischem Unterricht, obwohl er seinem Auftrag nach auf eine heterogene Schüler_innenschaft ausgerichtet sein sollte. Im Rahmen eines emanzipatorischen und differenzsensiblen Unterrichts lassen sich folglich heteronormativitätskritische Unterrichtseinheiten leicht legitimieren. Wie bereits im ersten Abschnitt angeführt, haben diese zum Ziel, kritisches Wissen zu ermöglichen und gleichzeitig die Anerkennung von LGBTQ-Identitäten in Schule und Unterricht zu befördern. Um welche Anerkennung kann es aber gehen, wenn diese zugleich eine produktive Auseinandersetzung mit Normen und Institutionen beinhalten soll?

---

[10] Kleiner, Bettina: *Heteronormativität Macht Schule*. Dissertationsprojekt an der Universität Hamburg, Erziehungswissenschaften.

Das hier erläuterte Vorgehen des *queering* korrespondiert mit anerkennungstheoretischen Ansätzen, die Hierarchien in Frage stellen und Anerkennung als eine Arbeit am Feld der Normen begreifen. Im nächsten Abschnitt wird zunächst das von uns zugrunde gelegte Verständnis von Anerkennung offengelegt, bevor wir darauf eingehen, inwiefern sich verschiedene Anerkennungsformen in visuellen Strukturen – hier in Film und Videos – spiegeln.

2. Ambivalente Konzepte: Anerkennung und Sichtbarkeit

In anerkennungstheoretisch fundierten erziehungswissenschaftlichen Ansätzen steht der Gedanke im Vordergrund, dass das Sehen, Wahrnehmen und Erkennen anderer Menschen in zweierlei Hinsicht eine bedeutende Voraussetzung für deren Anerkennung ist: Einerseits geht es um gleiche Bildungschancen und Partizipation an Bildungsprozessen und andererseits um die Frage der Präsentation und Repräsentation minorisierter Gruppen im Unterrichtsdiskurs. Dabei spielt das Konzept der Anerkennung vor allem in den Bereichen der Erziehungswissenschaft und der Bildungsphilosophie eine Rolle, die traditionell mit Differenzen, Ausgrenzung, und sozialer (Un-)Gerechtigkeit befasst sind. "Der Anerkennungsgedanke", so Paul Mecheril in seiner programmatischen Kritik einer Pädagogik der Anerkennung, "hat insbesondere in den pädagogischen Bereichen Konjunktur, die traditioneller Weise als 'Orte der Differenz' verstanden werden, der Feministischen, der Interkulturellen oder Integrativen Pädagogik. [...] Mit dem Schlüsselbegriff der Anerkennung scheint der 'Differenzpädagogik' ein normativer und bildungstheoretisch relevanter Ansatz mit programmatischem Orientierungspotenzial in die Hand gespielt." (Mecheril 2005: 318).

Anerkennung, so Helene Decke-Cornill in ihren Überlegungen zur Literaturdidaktik in einer 'Pädagogik der Anerkennung' wird in diesem Rahmen als Anerkennung von Vielfalt, Hybridität, Nicht-Klassifizierbarkeit und Gleichberechtigung verstanden und meint die wechselseitige Zustimmung zur/zum jeweils Anderen. Vor allem jedoch beinhalte Anerkennung immer das Interesse an der Selbstwahrnehmung des/der Anderen, die gleichzeitig unverfügbar bleiben müssen (vgl. ebd. 2007: 240ff). Zum einen stellt folglich Anerkennung die Grundlage für die Lesbarkeit und Verstehbarkeit bestimmter Subjekte dar – und zwar zu ihren eigenen Bedingungen. Zum anderen geht es mit Anerkennung auch um Partizipation und den Zugang zu Ressourcen. Ein solches Verständnis schließt die Umverteilung von ökonomischem, sozialem und kulturellen Kapital ein und geht nicht bloß von dem Ziel einer erhöhten Akzeptanz minorisierter Gruppen aus, welches hierarchische Strukturen und Privilegierung völlig unangetastet ließe.[11]

Im deutschsprachigen Raum haben sich vielerorts die anerkennungstheoretischen Überlegungen von Axel Honneth als "Begründungsfolie zur Etablierung von Anerkennung als einem normativen Postulat für die pädagogische Praxis" (Balzer 2007: 52) etabliert. Der Honneth'sche Annerkennungsbegriff birgt jedoch unvermeidbare Widersprüche und Paradoxien, indem er voraussetzt, was er bewirken will (vgl. Decke-Cornill 2007: 243), und liefert nach Balzer sogar "Anlass dafür, Anerkennung eine Konflikthaftigkeit, Ambivalenz und auch einen Zusammenhang mit Macht von vornherein abzusprechen“ (2007: 56). Arbeiten, die der Machtproduktivität von Anerkennung nachgehen, problematisieren, dass Anerkennung die Anderen oft erneut als Andere und nur als Andere zur Geltung bringt, indem sie bewirkt, dass die Unterschiede zwischen denen, die der Anerkennung bedürfen, und denen, die sie spenden, nur zementiert werden: Diese Art der Anerkennung "von oben nach unten" stellt nicht mehr und nicht weniger als eine koloniale Geste dar. Legt man einen kritischen Anerkennungsbegriff zugrunde, folgt daraus, dass die Bedingungen von Anerkennung in einer von Strukturen der Dominanz und des Ausschlusses kulturell und politisch geprägten Gesellschaft berücksichtigt – und verändert – werden müssen.

2.1 Anerkennung als Produktionsort und Schauplatz von Macht

Anerkennung ist immer in komplexe Machtverhältnisse und Diskursregimes verstrickt. So beschreibt Judith Butler (2009) Anerkennung als einen Ort der Macht und Anerkennungsverhältnisse in ein Wahrheitsregime eingebettet, das festlegt, wer als menschlich anerkannt wird und damit als Subjekt der Anerkennung überhaupt in Frage kommt:

---

[11] Eine ausführliche Diskussion zum Verhältnis zwischen Anerkennung und Umverteilung findet sich in Fraser/Honneth 2003.

> Das Menschliche wird in Abhängigkeit von der Rasse, der Ausdeutbarkeit dieser Rasse[12], von seiner Morphologie, der Erkennbarkeit dieser Morphologie, seines anatomischen Geschlechts, der Verifizierung dieses Geschlechts in der Wahrnehmung, seiner Ethnizität und dem kategorialen Verständnis dieser Ethnizität unterschiedlich verstanden. Bestimmte Menschen werden als eingeschränkt menschlich erkannt, und diese Form der eingeschränkten Anerkennung führt nicht zu einem bewältigbaren Leben. Bestimmte Menschen werden überhaupt nicht als menschlich erkannt, und das führt zu einer weiteren Ordnung nicht lebbaren Lebens. [...] Wenn aber die Schemata der Anerkennung, die uns verfügbar sind, genau die sind, welche die Person "zerstören", indem sie Anerkennung verleihen, oder die Person "auflösen", indem sie Anerkennung vorenthalten, dann wird die Anerkennung zu einem Ort der Macht, durch die das Menschliche verschiedenartig erzeugt wird. (Butler 2009: 10)

Folgt man nun Butlers Auslegung von Anerkennung, kann es in Anerkennungskämpfen niemals nur um die Anerkennung von fest bestehenden Identitäten gehen – Identitäten formieren sich fortwährend und werden durch Verwerfungen hervorgebracht –, sondern vor allem um eine Arbeit am Feld der Normen und der Schemata von Anerkennung, und zwar sowohl im politischen Sinn wie auch auf der intersubjektiven Ebene. So plädiert Nicole Balzer in ihrer kritischen Diskussion der Rezeption des Honneth'schen Anerkennungsbegriffs in der Erziehungswissenschaft für ein "Anerkennungshandeln jenseits der Anerkennung": Im Mittelpunkt dieses Handelns steht vor allem die Reflexion von Praktiken der Anerkennung, die sich als *othering*[13] manifestieren und Identitäten auf Andere(s) festschreiben (vgl. Balzer 2007: 67). Ein solchermaßen machtkritisch justierter Anerkennungsbegriff schließt einerseits die Idee von Anerkennung im Sinne des Interesses an der Selbstwahrnehmung der Anderen und der Achtung des Gegenübers ein, geht aber gleichzeitig weit darüber hinaus. Paul Mecheril beschreibt am Beispiel der Migrationspädagogik das Ziel einer reflexiven Anerkennung als "eine Verschiebung, eine Vervielfältigung und Aufweichung der den vorherrschenden Zugehörigkeitsordnungen zugrunde liegenden Schemata" (ebd. 2005:

[12] /Race/ wurde in der deutschen Übersetzung von Butlers Text durch den Begriff "Rasse" ersetzt. "Rasse" verweist nahezu unumgänglich auf faschistische Ideologien und verleitet zur Naturalisierung einer Konstruktion, die allzu oft als Legitimierung für faschistische, kolonialisierende und rassistische Übergriffe und Argumentationen genutzt wird. Die Autor_innen plädieren stattdessen für den rassismuskritischen Begriff "Rassifizierung", der morphologisch und semantisch auf den Prozess des Konstruierens und rassistischen Markierens verweist.

[13] *Othering* ist nach Paul Mecheril ein kritischer Begriff für Praktiken, "die Andere als positive, einheitliche und kommunizierbare Phänomene konstituieren und darin den und die Andere(n) festschreiben." (Mecheril 2005: 317)

325). Das beständige Hinausschieben der Grenzen dessen, was ausgeschlossen wird, ist nach Mecheril Teil einer paradoxen Handlungsperspektive. Während einerseits eine immer umfassendere Inklusion der Anderen angestrebt wird, ist gleichzeitig eine Distanzierung vom Ausgangspunkt dieses Vorgehens notwendig: nämlich dass die Inklusion der Konstruktion des Andersseins der "Anderen" geschuldet ist. Eine solche pädagogische Handlungsperspektive erfordert nach Mecheril nicht nur rigorose Reflexivität, sondern unter anderem auch eine Form der Auseinandersetzung über Fragen der Anerkennung, an der sich "Andere" beteiligen können (vgl. ebd. 2005: 325).

Wie kann eine Bildungsarbeit aussehen, die Heranwachsenden in ihrer Verschiedenheit Gelegenheiten bietet, ihr Selbst - und Weltverhältnis allein und in Interaktion zu entwickeln (vgl. Decke-Cornill 2007: 253), dabei zu Perspektivenwechseln motiviert und gleichzeitig Normen und Exklusionen in Frage stellt? Helene Decke-Cornill beschreibt – ähnlich wie Atkinson/DePalma (2009, 2007) – Literatur und Film als Räume, die zur zugewandten Begegnung mit Vielfalt einladen und zugleich eine Herausforderung für Normalisierungsbestrebungen darstellen. Textauswahl, Rezeptionsweisen, Anschlusskommunikation und die Art der Arbeit mit dem Text spielen dabei eine bedeutende Rolle (vgl. Decke-Cornill 2007: 245 ff). Diese Überlegungen übersetzen wir hier ins Feld der Filmbildung. Wir gehen davon aus, dass sich Filme mit transidentischen, homosexuellen und queeren Protagonist_innen verschiedener Herkunft gut dazu eignen können (jedoch nicht müssen), ein normierendes und vereinheitlichendes Verständnis von Geschlecht und Sexualität in Frage zu stellen. Vor allem interessiert uns an dieser Stelle, auf welche Weise queere Subjekte durch Blickinszenierungen in verschiedenen Filmen sichtbar gemacht werden: Blickinszenierungen können einerseits Möglichkeiten fremder Perspektivenübernahmen bieten, das Selbstverständnis der dargestellten Personen affirmativ zum Ausdruck bringen und hegemoniale Ordnungen im visuellen Feld unterlaufen. Andererseits können aber auf der Ebene von Blickinszenierungen Befremden, Minorisierung und Hierarchien auch wiederholt werden.

2.2 Sehen, Sichtbarkeiten und kritische Medienbildung

Den normativen Rahmen für die hier diskutierte Filmarbeit stellt Johanna Schaffers Konzept der anerkennenden Sichtbarkeit dar, in dem sie kritische Diskussionen um Anerkennung und Sichtbarkeit zusammenführt und auf das Feld der Visualität überträgt:

> Wenn ich im Folgenden also von anerkennender Sichtbarkeit spreche, meine ich damit eine Kategorie und Qualität, die nicht deckungsgleich mit positiven Bildern ist, aber damit verwandt, da sie diese Debatte über die politischen und gesellschaftlichen Effekte positiver oder negativer Bilder sozusagen beerbt. Anerkennende Sichtbarkeit markiert eine Position, die davon ausgeht, dass es immer auch Analysen der Darstellungsbedingungen bedarf – als von Normen durchzogene Bedingungen der Sichtbarkeit und der Intelligibilität; die aber auch darauf besteht, dass die Belehnung mit Wert als schiere Affirmation der eigenen Existenz eine Bedingung menschlichen Lebens ist und mehr noch, wie Sara Schulman sagt: ein Recht und daher nicht das Privileg einiger weniger sein kann. (Schaffer 2008: 62)

Für eine kritische Medienbildung resultiert aus Schaffers Definition von anerkennender Sichtbarkeit, dass das Lesen visueller Grammatiken und ästhetischer Formen Bestandteil des Lernprozesses sein muss, damit nicht Stereotypen und Ausgrenzung entstehen, wo Vielfalt und Vielstimmigkeit Eingang in den Unterricht finden sollten. Am Beispiel des Films *The Crying Game* wird im dritten Abschnitt gezeigt werden, wie sich die Minorisierung der Schwarzen Protagonist_in Dil auf der visuellen Ebene wiederholt und wie der Film in Bezug auf diese Minorisierungsprozesse gelesen werden kann.

Sehen, der Blick und Blicken hängen untrennbar mit Sichtbarkeit zusammen. Was wir sehen, ist nicht davon zu trennen, wie wir sehen. Wenn wir davon ausgehen, dass Sehen ein gesellschaftlich, historisch und kulturell geformter Prozess ist und sich hegemoniale Ordnungen auch im visuellen Feld einschreiben, resultiert daraus, dass zum einen eine kritische Praxis des Sehens entwickelt werden kann und zum anderen symbolische Ordnungen im visuellen Feld unterlaufen werden können. Folgende Fragen sind demnach von Bedeutung, um Grammatiken im Feld der Visualität, hier: im Film oder Clip, entschlüsseln zu können:

- Wer gibt uns in welchem Kontext etwas zu sehen?
- Und vor allem: Wie und in welcher Form wird uns etwas zu sehen gegeben?

Filme leben von der Inszenierung von Blicken auf verschiedenen Ebenen: zwischen Zuschauenden und Leinwand, zwischen den Protagonist_innen und als Kamerablick, der den Blick der Zuschauenden vorstrukturiert. Die Blicke im Kino unterliegen Inszenierungsstrategien, die wiederum ungleich verteilte Blickmacht reflektieren und produzieren. Kaja Silverman (1996: 195ff) hat mit den theoretischen Konzepten des Blickes *(gaze)*, des Blickens *(look)* und des "Feldes der Sichtbarkeit" (Schaffer 2008: 113) bzw. des kulturellen Bilderrepertoires *(screen)* ein analytisches Instrumentarium vorgelegt, das es ermöglicht, Machtverhältnisse auf der Ebene von Visualität zu hinterfragen. *Screen* lässt sich beschreiben als ein kulturelles Bilderarchiv, das auch durch politische und akademische Diskurse und Auseinandersetzungen ständig erweitert wird. Nach Antke Engel haben so auch lesbischwule und transgender Bewegungen dazu beigetragen, dass es heute möglich ist, Geschlechterambiguitäten wahrzunehmen und darzustellen, ohne Bilder des Monströsen oder Pathologischen zu aktivieren (vgl. Engel 2002: 150). *Gaze* oder Blick lässt sich mit Silverman als die Institution des Sehens beschreiben: Die Kamera gibt dabei dem Blick die gültige Form. Der Zuschauerblick wird durch die Kamera vorstrukturiert, die die Wahrnehmung lenkt und damit Bedeutungen und Perspektiven setzt. *Look* oder Blicken hingegen beschreibt das subjektive Blicken in einer spezifischen Situation. Das Blicken ist zwar gesellschaftlich und diskursiv bestimmt, kann aber über die Grenzen des Blickes/gaze hinausgehen. Auf allen drei Ebenen können Machtstrukturen bestätigt, in Frage gestellt oder durchkreuzt werden.

Analog dazu kommt Judith Halberstam in ihrer Analyse des Buddy-Movies *By Hook Or By Crook* zu dem Ergebnis, dass der dort erfolgte Kunstgriff, mit dem die gesamte Geschichte einer unkonventionellen Freundschaft zwischen zwei queeren Butches ausschließlich aus deren Perspektive erzählt wird, ermöglicht, dass Zuschauende sich in eine utopische Welt jenseits der Zweigeschlechtlichkeit verführen lassen: "Unlike other transgender films that remain committed to seducing the straight gaze, this one remains thoroughly committed to the transgender look, and it opens up, formally and thematically, a new mode of envisioning gender mobility." (Halberstam 2005: 79)

3. How Do I look?

Mit der Auswahl unserer drei Filmbeispiele folgen wir Judith Halberstams Untersuchung von drei Filmen mit transidentischen Protagonist_innen in ihrem mehrdeutig betitelten Aufsatz "The Transgender Look" und analysieren diese in dem beschriebenen theoretischen Bezugsrahmen mit dem Ziel, einige Kriterien für die Auswahl von Filmen für die Filmbildungsarbeit mit Jugendlichen herauszuarbeiten.

Die ersten beiden vorgestellten Filme - *The Crying Game* und *Boys Don't Cry* - sind in Deutschland sowohl in Kinos als auch im Fernsehen gezeigt worden und damit relativ bekannte Filmbeispiele mit transidentischen Protagonist_innen. *By Hook or by Crook* ist dagegen, ähnlich wie *Tough Enough*, auf queeren Filmfestivals gespielt worden und hebt sich von den beiden Großproduktionen dadurch ab, dass er im Kontext queerer Subkultur produziert wurde und die Filmgeschichte konsequent aus der Perspektive der Butch-Hauptfiguren erzählt, ohne deren Geschlechtsidentität überhaupt zu thematisieren. Ähnlich wie *Tough Enough* eröffnet auch dieser Film gute Möglichkeiten, die Perspektive der Protagonist_innen konsequent zu übernehmen und aus dieser geschlechtlich uneindeutigen Position begrenzende und normierende Einflüsse zu reflektieren. Die offensichtliche Tatsache, dass Filme, die innerhalb queerer Kontexte produziert werden, deren Selbstverständnis eher spiegeln als Mainstreamproduktionen, lässt dabei die These zu, dass genau solche Filme und Videos einen großen Gewinn für einen heteronormativitätskritischen Unterricht darstellen können. Die Zusammenarbeit mit queeren Institutionen und deren Akteur_innen kann für die Gestaltung geschlechtersensibler Curricula und Bildungsarbeit nur produktiv sein. So schlägt etwa Kay Boulden in seiner Untersuchung zu Homophobie an Schulen die Entwicklung von "strategic alliances between teachers, parents and representatives of gay and lesbian communities" (1996: 181) vor, um homophoben Übergriffen und Heterosexismus an Schulen entgegenzuwirken. Doch von diesen grundsätzlichen Überlegungen zurück zu den Filmen. Wir beginnen mit der Analyse der beiden Großproduktionen, die Beispiele dafür darstellen, wie auf der visuellen Ebene über Blicke Befremden respektive eingeschränkte Anerkennung hergestellt wird, um dann *By Hook or by Crook* als einen weiteren Film, der eher queere Perspektiven inszeniert, vorzustellen.

The Crying Game

Regie: Neil Jordan

GB/Irland 1992

Dieser irisch-britische Film aus den frühen 1990ern – vom Genre her ein Thriller mit Drama-Elementen – ist einer der wenigen Filme dieser Zeit mit einer transidentischen Hauptfigur. Die Schwarze Barsänger_in Dil wird in dem Film die Geliebte eines Weißen IRA-Mitglieds, Fergus, der an der Entführung und Ermordung ihres Geliebten Jody beteiligt war, worüber er sie jedoch nicht aufklärt. Als Fergus realisiert, dass Dil in einem männlichen Körper steckt, wendet er sich zunächst schockiert ab. Dil findet heraus, dass Fergus im Zusammenhang mit einer IRA-Aktion am Tod ihres Geliebten beteiligt war. Am Ende erschießt Dil in einem dramatischen Showdown die sie bedrohende IRA-Kämpferin Jude und Fergus nimmt die Tat auf sich.

The Crying Game wiederholt auf mehreren Ebenen Befremden und Minorisierung. So gibt der Film vor, sich mit geschlechtlicher Mehrdeutigkeit auseinanderzusetzen, gesteht der transidentischen Protagonist_in Dil aber weder einen eigenen Blick noch eine eigene Geschichte zu. Fergus ist die zentrale Figur, um die die Geschichte konstruiert ist. Dils Transidentität wird daneben benutzt, um den männlichen Weißen Blick zu re-etablieren: So wird der Weiße Mann zum Helden stilisiert, während Dil nie den Blick kontrolliert und gleichsam als Lügnerin inszeniert wird, da sie sich nicht als das herausstellt, was der sie begehrende Mann glaubte zu sehen. Ihre weibliche Identität wird als ein betrügerisches Spiel inszeniert, das Fergus entlarvt. Tatsächlich wird so mit dem Weißen männlichen Blick zuerst Schock und Befremden über Dils Abnormität und später die Wahrheit gleichgesetzt: Der nackte Körper steht für die Wahrheit, während Dil die eigene Verortung ihrer Geschlechtsidentität – vermeintlich eine Lüge – abgesprochen wird. In diesem Verständnis wird (Geschlechts-)Identität als veränderliche und diskursiv hergestellte negiert und stattdessen mit körperlichen Merkmalen und Sichtbarkeiten gleichgesetzt. Dils Anderssein und ihre Marginalisierung verlaufen entlang rassifizierter und vergeschlechtlichter Differenzachsen, die mit Fergus' Blick etabliert werden. "In Dil, the sexual, gendered, and racialized 'other' is collapsed into one body", so Lori Reed (1998: 33) in ihrer Analyse des Films. Reed konstatiert dann mit Rückbezug auf bell hooks, dass Dil in der Beziehung zu Fergus zum kleinen Frauchen wird, das zuhause auf ihren Helden wartet (vgl. ebd. 1998: 34). So wird das Paar Fergus und Dil nicht nur in einer (auf mehreren Ebenen) hierarchischen Beziehung dargestellt, sondern die transidentische Protagonist_in wird schließlich als rassifizierter weiblicher Fetisch aus der Sicht eines überlegenen Weißen männlichen Helden inszeniert. Ihr Körper wird zur Projektionsfläche für die Sehnsucht des Weißen Mannes nach Transgression, eine Metaphorik, die bell hooks als untrügliches Zeichen einer kolonialen Haltung entlarvt (vgl. hooks 2008: 68).

Judith Halberstam kritisiert an dem Film darüber hinaus auch die voreingenommene britische Sicht auf die IRA: "Indeed, *The Crying Game* cannot imagine the transgender gaze any more than it can cede the gaze to an IRA perspective." (2005: 82). Im Film werden analog zu rassifizierten Körperordnungen und Geschlechtergrenzen also auch politische Verhältnisse aus hegemonial regulierender Perspektive dargestellt.

Boys Don't Cry

Regie: Kimberley Peirce

USA 1999

Der Spielfilm *Boys Don't Cry* ist ebenso wie *The Crying Game* für ein Mainstreampublikum produziert. Anders als der Vorgänger stellt *Boys Don't Cry* aber eine der ersten Spielfilmproduktionen dar, die nach einer langen Reihe von Filmen mit transidentischen Charakteren, denen kein eigener Blick zugestanden wird, darauf setzt, die Zuschauer mit einem solchen zu verführen: "the seduction of mainstream viewers by this decidedly queer and unconventional narrative must be ascribed to the films ability to construct and sustain a transgender gaze."

(Halberstam 2005: 83). Der Featurefilm bezieht sich auf das Gewaltverbrechen an Brandon Teena, das sich 1993 in den USA ereignet hatte, und orientiert sich an der Dokumentation von Muska/Olafsdottir[14] dazu. Brandon Teena hatte im ländlichen Nebraska eine Zeit lang erfolgreich als Mann gelebt. Bei einer Verhaftung wurde sein Geburtsgeschlecht (weiblich) öffentlich. In Folge dessen kam es zur Vergewaltigung und brutalen Ermordung Brandon Teenas durch zwei Männer aus seinem Umfeld, die gleichzeitig mit ihm auch den Schwarzen Philip deVine erschossen. Auf der Ebene des narrativen Films traten schließlich Transphobie und Rassismus hinter der Romanze zwischen Brandon und Lana zurück. Die im Film inszenierte wahre Liebe bestimmte den Erfolg des Hollywoodfilms maßgeblich mit.

Boys Don't Cry zielt wie *The Crying Game* auf die Anerkennung des oder der Held_innen durch ein Mainstreampublikum und funktioniert über das Auslösen starker Gefühle. Ähnlich wie in *The Crying Game* geht es auch hier um Wahrheit und Lüge, um Tarnung und Täuschung – und die Bestrafung dafür –, doch wird in *Boys Don't Cry* dem Publikum über lange Strecken die Möglichkeit eröffnet, die Perspektive Brandons und damit die der Transfigur einzunehmen. Obwohl eines der zentralen Filmthemen das Aushandeln verschiedener Männlichkeitskonzepte im Rahmen amerikanischer White Trash Milieus ist, eröffnet der Film von Anfang an einen Raum für transgressive Vorstellungen von Geschlecht und für Träume und alternative Lebensentwürfe der Protagonist_innen Brandon und seiner Geliebten Lana. Brandons "Freunde" John und Tom, deren Männlichkeit sich maßgeblich über Gewalt und über Besitz- und Dominanzverhalten gegenüber Frauen herstellt, können ihn in ihrer dichotom und hierarchisch organisierten Geschlechterwelt nur als Jungen lesen – für sie stellt die zweigeschlechtliche Ordnung die Grundlage ihrer Weißen Männlichkeit und damit des einzigen Privilegs, über das sie verfügen, dar.

Somit ist jedoch der Transcharakter in diesem Film abhängig von der Anerkennung einer Frau: Brandon kann Brandon sein, weil Lana ihn als solchen sieht. Als Lanas Mutter, John und Tom von Brandons Geburtsgeschlecht erfahren, wird er brutal misshandelt und entkleidet, um ihn anhand "der nackten Tatsachen" des Betrugs zu überführen. Die grausame Enthüllungs- und Vergewaltigungsszene in

---

[14] *The Brandon Teena Story*, USA 1998, von Susan Muska & Gréta Ólafsdóttir, 90 min.

der Mitte des Films verweist durch die hier eingesetzte Blickinszenierung auf die normative zweigeschlechtliche Ordnung, in die Brandon einbricht: Brandons eigener Blick wird hier inszeniert als Blick, der an mindestens zwei Orten entsteht: in einem bekleideten und einem entblößten Brandon. Kontrastiert wird dieser mit den Blicken von John, Tom und Lana. Während der Blick der beiden Männer, in dem die Abwesenheit des Phallus Brandons "wahres Geschlecht" symbolisiert, hier das Faktische und Sichtbare, das Brutale und Gewalttätige darstellt, bestätigt Lanas Blick Brandon hingegen in seiner Identität als Mann. Für sie ist Brandons eigene Inszenierung und Identität ausschlaggebend: "*Du musst mir nichts zeigen, ich weiß, dass du ein Junge bist.*" Für John und Tom bestätigt die Enthüllungsszene dagegen, dass Brandon sie belogen und betrogen hat, indem er gegen die unausgesprochene Regel verstößt, mit seiner Inszenierung auch sein Geburtsgeschlecht repräsentieren zu müssen. Die durch sie verübte brutale Vergewaltigung und später der Mord sind die Rache für das Täuschungsmanöver und der Versuch der Wiederherstellung der zweigeschlechtlichen Ordnung.

Die Blickinszenierungen in *Boys Don't Cry* spiegeln verschiedene Diskurse und deren komplexes Zusammenspiel. Über lange Strecken wird die Geschichte jedoch aus Brandons Perspektive erzählt und damit eröffnet sich in der tristen Welt in Falls City auch ein Raum für Transgression und Brandons und Lanas Utopien. Gleichzeitig verdeutlicht Brandons Perspektive die Diskrepanz von Innen- und Außenwahrnehmung ebenso wie die Macht und Gewalt von Geschlechternormen, die für Brandon das erfolgreiche *Passen* zur Überlebensbedingung machen. Auch wenn die Hauptfigur in *Boys Don't Cry* auf der narrativen Ebene zum Opfer wird und sich damit die normative Geschlechterordnung grausam durchsetzt, erfährt die Perspektive von Brandon auf der Ebene der Blickinszenierungen auch Ermächtigung und Anerkennung. Brandons männliche Identität wird in großen Teilen des Films in einen *transgender gaze* überführt, dem die Zuschauenden folgen.

By Hook or by Crook

Regie: Silas Howard und Harriet "Harry" Dodge

USA 2001

Der Spielfilm *By Hook or by Crook* stellt (wie *Tough Enough*) ein Beispiel für eine konsequente Perspektivenübernahme durch die queeren Protagonist_innen dar. Der Film zitiert das im westlichen Kino verankerte Genre des Buddy-Movies. Dabei ist das Kernthema der Filmgeschichte die Freundschaft der beiden Hauptcharaktere sowie deren Versuch, im Rahmen ihrer prekäre Lebenssituation nicht nur zu überleben, sondern das Leben auch mit Witz und Ironie positiv zu gestalten. Beide Protagonist_innen sind nicht eindeutig als Mann oder Frau einzuordnen und nur mit einem Hintergrundwissen um queere Selbstinszenierungsweisen als Butches zu beschreiben. Die Filmemacher_innen sagen in einem Interview aus, dass sie queere Charaktere mit beweglichen Geschlechtsidentitäten schaffen wollten: "They also wanted to portray 'a different kind of gay character' Howard said, not transgender but 'definitely gender-fluid'" (by Jeanne Carstensen, SF Gate, Saturday, June 16, 2001).

Geschlechtsidentitäten werden in *By Hook or by Crook* nicht erklärt und die Repräsentation der Figuren zielt auch nicht auf Anerkennung oder Erklärung für ein heterosexuelles, uninformiertes Publikum. Die queeren Protagonist_innen werden als Menschen fern von Familien gezeigt. Auch wenn die Suche nach Vals Mutter eines der zentralen Themen des Films darstellt, symbolisiert die räumliche Abwesenheit der Institution der heterosexuellen Kleinfamilie auch einen gewissen Freiraum von begrenzenden Instanzen. Sichtbar wird das Selbstverständnis der Protagonist_en in ihrer Welt, welches jedoch nicht im Abgleich mit gesellschaftlichen Normen präsentiert wird. Unter diesem Gesichtspunkt werden Körper auch nicht zur Schau gestellt – weder als Beweis für Identitäten noch um den Zuschauenden den Prozess einer Umarbeitung/Umgestaltung von Geschlecht vorzuführen. Wenn auf Geschlecht oder Geschlechtsidentität referiert wird, dann aus der subjektiven Perspektive der Protagonist_en. So antwortet eine der Hauptpersonen auf die Frage von Kindern, ob sie ein Junge oder ein Mädchen sei, mit "both". Gerade im Vergleich zu den beiden vorhergehenden Filmen wird deutlich, dass Filme, in denen Veruneindeutigungen von Geschlecht und Geschlechtsidentität dadurch selbstverständlich werden, dass das Publikum subtil in die Ich-Identität der Erzählenden mitgenommen wird, einen aufschlussreichen Ansatz für Bildungsarbeit im Sinne von *queering* darstellen, weil die Welt eben auch aus dieser Verortung erfahren wird. Das Selbstverständnis, in dem die agierenden Personen im Film ihre eigene Sicht der Dinge zum Ausdruck bringen, erlaubt eine Repräsentation nicht-heteronormativer Verhältnisse, die Anerkennung jenseits herkömmlicher Anerkennungskategorien.

Freilich kommt auch *By Hook or by Crook* nicht ganz ohne Ausblendungen aus: Während das Selbstverständnis der Butches im Mittelpunkt steht, wird deren weiblich inszenierten Geliebten weder eine eigene Geschichte noch eine eigene Perspektive zugestanden: Sie verbleiben als Unterstützende und Geliebte im wörtlichen Sinne "am Arm der Butch". Diese Inszenierung entspricht der in homosexuellen und queeren Kontexten häufig vorherrschenden Wahrnehmung, dass Butches sowie queere Männlichkeiten die eher sichtbare Umarbeitung von Geschlecht verkörpern, während feminine Lesben und Femmes weniger mit Queerness assoziiert werden (vgl. Fuchs 2009: 14 ff).

4. Schlussbetrachtung

Aus dem Vergleich der drei Filmbeispiele und der praktischen Arbeit (und ihrer empirischen Untersuchung) mit *Tough Enough* lassen sich verschiedene Schlüsse ziehen.

Blickinszenierungen ermöglichen dem Publikum empathische Anteilnahme oder gar die Perspektivübernahme der transidentischen Protagonist_innen oder aber produzieren – wie in *The Crying Game* – Befremden.

Das Selbstverständnis queerer Protagonist_innen steht am konsequentesten in *Tough Enough* und *By Hook or by Crook* im Mittelpunkt: Beide Produktionen sind in queeren Kontexten entstanden und lassen sich stärker als die beiden Mainstreamfilme als polysemische und offene Texte beschreiben, die, wenn Zuschauer_innen nicht mit queeren Codes vertraut sind, zunächst Irritationen auslösen können.

Filme oder Videos, die sich vermeintlich kollektiv verstandener Codes und Zeichen bedienen, um ihre Botschaften zu übermitteln, setzen dagegen wenig Irritationen oder Infragestellungen in Gang. Sie nutzen konventionelle und vertraute Zeichen, die auf eine Vergewisserung und Reetablierung herrschender Ordnungen setzen. So inszenieren Produktionen wie *The Crying Game* und *Boys Don't Cry* eine transidentische Figur als "Störung der Ordnung" und skizzieren auf der narrativen Ebene daraus erwachsende Konflikte. Während in *The Crying Game* weder gesellschaftliche Verhältnisse noch die rassifizierte zweigeschlechtliche Ordnung in Frage gestellt wird und der Blick auf Dil eine befremdete und überlegene Perspektive der Zuschauenden befördert, wird in *Boys Don't Cry* immerhin auf formaler Ebene der Versuch unternommen, durch Perspektivwechsel der Kameraposition eine Blickrichtung zu eröffnen, die dem transidentischen Charakter eine eigene Sicht und Geschichtsschreibung zugesteht.

Viel weiter öffnen sich *By Hook or by Crook* und *Tough Enough* einer polysemischen und gleichzeitig heteronormativitätskritischen Lektüre. Der erstgenannte Film nutzt auf erzählerischer Ebene zwar Motive eines typischen "Mainstream"-Plots, setzt sie aber mit queeren Figuren um, die in ihrem Selbstverständnis nicht hinterfragt werden. Der Film leistet Bemerkenswertes: nämlich aus der niemals infrage gestellten Perspektive queerer Charaktere "in die Welt zu blicken". Auch in *Tough Enough* wird die Perspektive des/der transidentischen Erzählenden etabliert und aus dieser Reflektionen über Konflikte mit Geschlechternormen zum Thema gemacht. Genau diese Einladung in die Sichtweisen und das Erleben der queeren Protagonist_innen beinhaltet die Möglichkeit zur Parteinahme und zeitweisen Identifizierung und ermöglicht dadurch eine Affirmation queerer Lebensweisen. Gleichzeitig kann im Rahmen einer entsprechenden Erzählung die Auseinandersetzung mit normativen Strukturen und Ausgrenzungsmechanismen angeregt werden. Produktionen wie *Tough Enough* und *By Hook or by Crook* lassen sich folglich ganz hervorragend im Rahmen einer kritischen (Medien-) Pädagogik nutzen, als deren Aufgabe wir es im Anschluss an Rainer Winter sehen, Klassenzimmer und Universität als Orte einer kritischen Öffentlichkeit zu bewahren, indem die neoliberale Kolonisierung dieser Räume kritisiert und bekämpft wird (vgl. Winter 2007: 127). Wir hoffen, in diesem Sinne durch unsere Überlegungen eine Anregung zu geben.

Dieser Aufsatz profitiert von der Kommunikation mit Helene Decke-Cornill, T. Bleck und Lisa Schmidt. Ihre Anregungen, Gedanken und Kritik sind in diesen Text eingeflossen und ihnen gilt unser ausdrücklicher Dank!

Filmnachweis

Milk (USA 2008), Regie: Gus Van Sant.

Brokeback Mountain (USA 2005), Regie: Ang Lee.

Transamerica (USA 2005), Regie: Duncan Tucker.

Tough Enough (Kanada 2006), Regie: Lucas Blakk, http://dvblog.org/movies/10_2008/toughenough.mov (08.01.2010)

The Crying Game (GB/Irland 1992), Regie: Neil Jordan.

By Hook or by Cook (USA 2001), Regie: Silas Howard & Harriet "Harry" Dodge.

Boys Don't Cry (USA 1999), Regie: Kimberley Peirce.

The Brandon Teena Story (USA 1998), Regie: Susan Muska & Gréta Ólafdóttir.

Literatur

Anzaldúa, Gloria E. (1999). *Borderlands/La frontera: The new mestiza*. San Francisco: Aunt Lute Books.

Atkinson, Elizabeth & DePalma, Renée (2009). 'No Outsiders': moving beyond a discourse of tolerance to challenge heteronormativity in primary schools. In: *British Educational Research Journal*, Vol 1, 1-17.

Dies. (2009a). Un-believing the matrix: queering consensual heteronormativity. In: *Gender and Education,* Vol 21, Nr. 1, 17-29.

Dies. (2007). Exploring gender identity; queering heteronormativity. In: *International journal of equity and innovation in Early Childhood*, Vol 5, Nr. 2, 64-82.

Balzer, Nicole (2007). Die doppelte Bedeutung der Anerkennung. In: Wimmer, Michael & Reichenbach, Roland & Pongratz, Ludwig (Hrsg.): *Gerechtigkeit und Bildung*. Paderborn: Ferdinand Schöningh, 49-75.

Bhaba, Homi K. (1994). *The Location of Culture*. London: Routledge.

Biechele, Ulrich (2004). *Identitätsentwicklung schwuler Jugendlicher. Eine Befragung deutschsprachiger junger Schwuler in der schwulen Szene sowie im Internet*. Dissertation. Mannheim: BB Druck.

Blackburn, Mollie & Randal Donelson (2004). This Issue. In: *Theory into Practice*, 43:2, 99-101.

Blackburn, Mollie V & Lance T MacCready (2009). Voices of Queer Youth in Urban Schools: Possibilities and Limitations. In: *Theory into Practice*, 48:3, 222-230.

Boulden, Kay (1996). Keeping a straight face: Schools, Students, And Homosexuality. Part 2. In: Laskey, Louise & Catherine Beavis: *Schooling & Sexualities. Teaching for a positive sexuality*. Geelong, Victoria: Deakin Centre for Education and Change, 175-185.

Butler, Judith (2009). *Die Macht der Geschlechternormen*. Frankfurt a. M: Suhrkamp.

Carstensen, Jeanne (2001). SF Gate, Saturday, June 16, 2001 http://articles.sfgate.com/2001-06-16/entertainment/17601499_1_harriet-harry-dodge-valentine-gay-film-festival. Zuletzt abgerufen 11/2009.

Decke-Cornill, Helene (2007). Literaturdidaktik in einer Pädagogik der Anerkennung. Gender and other suspects. In: Hallet, Wolfgang & Ansgar Nünning (Hrsg.): *Neue Ansätze und Konzepte der Literatur- und Kulturdidaktik*. Trier: WVT, 239-258.

Dies. (2004). ‚Identities that cannot exist': Gender Studies und Literaturdidaktik. In: Bredella, Lothar, Werner Delanoy & Carola Surkamp (Hrsg.): *Literaturdidaktik im Dialog*. Tübingen: Narr, 181-206.

Engel, Antke (2002). *Wider die Eindeutigkeit: Sexualität und Geschlecht im Fokus queerer Politik der Repräsentation*. Frankfurt a. M.: Campus.

Fraser, Nancy & Axel Honneth (2003). *Umverteilung oder Anerkennung?* Frankfurt a. M: Suhrkamp.

Fuchs, Sabine (2009). Femme ist eine Femme ist eine Femme... In: Fuchs, Sabine (Hrsg.): *Femme! radikal – queer – feminin*. Berlin: Querverlag, 11-46.

Halberstam, Judith (2005). *In a Queer Time & Place*. New York, London: New York University Press.

Hark, Sabine (2002). Junge Lesben und Schwule. Zwischen Heteronormativität und posttraditionaler Vergesellschaftung. In: *Diskus* 1/2002, 50-58.

Hermann, Marc-Philip (2008). *It's a (gay) boy. No, it's a (gay) girl – oder wie mit Literatur ein Dritter Ort im Fremdsprachenunterricht entstehen kann*. Unveröffentlichte Examensarbeit.

hooks, bell (2008). Seduction and Betrayal. *The Crying Game* meets *The Bodyguard*. In: dies. *Outlaw Culture*. New York, London, Routledge, 61-72.

Kosciw, J.G. & Diaz E. M. & E. A. Greytak (2008). *The 2007 National School Climate Survey: The experiences of lesbian, gay, bisexual, and transgender youth in our nation's schools*. New York: Gay, Lesbian and Straight Education Network.

Mecheril, Paul (2005). Pädagogik der Anerkennung. Eine programmatische Kritik. In: Hamburger, Franz, Tarek Badawia & Merle Hummrich (Hrsg.). *Migration und Bildung*. Wiesbaden: VS, 311-328.

Nelson, Cynthia (1999). Sexual Identities in ESL: Queer theory and classroom inquiry. In: *TESOL Quarterly*, 33 (3), 371-391.

Dies. (2006). Queer Inquiry in Language Education. In: *Journal of Language, Identity and Education*, 5 (1), 1-9.

Dies. (2007). Queer Thinking about Language Teaching: An Overview of Published Work. In: Decke-Cornill, Helene & Laurenz Volkmann (Hrsg.): *Gender Studies and Foreign Language Teaching*. Tübingen: Gunter Narr, 63-90.

Quinlivan, Kathleen & Shane Town (1999). Queer pedagogy, educational practice and lesbian and gay youth. In: *Qualitative Studies in Education*, 12, No 5, 509-524.

Reed, Lori (1997). Skin Cells. On the Limits of Gender-Bending and Bodily Transgression in Film and Culture. In: *Educational researcher* 1997, 26 (30), 30-36.

Røthing, Åse (2008). Homotolerance and heteronormativity in Norwegian classrooms. In: *Gender and Education*, Vol 20, No. 3, 253-266.

Schaffer, Johanna (2008). *Ambivalenzen der Sichtbarkeit*. Bielefeld: transcript.

Shipley, Elizabeth (2007). Science Fiction of Other-Genderedness in the EFL-Classroom. In: Decke-Cornill, Helene & Volkmann, Laurenz (Hrsg.). *Gender Studies and Foreign Language Teaching*. Tübingen: Gunter Narr, 227-242.

Silverman, Kaja (1996). *The Threshold of the Visible World*. New York, London: Routledge.

Wagenknecht, Peter (2007). Was ist Heteronormativität? Zu Geschichte und Gehalt des Begriffs. In: Hartmann, Jutta, Christian Klesse, Peter Wagenknecht, Bettina Fritzsche & Kristina Hackmann (Hrsg.): *Heteronormativität: Empirische Studien zu Geschlecht, Sexualität und Macht*. Wiesbaden: VS, 17-34.

Warner, Michael (Hrsg.) (2003). *Fear of a Queer Planet. Queer politics and social theory*. Minneapolis: Minn.

Winter, Rainer (2008). Die Politik der Aufführung. Interpretative Ethnographie und kritische Pädagogik im 21. Jahrhundert. In: Fromme, Johannes & Werner Sesink (Hrsg.). *Pädagogische Medientheorie*. Wiesbaden, VS, 115-128.

Lotta König & Carola Surkamp

Gender und die Suche nach Identität: Der Film *Juno* im fremdsprachlichen Klassenzimmer

In diesem Band werden die mediale Repräsentation, Rezeption und Produktion von Geschlechterverhältnissen aus verschiedenen fachlichen und fächerübergreifenden Perspektiven beleuchtet. Der vorliegende Beitrag hat zum Ziel, den Themenbereich "Jugend – Gender – Film" aus dem Blickwinkel der Fremdsprachendidaktik näher zu betrachten. Zunächst soll aufgezeigt werden, welche Relevanz die Aspekte 'Gender' und – als eine Zeit der Identitätssuche – 'Jugend' im Fremdsprachenunterricht haben. Insbesondere die Arbeit mit Filmen soll dann in diesem Zusammenhang beleuchtet werden, da dieses Medium großes Potenzial für gendersensiblen Unterricht bietet. Anhand des kanadisch-amerikanischen Jugendfilms *Juno* (2007) von Jason Reitman wird anschließend mit Interpretationsangeboten und konkreten Unterrichtsvorschlägen gezeigt, wie diese Bestandteile im englischsprachigen Klassenzimmer fruchtbar verknüpft werden und auf schülerorientierte Weise zur Reflexion über Gendervorstellungen anregen können.

1. Gender im Fremdsprachenunterricht

Für die Beschäftigung mit Gender-Fragen im Fremdsprachenunterricht gibt es verschiedene, dringende Anlässe. Als erstes ist die schon seit längerem bestehende Forderung nach einer Kanonrevision zu nennen, denn nach wie vor werden im fremdsprachlichen Literaturunterricht vor allem Texte männlicher Autoren gelesen, während weibliche Sichtweisen trotz zögerlicher Veränderungen immer noch zu kurz kommen (vgl. u.a. Volkmann 2007: 161f.). Neben einer solchen feministisch begründeten Kritik an konkreten Unterrichtsgegenständen ist die Frage nach Geschlechterverhältnissen auch auf anderen Ebenen des Sprachunterrichts essentiell: Vorstellungen von Geschlecht konstituieren sich in und durch Sprache. Begreift man Sprache als semiotische Praxis, so lassen sich die Prozesse der Bedeutungserzeugung und -veränderung bezüglich Gender in der sprachlichen Produktion und Rezeption untersuchen und bewusst machen. Die soziale und kulturelle Konstruiertheit von Geschlechterverhältnissen zu verdeutlichen ist gerade im Kontext des Fremdsprachenunterrichts hoch relevant – hat dieser im Rahmen einer zu vermittelnden interkulturellen Kompetenz doch zum erklärten Ziel, den Blick auf die andere wie auf die eigene Kultur zu schärfen.

Hiermit eng verknüpft ist ein weiteres Hauptziel des Fremdsprachenunterrichts, nämlich die Befähigung zum fremdsprachlichen Handeln. Das für die Jugendlichen bedeutsame Thema 'Identitätsbildung' – und damit auch die Beschäftigung mit Gender-Fragen – spielt dabei eine wichtige Rolle. Im Fremdsprachenunterricht sollen die Lernenden in die Lage versetzt werden, in außer- und nachschulischen Begegnungssituationen in der Fremdsprache erfolgreich – d.h. situations- und partneradäquat – zu kommunizieren (vgl. Bach/Timm 2003: 12). Wie Helmut Vollmer (1998: 237) betont, darf sich das Ziel 'sprachliche Handlungskompetenz' jedoch nicht auf die Beherrschung von Redemitteln und die Fähigkeit zur Realisierung von Sprechabsichten beschränken; es schließt vielmehr "die Dynamik von *Interaktionen*" (ebd.) mit ein. Zu dieser Dynamik tragen der Gesprächskontext, die konkrete Situation sowie die Sprechenden mit ihren jeweiligen Persönlichkeiten und Sprecherrollen bei. Handlungskompetenz schließt daher auch das Bewusstsein von und die Auseinandersetzung mit der eigenen Identität ein sowie die Fähigkeit, die eigene Identität darzustellen.

Der viel diskutierte Begriff der Identität ist dabei jedoch nicht als eine statische Größe zu verstehen, sondern vielmehr als ein Konstrukt, als "der von der oder dem einzelnen immer wieder zu bewerkstelligende, am Schnittpunkt von gesellschaftlicher Interaktion und individueller Biographie stattfindende Prozeß der Konstruktion und Revision von Selbstbildern" (Glomb 2004: 277). Identität muss immer wieder aufs Neue konstruiert werden und ist damit veränderbar. Vor dem Hintergrund dieser Einsichten stellt sich die Frage nach den Faktoren, die die (Re-)Konstruktion von Identität bestimmen. In den Sozialwissenschaften wird die Bedeutung der sozialen Interaktion für die Entwicklung und Aufrechterhaltung persönlicher Identität hervorgehoben. Identitätsbildung erfolgt durch das Aushandeln verschiedener Erwartungen, die sich auf das Verhalten und/oder die äußere Erscheinung eines Menschen beziehen können. Eine zentrale Kategorie, die solchen Erwartungen zugrunde liegt, ist das einem Individuum zugeschriebene Geschlecht.

Wenn Gender als ein soziales Konstrukt begriffen wird und als zentrale Kategorie, die unsere Wahrnehmung des Gegenübers ebenso wie des Selbstbildes prägt, so wird die oben bereits angedeutete Relevanz für den Fremdsprachenunterricht noch deutlicher: In einer Lebensphase, in der sich die Lernenden in ihrer Identitätssuche an gesellschaftlichen Normen orientieren, um sich selber darin zu verorten und neue Rollen einzuüben, gilt es, die zugrunde liegenden Muster und Annahmen zu thematisieren. Dazu gehört, die eigenen, meist unbewussten Vorstellungen von Männlichkeit und Weiblichkeit kritisch zu überprüfen und die eigenen Maßstäbe zu hinterfragen. Dieses sind auch wichtige Voraussetzungen für interkulturelle Kommunikation.

Wie lassen sich nun solche Reflexionsprozesse im Fremdsprachenunterricht initiieren? Als Ansatzpunkt bieten sich literarische Texte an, die als kulturelle Produkte in der Fremdsprache eine gute Grundlage darstellen, um die dem Text inhärenten gesellschaftlichen Gendervorstellungen herauszuarbeiten. Das Ziel bei der analytischen und kreativen Beschäftigung mit literarischen Texten besteht dann vor allem darin, "zu begreifen und begreifbar zu machen, wie Geschlechterverhältnisse in und durch Sprache hergestellt, vermittelt und erfahren werden" (Decke-Cornill/Gdaniec 1992: 9). Filme, die nach dem inzwischen gängigen, erweiterten Textbegriff ebenfalls als literarische Texte gelten, sind unter dem Gesichtspunkt der Gender-Thematik bislang für den Fremdsprachenunterricht erstaunlicherweise noch nicht berücksichtigt worden: "Finally, it must be stated that there is no EFL publication yet on films focusing on gender roles or contesting dominant gender orthodoxies." (Volkmann 2007: 178) Dabei ist dieses Medium – wie im Folgenden gezeigt wird – aufgrund seiner spezifischen Merkmale für diesen Zweck besonders geeignet.

2. Filme und (Geschlechts-)Identitäten

Literatur, und insbesondere der Film, kann als Medium der Auseinandersetzung mit sich selbst eine wichtige Rolle bei dem Entwurf von Selbstkonzepten spielen. Dem Verständnis einer rezeptionsästhetischen Literatur- bzw. Filmdidaktik nach schreiben Leser bzw. Zuschauer einem Text Bedeutung zu, indem sie ihre eigenen Erlebnisse und Einstellungen sowie ihr Wissen in den Verstehensprozess einbringen. Barthelmes/Sander (2001: 141) erklären sich gerade die hohe Attraktivität von Spielfilmen für Jugendliche mit Entwicklungsaufgaben in diesem Lebensabschnitt: "Die Arbeit am Selbst bezieht sich bei diesen Jugendlichen der 'Fernsehgeneration' vor allem auf Spielfilme und deren Inhalte. Die Personen und Handlungen dieser Spielfilmgeschichten bekommen den Effekt eines Spiegels."

In vielen fiktionalen Texten werden zudem unterschiedliche Konzeptionen von Gender in Form von Geschichten dargestellt. Traditionelle Rollenbilder können dabei ebenso zur Diskussion über alternative Lebensentwürfe anregen, wie Charaktere, die mit solchen Vorstellungen in irgendeiner Art brechen. Wenn sich z.B. Figuren im Film zwischen verschiedenen Identifikationsangeboten und verschiedenen Ausprägungen von Geschlechtsidentität entscheiden müssen, werden die Lernenden dazu herausgefordert, über Prozesse der Identitätsbildung und die Instabilität bzw. Veränderbarkeit auch der eigenen Identität nachzudenken. Dabei kann ihnen zum einen verdeutlicht werden, welche soziokulturellen, historischen, aber auch ethnischen Faktoren für die Identitätsbildung bestimmend sein können. Zum anderen kann das Wissen um die gesellschaftliche Bedingtheit von Gender-Konzepten das Verständnis für andere Sichtweisen und Lebensformen erhöhen. Insgesamt können Filme dazu beitragen, existierende Gender-Konzepte zu demystifizieren und Lernenden auf diese Weise Wahlmöglichkeiten zu eröffnen bzw. ein Bewusstsein für deren Vorhandensein zu schaffen:

> On the basis of enlightened insights into the cultural constructedness of such gendered images, they [the students] could then become active creators of their own identities. In other words, this Critical Pedagogy aims at fostering the individual's ability to gain power and control over the (gender) choices that he or she makes, rather than being controlled by and subjected to traditional, conformist concepts of gender. (Volkmann 2007: 166)

Filme eignen sich insbesondere deshalb für die Förderung von Identitätsbildungsprozessen, weil das Handeln der Figuren eines ihrer Hauptmerkmale ist. Filme inszenieren lebensweltliche Situationen und Verhältnisse. Es werden Krisen und Konflikte dargestellt, die handelnd bewältigt werden, die den Lernenden also ganz alltagsnah soziale Interaktionen präsentieren und Handlungsoptionen aufzeigen. Durch die Modellierung von Lebensentwürfen führen Filme im Rückkehrschluss aber auch vor, dass selbst reale Lebenssituationen immer Inszenierungen sind (vgl. Hallet/Hebel 2007: 7). Gerade der Inszenierung von Geschlecht, wie sie in gleichsam jeder Situation geschieht, kann so nachgespürt werden.

Wenngleich der Einsatz von Filmen also zur Reflexion der Kategorie Gender und anderer identitätskonstituierender Merkmale genutzt werden kann, geschieht der Zugang zu diesem Thema, das in seiner Zentralität ein sehr sensibles ist, auf schonende Weise. Statt einer direkten Konfrontation mit den eigenen Einstellungen werden durch den Film zunächst Identifikationsangebote gemacht und Handlungsoptionen aufgezeigt, zu denen sich die Lernenden dann positionieren können – und auf die sie sich einlassen können, aber nicht müssen.

Dies bedeutet nicht, dass das emotionale Filmerleben keine Bewandtnis für eine intensive Auseinandersetzung mit der eigenen Identität hat. Allerdings geschieht dies aus der gefahrlosen Position des Zuschauers (vgl. Bredella 2004), indem die Rezipienten sich und ihre Lebenssituation, ihre Erfahrungen und Wünsche in den dargestellten Figuren, Situationen und Konfliktkonstellationen spiegeln (vgl. Walberg 2007: 39). Filme können also Identitätsbildungsprozesse anstoßen, indem sie Lernende zur Beantwortung der folgenden Fragen anregen: *"Was bedeuten meine Interpretationsergebnisse zu einem Film für mich selbst, warum habe ich so und nicht anders reagiert, warum machen Teile des Films mich betroffen, welche ganz persönlichen Interessen werden durch den Film angesprochen?"* (Vollbrecht 2001: 50). Auf diese Weise wird auch der Forderung nach Berücksichtigung des individuellen Filmerlebens (vgl. Decke-Cornill/Luca 2007b; Surkamp 2009) der Lernenden Rechnung getragen.

Gerade weil Spielfilme großen Einfluss auf unsere Wahrnehmungsgewohnheiten und Deutungsmuster, auf unsere Meinungsbildung sowie auf unsere Selbst- und Fremdwahrnehmung haben, ist es wichtig, Lernende für die Machart und Wirkungseffekte filmischer Bilder zu sensibilisieren. Blicke, Aussehen, Stimmen, paralinguistische Ausdrucksformen (Mimik, Gestik, Intonation) etc., die bei unserer Wahrnehmung von Geschlecht eine wichtige Rolle spielen, werden durch die plurimediale Darstellungsform Film (vgl. Nünning/Surkamp 2009: 248) mit verschiedenen Zeichensystemen optisch und akustisch besonders gut transportiert – doch diese Wirkungsweise ist den Rezipierenden zumeist nicht bewusst.

Als theoretischer Bezugsrahmen für die Verbindung von Filmanalyse und Thematisierung von (Geschlechts-)Identitäten lassen sich verschiedene Ebenen unterscheiden. Zum einen werden Prozesse der Identitätssuche und -bildung in vielen Filmen auf der Ebene der Figuren thematisiert oder dargestellt – so auch im

Film *Juno*, der im weiteren Verlauf im Mittelpunkt stehen soll und in dem es um ein junges Mädchen namens Juno geht, die mit 16 ungewollt schwanger wird. Juno setzt sich mit ihrer Rolle als werdende Mutter, mit den Erwartungen ihrer Freunde und ihrer Familie sowie mit verschiedenen Handlungsmöglichkeiten und Vorstellungen von Weiblichkeit auseinander, auch indem sie in unterschiedliche Rollen schlüpft. Darüber hinaus können die Suche nach Identität, die Beschäftigung mit verschiedenen Geschlechterrollen und/oder unterschiedliche Vorstellungen von Männlichkeit und Weiblichkeit mit filmspezifischen Mitteln, d.h. auf der Vermittlungsebene inszeniert sein – z.B. durch den Einsatz einer Erzählerfigur und die Art der Kameraführung wie in *Juno*, durch Schnitttechniken, die Montage, die Musik. Eine weitere Ebene ist die zwischen Zuschauerin bzw. Zuschauer und Film: Wie nehmen RezipientInnen das im Film Dargestellte wahr, wie gehen sie mit den eröffneten Identitätsangeboten um und welche Verstehensprobleme treten auf?

3. Die Darstellung der Geschlechter und die Suche nach Identität im Film *Juno*: Filminterpretation und Unterrichtsvorschläge

3.1 Einführende Überlegungen

Bei der Filmauswahl für eine Analyse der Repräsentation von Gender im Unterricht sollte nicht allein danach gegangen werden, bei welchen Filmen sich besonders gut Kritik an den dargestellten Geschlechterverhältnissen üben ließe – das könnte man sicherlich bei vielen Mainstream-Filmen tun, die die Lernenden in ihrer Freizeit aber gerne rezipieren. Es sollte ihnen nicht die Freude am Medium verdorben werden bzw. eine Abwehrhaltung riskiert werden, indem Filme im Hinblick auf Geschlechterpräsentation demontiert werden. *Juno* ist in dieser Hinsicht gut geeignet, da positive Gender-Angebote gemacht werden, die teilweise jenseits konventioneller Rollenvorstellungen liegen.

Im Folgenden soll anhand einiger Schlüsselszenen aus dem Film von Jason Reitman (Drehbuch: Diablo Cody) untersucht werden, wie Geschlechtervorstellungen und -verhältnisse in *Juno* auf der Handlungsebene und mit filmspezifischen Darstellungsverfahren präsentiert und konstruiert werden.[1] Dabei soll Junos Suche nach ihrer (Geschlechts-)Identität ebenso nachgegangen werden wie der Darstellung von Männlichkeit im Film – immer vor dem Hintergrund der Rezeptionsebene, d.h. der Frage danach, wie die Zuschauenden in der Wahrnehmung der Rollen gelenkt werden.

Zu den interpretierten Szenen werden dann jeweils Vorschläge gemacht, wie man sie in einem gendersensiblen Unterricht einsetzen kann.[2] Die Ausführungen verstehen sich als einzelne filmbegleitende Anregungen, nicht als umfassende Unterrichtseinheit. Auch bedeutet die interpretatorische Beschreibung der Szenen nicht, dass die Arbeit im Klassenzimmer notwendigerweise auf die gleichen Erkenntnisse als einzig gültige Antworten hinauslaufen soll: Es geht vielmehr darum, das Filmerleben der Lernenden mit ihren Vorstellungen von Geschlecht zu verknüpfen und sie in ihrer Wahrnehmung des allgegenwärtigen *doing gender* zu sensibilisieren. Dies bedeutet zum einen das Kennenlernen unterschiedlicher Gender-Konzepte und die Analyse medialer Repräsentationen von Geschlecht. Zum anderen ist das damit einhergehende Ziel eine Reflexion der eigenen Gender-Vorstellungen (angeregt durch die Reaktion auf bestimmte Filmszenen). Eine solche Auseinandersetzung mit den eigenen Bildern von Weiblichkeit und Männlichkeit – und eine Verortung darin – kann einen Beitrag zur lebensweltlichen Identitätssuche leisten. Dieses übergeordnete Erziehungsziel, zu dem alle Schulfächer beitragen sollen, ist im Falle des Fremdsprachenunterrichts im Kontext des Vorbereitens auf Kommunikationssituationen bzw. der dafür erforderlichen Förderung der Handlungskompetenz von besonderer Relevanz.

Bei den Aufgabentypen handelt es sich sowohl um analytische als auch um handlungs- und produktionsorientierte Zugangsformen (zu den methodischen Grundlagen vgl. Nünning/Surkamp 2009: Kap. II.6), die sich grob in folgenden, von Gabriele Blell und Christiane Lütge (2009) vorgeschlagenen, Dreischritt einordnen lassen (wobei das nicht heißt, dass die drei Schritte in einer besonders festgelegten Reihenfolge erfolgen; es wird hier vielmehr der Chronologie des Films gefolgt):

---

[1] Bei den ausgewählten Szenen werden die Minutenzahlen (im Filmverlauf auf der DVD) für eine bessere Orientierung angegeben.

[2] An der Aufgabenentwicklung war auch Helga Güther beteiligt, der wir an dieser Stelle herzlich für ihre Ideen danken möchten.

1) *gender-sensitive perception*: Aufgaben zur Wahrnehmungsschulung

2) *evaluating gender roles*: kritisch-analytische Zugänge

3) *playing with gender*: handlungs- und produktionsorientierte Ansätze

3.2 Szenenauswahl

Eine der Eingangsszenen (06:40-08:00) besteht aus einem Telefongespräch zwischen Juno und ihrer besten Freundin Leah, in dem Juno von ihrer Schwangerschaft erzählt. Als Zuschauende wissen wir schon von der Schwangerschaft durch die beiden vorhergehenden Szenen, in denen Schwangerschaftstests wiederholt positiv ausgefallen sind und die dafür ausschlaggebende Begegnung mit Paulie Bleeker, Junos Freund und Vater des Kindes, angedeutet worden ist. An der Telefonszene mit den beiden Freundinnen lässt sich die Figurendarstellung durch die Kontraste zwischen den beiden gut veranschaulichen. Die Kamera wechselt zwischen den Mädchen in ihren Zimmern hin und her. Leah ist geradezu klischeeartig mädchenhaft dargestellt, mit körperbetontem Cheerleader-Outfit, viel Schmuck und geschminkt. Juno trägt, wie schon in dem Cartoon-Vorspann und in den bisherigen Szenen, hochgeschlossenes T-Shirt, Kapuzenjacke und Jeans. Die Raumdarstellung verstärkt diesen Kontrast noch: Während Junos Zimmer in gedeckten Farben mit Punk- und Kunstpostern dekoriert ist, glitzert es bei Leah in rosa und weiß mit Postern von Popstars. Die Sprache der beiden Mädchen ist sehr umgangssprachlich und locker, der 'coole', gänzlich unhysterische Ton bleibt auch trotz der bemerkenswerten Nachrichten. Beide wirken sehr selbstbewusst und souverän in ihrem Redeverhalten – sie sprechen fachkundig von Abtreibung, eine andere Möglichkeit scheint zunächst gar nicht zur Debatte zu stehen. Als ein Gespräch zwischen ihnen in der folgenden Szene (08:00-08:46) auf Sexualität kommt, ist es für die beiden Mädchen völlig selbstverständlich, dass Juno bei der Begegnung mit Bleeker den aktiven Part hatte. Leah bezieht sich in ihren Kommentaren auf Bleeker, als sei er ein Objekt, oder sie reduziert ihn auf seinen Körper: "When did you decide you were going to do Bleeker?" / "So, what was it like humping Bleeker's bony bod?".

Anhand dieser Einführung in die Charaktere Juno und Leah sowie die zentrale Problemstellung lassen sich bereits einige Eindrücke im Sinne einer gendersensiblen Wahrnehmung vergegenwärtigen. Figuren- und Raumdarstellung können z.B. mittels des Einsatzes von Standbildern aus dem Film thematisiert werden, wobei die Unterschiede zwischen den Freundinnen zum Anlass dienen, Erwartungen an Mädchen zu sammeln, die den Schülerinnen und Schülern in den Sinn kommen. Vorhandene Vorstellungen von Männlichkeit können dann zur Sprache gebracht werden, indem darüber spekuliert wird, wer wohl der Vater von Junos Kind ist. Auf einer Folie werden Fotos von Bleeker, Mark, Junos Mitschüler Steve (der 'Coole'), Josh (der mit dem 'Ehestreit' im Labor) oder VJ (der indischstämmige Leichtathletikfreund von Bleeker) gezeigt. Begründungen setzen dabei eine analysierende Charakterisierung von Juno voraus, wie sie anhand der ersten Szenen durch die filmische Einführung bereits gut erschließbar ist. Eine andere Zugangsweise, die auf die Wahrnehmung des anderen Geschlechts abhebt und die im Film ungewöhnliche weibliche Betrachtungsweise hervorhebt, ist die Arbeit mit dem Filmskript (im Internet erhältlich unter http://cinemascopian.com/pics/2008oscars/juno.pdf). Teile des Dialogs zwischen Juno und Leah (ab dem Punkt, an dem Letztere fragt, ob Juno Sex mit Bleeker hatte, weil ihr langweilig war) können den Lernenden vorgelegt werden, nachdem die Namen und Personalpronomen (und die ganz eindeutigen Hinweise auf die Schwangerschaft) herausgelöscht worden sind. Die Schülerinnen und Schüler sollen dann überlegen, wer diese Worte wohl in welcher Situation spricht, und ihre Annahmen diskutieren.

Die bereits angedeutete Macho-Haltung Leahs und Junos wird in der nächsten Einstellung (08:46-09:20) auch auf der Vermittlungsebene subversiv verwendet: Mit Junos anerkennender Bemerkung zu Bleekers Performance auf dem Stuhl (!) wird der Sechzehnjährige eingeführt, indem die Kamera zunächst langsam über seine Beine schwenkt, die er sich gerade pflegt (um besser laufen zu können), dann über den Körper hinauf bis zum Gesicht, zur Musik eines Popsongs über den perfekten Vorstadt-Mann. Der Blick auf die Männerbeine kehrt den gewohnten Hollywood-Blick um. So schreibt Katharina Ernst (2000: 20) über die sonst übliche männliche Perspektive:

> Am augenfälligsten zeigt sich diese Perspektive wohl in der filmischen Präsentation der Frau: Sie wird oft als attraktives Objekt für den voyeuristischen Blick des Mannes in Szene gesetzt. Der Körper wird möglichst reizvoll bekleidet, oft spärlicher bedeckt als der männliche, und wird dem Blick präsentiert: so bewegt sich die Kamera entlang

> von Frauenbeinen oder verweilt auf einem gewagten Décolleté. Auf der Ebene der Handlung lassen sich stereotype Rollenbilder und Vorstellungen von Weiblichkeit resp. Männlichkeit ausmachen: Frauen sind häufig als Leidende, als Opfer – auch von Gewalt – dargestellt [...]; Männer sind eher Täter und Helden oder als Feinde definiert.

In *Juno* herrscht gerade nicht der männliche Blick vor, was das besondere Rezeptionsangebot dieses Films ausmacht – insbesondere vor dem Hintergrund vieler Hollywoodfilme, die Jugendliche vorwiegend als Rezeptionsfolie haben. Der Wirkungseffekt dieser Einführung Bleekers spielt mit den Erwartungen bei der Rezeption: Nachdem wir Juno schon als starkes und schlagfertiges Mädchen kennen gelernt haben, sind die von den Lernenden formulierten Vorstellungen von dem jungen Mann, mit dem Juno ihr (und sein) erstes Mal verbracht hat, womöglich andere. Zumindest Junos unmittelbare Umgebung scheint Bleeker für nicht besonderes männlich zu halten, wie sich noch zeigen wird. Juno selbst scheint das jedoch nicht zu kümmern, und sie macht genüsslich Bemerkungen über seine von seiner Mutter gewaschenen Shorts (09:34). Junos chauvinistische Seite schlägt sogar durch, als sie Bleeker erzählt, dass sie schwanger ist (09:39-11:06): Mittendrin unterbricht sie das Gespräch, um in einem *aside* in die Kamera die Shorts und deren Inhalte des vorbeilaufenden Leichtathletik-Teams zu kommentieren, von denen sie sich immer ablenken ließe. Hier wird geradezu exemplarisch umgedreht, was Laura Mulvey in ihrem wegeweisenden Essay "Visual Pleasure and Narrative Cinema" (1986) als gängiges Modell in Filmen beschreibt: In einer Passiv/Aktiv gleich Weiblich/Männlich-Dichotomie projiziert der männliche Blick seine Fantasie auf die weibliche Figur, die entsprechend zurechtgemacht ist. Es gibt immer weibliche Figuren in Filmen, deren visuelle Kontemplationen nicht die Handlung tragen, sondern das repräsentieren, weshalb der Held handelt. Der Blick auf die Frau als sexuelles Objekt unterbricht dabei den Handlungsstrang bzw. den Spannungsbogen. In Junos Geständnisszene ist das Gegenteil der Fall: Die Spannung, wie Bleeker nach dem ersten Schreckensmoment auf die Nachricht von Junos Schwangerschaft reagieren wird, ist durch Junos Betrachtung männlicher Geschlechtsteile aufgeschoben. Als Bleeker sich schließlich äußert, überlässt er die Handlungsoptionen ganz Juno. Zwar entzieht er sich nicht der Verantwortung, zeigt jedoch, dass er sich noch gar nicht in der Rolle des werdenden Vaters sieht ("That's what happens when our moms and teachers get pregnant.").

Junos Position während der gesamten Szene ist ebenfalls sehr aufschlussreich: Sie sitzt zurückgelehnt in einem Sessel, den sie (in Anspielung auf das gemeinsame erste Mal) mit Leahs Hilfe in Bleekers Vorgarten getragen hat. Breitbeinig und Pfeife rauchend sitzt sie dort und erzählt so ihrem Freund von ihrer Schwangerschaft. Das heißt nicht, dass sich zwischendurch nicht auch Unsicherheit in ihrem Gesicht spiegelt, doch ihre Körperhaltung und ihr Verhalten sind nicht in erster Linie schutz- und hilfebedürftig. Dass Bleeker Juno mit dem Kosenamen 'Wizard' bezeichnet, passt nur zu gut in dieses Bild, denn anstatt 'honey' oder 'baby' gibt er ihr einen Namen, der Können, Überraschendes, Zauber und Macht konnotiert. Als sie ihm (aus Enttäuschung über seine Reaktion?) zu verstehen gibt, dass es schließlich ihre Idee war, Sex zu haben, ist er allerdings doch verstört – er hatte das anders gesehen. Juno ist also in der Sexualität aktiv – auch wenn sie sich immer wieder gegen den Erwachsenen-Begriff *sexually active* wehrt, der sich leitmotivisch durch den Film zieht.

Juno und Bleeker

Die ungewöhnliche Einführung Bleekers kann mit den Lernenden in ihrer Besonderheit durch *split viewing* erarbeitet werden, indem vor dem Zeigen der Szene unterschiedliche Schwerpunkte als kurze Beobachtungsaufträge erteilt werden, so dass nicht alle Schülerinnen und Schüler auf alle Aspekte achten müssen: Körperhaltung und Kleidung; Musik und Text; Kameraeinstellungen; Stimme, Sprache und Redeverhalten von Paulie Bleeker. Durch die Sammlung einzelner Beobachtungen lässt sich gut das Zusammenspiel der verschiedenen filmischen Zeichensysteme veranschaulichen. Dabei wäre interessant zu sehen, ob der Blick über den Körper des Jungen den Schülerinnen und Schülern ungewohnt vorkommt, bzw. ob eine Verbindung zur Darstellung von Frauenkörpern in anderen Filmen hergestellt wird. Als Teil der Charakterisierung Bleekers ließe sich auch der Film direkt nach Junos Mitteilung anhalten und die Lernenden könnten Hypothesen aufstellen, wie Bleeker wohl reagieren wird. Parallel oder im Anschluss an die Analyse Bleekers können dieselben Seh-Aufträge für Junos Auftreten in der Szene verteilt werden. Auf diese Weise ließe sich Junos Haltung herausarbeiten: Ihr Auftreten und ihre durch die Kamerabewegung untermalten libidinösen Kommentare entsprechen nicht den schon oft gesehenen Schwangerschafts-Eröffnungen aus einem Hollywood-Film. Insgesamt sollte darauf geachtet werden, dass eine solche mehrdimensionale Charakterisierung des Protagonistenpaares nicht in einem zu pauschalisierten 'Verkehrte-Welt-Gefühl' oder gar in Lächerlichkeit mündet, sondern als ein differenziertes Angebot aufgenommen wird, das (mit einem Augenzwinkern) mit Gender-Stereotypen spielt, diese aber nicht auf ausschließlich einen der beiden Pole eines dichotomen Geschlechtsverständnisses festschreibt.

Auch in Bezug auf sexuelle Orientierungen wird eine einschränkende Haltung zumindest ansatzweise aufgebrochen: Als Juno beschließt, dass Kind zu bekommen und zur Adoption freizugeben, bewegen sich ihre Gedanken auch jenseits heteronormativer Paarvorstellungen: "I was thinking maybe I could give the baby to somebody who actually likes that kind of thing. You know, like a woman with a bum ovary or something. Or some nice lesbos." (19:25)

Dass Juno selbst noch auf der Suche nach ihrer Identität ist, kommt in der Szene heraus, in der sie ihrem Vater und ihrer Stiefmutter erzählt, dass sie schwanger ist (und bereits Adoptiveltern gefunden hat) (vgl. *Juno*, 21:52-25:10). Auch wenn die Eltern sich Mühe geben, gelassen zu reagieren, kann sich der Vater doch nicht einer Bemerkung enthalten, dass er sie für eine andere Art Mädchen gehalten hätte. Junos irritierte Reaktion ("I don't really know what kind of girl I am.") tritt in ähnlicher Weise auch später im Film auf. So tolerant die Eltern auch sind, repräsentieren sie doch ein Paar mit eher traditioneller Rollenverteilung. Aus der Gender-Perspektive ist es

Junos Eltern

interessant, sich die Sitzhaltungen des Paares anzusehen: Während Brenda mit eng übereinandergeschlagenen Beinen sitzt und die Hände mit den manikürten Fingernägeln auf den Knien ruhen, sitzt Vater Mac zurückgelehnt, mit breiten Beinen und gestikulierend da (vgl. zu gender-spezifischen Sitzhaltungen den Aufsatz von Monika Seidl in diesem Band). Nach dem ersten Schock wollen sie vor allem wissen, wer der Vater ist. Sie müssen wider Willen lachen, als sie hören, dass es sich um Paulie Bleeker handelt, selbst die ebenfalls anwesende Leah stimmt Junos Vater zu, als dieser seiner Ungläubigkeit Ausdruck verleiht ("I didn't know he had it in him."). Juno versteht überhaupt nicht, was daran lustig ist. Sie ist sich nicht bewusst darüber, dass Bleeker gängigen Vorstellungen von Männlichkeit nicht entsprechen könnte (so etwas wie mangelnde Männlichkeit ist ihr bisher gar nicht in den Sinn gekommen); sie sieht ihn ganz anders, verteidigt ihn. Trotz des Schocks und der Irritation sind beide Eltern bemüht, Juno zu unterstützen.

Diese Szene kann, gerade im Hinblick auf die lebensweltliche Relevanz der Beziehung zu (Patchwork-)Eltern im Identitätsfindungsprozess ebenso wie mit Blick auf eine Erziehung zur *media literacy*, gut für eine handlungsorientierte Aufgabe genutzt werden. Der Film wird vor der Szene angehalten und die Lernenden sollen Hypothesen bilden, wie die Eltern wohl auf die Nachricht von Junos Schwangerschaft reagieren werden. In einem nächsten Schritt soll dann überlegt werden, wie dies filmisch umgesetzt sein könnte – die Kategorien der *split viewing*-Aufgaben bzgl. Juno und Bleeker können dabei als Hilfestellung dienen. Anschließend erhalten die Schülerinnen und Schüler den entsprechenden Auszug aus dem Skript des Films, anhand dessen sie die eigenen Vorstellungen zur filmischen Umsetzung der Szene in Form von Regie-Anweisungen hineinschreiben. Erst dann wird die Szene gemeinsam gesehen. So können Muster und Nuancen der Interaktion Eltern-Teenager angesprochen werden – und dies, ohne dass die ganz persönliche Situation der Lernenden direkt thematisiert werden muss. Außerdem wird die besondere

Marc und Vanessa Loring

Machart der Filmszene durch das Einbringen eigener Darstellungsideen besser verdeutlicht als durch rein analytische Zugangsformen. Im weiteren Verlauf des Films wird noch ein ganz anderes Paar eingeführt, das ebenfalls auf Junos Identitätsfindung Einfluss hat: die potentiellen Adoptiv-eltern für Junos Baby, Vanessa und Marc Loring (vgl. *Juno*, 25:54-31:06). Die beiden leben in einem teuren Viertel, in einem perfekt eingerichteten Haus. Die erste Begegnung ist geprägt durch die großen Kontraste zwischen Juno und ihrem Vater im Vergleich zu den Lorings und deren Anwältin und durch eine dadurch entstehende Unbeholfenheit. Vanessa wirkt überbemüht, verkrampft, kontrollierend und sehr um Äußeres bemüht. Marc gibt sich wesentlich lockerer, zum Teil fast unbeteiligt. Die Sympathien der Zuschauer sind zunächst auf ihn gerichtet und nicht auf Vanessa, was sich aber später ändert. Zunächst ist die Tendenz groß, gerade Vanessa recht stereotyp als perfektionistische hysterische Frau zu charakterisieren. Auch Juno scheint sie so einzuschätzen und versteht sich viel besser mit Marc. Dennoch scheint sie auch fasziniert von dem Bild, das Vanessa vermittelt, denn in deren Bad probiert sie heimlich Cremes und Parfums aus (vgl. *Juno*, 31:20-31:45). Diese tastende Ausrichtung an weiblichen Schönheitsidealen wird durchbrochen, als Juno beim Blick in den Spiegel auf einmal die Fäuste ballt und brummt. Sie scheint sich hier wieder von dem Ausprobieren zu distanzieren oder über sich selbst lustig zu machen bzw. dem Spiegelbild eine betont männliche Geste entgegen setzen zu wollen. Dennoch entdeckt Juno im Umgang mit dem Vorstadt-Ehepaar neue Seiten an sich. Bei weiteren spontanen Besuchen (vor allem bei Marc) zieht sie sich noch schnell im Auto einen Rock über die Jeans und schminkt sich. Sie probiert verschiedene Identitäten aus, doch sie tut dies nicht mit einer bewussten Absicht. Sie ist völlig verstört, als Marc sie irgendwann höchst irritiert fragt, wer sie denn eigentlich sei: Sie weiß es nicht (vgl. *Juno*, 01:00:31). Marc dagegen hat – nicht zuletzt auch durch den Umgang mit Juno – festgestellt, dass er sein Leben

Juno im Bad der Lorings

ändern will, und beschließt plötzlich, Vanessa zu verlassen. Das Bild des perfekten Ehepaars und Junos Vorstellung von einer heilen, traditionellen Familie für ihr Baby, an der sie sich offensichtlich orientiert hatte, sind zerstört. Doch Juno hat Vanessa inzwischen in ihrem Wunsch nach einem eigenen Kind zu schätzen gelernt. Es findet eine Wandlung der Vorbilder und Ideale statt, so dass Vanessa am Ende das Baby als alleinerziehende Mutter adoptiert und Juno – nach der schwierigen Situation unmittelbar nach der Geburt – wieder das Leben eines Teenagers führen kann und, zusammen mit Bleeker, noch Zeit hat herauszufinden, wer sie sein könnte.

Die erste Begegnung mit den Lorings und deren filmische Darstellung kann mit den Schülerinnen und Schülern erarbeitet werden, indem die Hälfte der Klasse nur das Bild der Szene zu sehen bekommt und die andere Hälfte nur den Ton hört. Durch die Zusammenführung der Seh- und Höreindrücke wird der starke Kontrast zwischen Vanessa und Juno sofort deutlich, Ton- und Bildebene spielen in dieser Szene zusammen. Um die Entwicklung der Figuren und ihre Wahrnehmung voneinander herauszuarbeiten und zu erkennen, dass eine vorschnelle Urteilsbildung aufgrund von geschlechtsspezifischen Stereotypen oft zu kurz greift[3], bietet sich des Weiteren die Erstellung von Figurenprofilen an. Alleine oder gruppenweise sollen sich die Lernenden im Filmverlauf auf das Porträt von Juno, Vanessa, Marc oder Bleeker konzentrieren. Dabei sollten sie auch darauf achten, woher die Informationen kommen, die sie zur Charakterisierung der Figuren verwenden: durch filmische Codes, durch eigene Gender-Vorstellungen, d.h. durch Schemata, die sie an den Film herantragen etc. Eine solche Aufgabe verdeutlicht auch noch einmal ein ganz wesentliches Merkmal des Films: Die Entwicklung Junos wird leichter darzustellen sein als die der anderen Figuren, da

[3] Solche Stereotype sind in *Juno* sehr präsent. Die Frauenfiguren sind aber, auch wenn sie in der ersten Hälfte des Films klischeehaft erscheinen mögen, nicht typenhaft konstruiert. Sowohl Brenda als auch Vanessa überraschen durch ihr Verhalten in der zweiten Hälfte des Films. Brenda steht Juno zur Seite, ohne Vorwürfe, und verteidigt sie, wenn sie angegriffen wird, z.B. gegenüber der Ultraschall-Assistentin. Typische Bilder von Weiblichkeit und Männlichkeit werden also erst inszeniert, um dann dekonstruiert zu werden (vgl. Oltmann 2008: 42). Außerdem ist immer auch die Frage zu stellen, wie die Darstellungen von bestimmten Männer- und Frauenfiguren innerhalb des Films selbst bewertet werden: Juno als Erzählerin und Sympathieträgerin lässt den Zuschauer bzw. die Zuschauerin die Figuren durch ihre Augen sehen, und Leah, die auf den ersten Blick wie ein typischer Cheerleader wirkt, ist für Juno eine positive Figur.

der Film von der Bewusstseinsdarstellung Junos geprägt ist. Nicht zuletzt durch die vielen *voice-over* vermittelt der Film die Sichtweise der weiblichen Hauptfigur. Aber auch von Vanessas Innenleben erfährt das Publikum einiges, da sie offen über ihre Gefühle spricht, während Bleeker und Marc in viel geringerem Maße eine Stimme gegeben wird. Auch in dieser Hinsicht ist der Film eher ungewöhnlich und kommt der eingangs genannten Forderung nach Texten mit weiblichen Perspektiven im Fremdsprachenunterricht nach. Dies bedeutet aber nicht, dass die anderen Figuren nicht auch gerade in diesem Kontext beschrieben werden können.

4. Abschließende Bemerkung

In *Juno* werden automatisierte Sehweisen aufgebrochen. Sowohl auf Darstellungsebene als auch auf Diskursebene werden ungewohnte Wahrnehmungsweisen im Hinblick auf Männlichkeit und Weiblichkeit angeboten. Die daraus entstehenden Irritationen bzw. die resultierende Komik fordern zum Verstehen heraus und regen zum Nachdenken über mediale Geschlechterdarstellungen an. Die Auseinandersetzung mit anderen Wahrnehmungsmustern als den aus Alltag und Medienwelt gewohnten und der Prozess des Bewusstwerdens eigener Identitätskategorien – wie er durch die vorgestellten Aufgaben angestoßen wird – kann zur Weiterentwicklung der eigenen Persönlichkeit führen. Und genau dies ist auch eine wichtige Komponente in der Ausbildung zu interkultureller Handlungsfähigkeit.

Filmnachweis

Juno (USA/Kanada 2007), Regie: Jason Reitman.

Literatur

Ammann, Daniel & Katharina Ernst (Hrsg.) (2000). *Film erleben: Kino und Video in der Schule*. Zürich: Pestalozzianum.

Bach, Gerhard & Johannes-Peter Timm (2003). "Handlungsorientierung als Ziel und als Methode." In: Dies. (Hrsg.). *Englischunterricht: Grundlagen und Methoden einer handlungsorientierten Unterrichtspraxis* (3. Aufl.). Tübingen/Basel: Francke, 1-21.

Barthelmes, Jürgen & Ekkehard Sander (2001). *Erst die Freunde, dann die Medien: Medien als Begleiter in Pubertät und Adoleszenz*. München. Verlag deutsches Jugendinstitut.

Blell, Gabriele & Christiane Lütge (2009). "*Gendered Views & Sounds*: Zu *Gender*-Aspekten bei der Arbeit mit *Teenage*-Filmen im Fremdsprachenunterricht." In: Leitzke-Ungerer, Eva (Hrsg.). *Film im Fremdsprachenunterricht: Literarische Stoffe, interkulturelle Ziele, mediale Wirkung*. Stuttgart: Ibidem.

Bredella, Lothar (2004). "*Bend It Like Beckham*: Überlegungen zu einer rezeptionsästhetischen Filmdidaktik." *Der fremdsprachliche Unterricht Englisch* 68: 28-32.

Decke-Cornill, Helene & Claudia M. Gdaniec (1992). *Sprache – Literatur – Geschlecht*. Pfaffenweiler: Centaurus.

Decke-Cornill, Helene & Renate Luca (Hrsg.) (2007a). *Jugendliche im Film – Filme für Jugendliche: medienpädagogische, bildungstheoretische und didaktische Perspektiven*. München: kopaed.

Decke-Cornill, Helene & Renate Luca (Hrsg.) (2007b). "Filmanalyse und/oder Filmerleben? Zum Dualismus von Filmobjekt und Zuschauersubjekt." In: Dies. 2007a, 11-30.

Ernst, Katharina (2000). "Mit Spielfilmen aufwachsen." In: Ammann/Ernst 2000, 19-28.

Glomb, Stefan (2004). "Identität, persönliche." In: Nünning, Ansgar (Hrsg.). *Metzler Lexikon Literatur- und Kulturtheorie: Ansätze – Personen – Grundbegriffe*, 3. Aufl. Stuttgart/Weimar: Metzler, 277.

Hallet, Wolfgang & Udo J. Hebel (2007). "*Staging Women's Lives*: *Short Plays* im Englischunterricht." *Der fremdsprachliche Unterricht Englisch* 41: 85/86, 4-10.

Mulvey, Laura (1986). "Visual Pleasure and Narrative Cinema." In: Rosen, Philip (Hrsg.). *Narrative, Apparatus, Ideology: A Film Theory Reader*. New York: Columbia UP, 198-209.

Nünning, Ansgar & Surkamp, Carola (2009). *Englische Literatur unterrichten 1: Grundlagen und Methoden*. 2. Aufl. Seelze-Velber: Kallmeyer/Klett.

Oltmann, Katrin (2008). *Remake-Premake: Hollywoods romantische Komödien und ihre Gender-Diskurse. 1930-1960.* Bielefeld: transcript.

Seidl, Monika (2009). "*SlashSit* und andere Geschichten vom Sitzen: Geschlechterstereotypen in Bildmedien und Computerspielen und ihre Untersuchung im Fremdsprachenunterricht." In: Surkamp, Carola & Carola Hecke (Hrsg.). *Bilder im Fremdsprachenunterricht: Neue Ansätze, Kompetenzen und Methoden*. Tübingen: Narr.

Süss, Daniel (2000). "Spielfilme im Alltag – Spielfilme im Unterricht." In: Ammann/Ernst 2000, 29-36.

Surkamp, Carola. 2009. "Spielfilme im Unterricht: Aktives Erleben statt passivem Konsum." In: Sohns, Jan-Arne & Rüdiger Utikal (Hrsg.). *Popkultur trifft Schule: Bausteine für eine neue Medienerziehung*. Weinheim: Beltz, 178-198.

Volkmann, Laurenz (2007). "Gender Studies and Literature Didactics: Research and Teaching – Worlds Apart?" In: Decke-Cornill, Helene & Laurenz Volkmann (Hrsg.). *Gender Studies and Foreign Language Teaching*. Tübingen: Narr, 161-184.

Vollbrecht, Ralf (2001). "Entwicklungslinien der medienpädagogischen Debatte des 20. Jahrhunderts am Beispiel des Kinos." In: Ders. *Einführung in die Medienpädagogik*. Weinheim/Basel: Beltz, 25-52.

Vollmer, Helmut Johannes (1998). "Sprechen und Gesprächsführung." In: Timm, Johannes-Peter (Hrsg.). *Englisch lernen und lehren*. Berlin: Cornelsen, 237-249.

Walberg, Hanne (2007). "Film-Bildung an den Grenzen des Verstehens: Bildungstheoretische Überlegungen am Beispiel Jugend im Film." In: Decke-Cornill/Luca 2007a, 31-43.

Helene Decke-Cornill & Renate Luca

Ein Film – zwei Zugangsweisen: Erlebnisorientierte und hermeneutisch-analytische Filmarbeit

Die Arbeit mit Filmen hat vermehrt Eingang in schulische und außerschulische Bildungszusammenhänge gefunden, aber einen Konsens über Ziele und Formen dieser Arbeit gibt es nicht. Am Beispiel des Kurzfilms *Ayla und die Strumpfhose* von Bilhan Derin aus dem Jahr 2001 sollen im Folgenden zwei Vorgehensweisen dargestellt werden, von denen die eine als tendenziell ich-nah und subjektorientiert charakterisiert werden kann, die andere als eher film-nah und objektorientiert. Beide Verfahren haben gemeinsam, dass sie vom Erleben des Films, von seiner Rezeption ausgehen – dazu gibt es ja keine Alternative. Subjektorientierte, ich-nahe Zugänge stellen dieses Filmerleben und die individuelle Rezeption des Films, seine Bedeutung für die Betrachtenden, Anschlüsse an ihre Lebenswirklichkeiten und Identitäten in den Mittelpunkt. Hingegen begeben sich hermeneutisch-analytische Verfahren an die Gestalt des Films, suchen nach Strukturen und Mustern in ihm, spüren seiner Ästhetik und seinen Konstruktionsgeheimnissen nach. Der Film wird dabei zum Gegenüber und Gegenstand sorgfältigen Studiums.

1. Filmerleben: Ein erfahrungsorientierter Zugang zum Film

Wir beginnen – nicht ganz zufällig, wie in den Abschlussbemerkungen deutlich wird – mit dem subjektbezogenen, erlebens- und erfahrungsorientierten Ansatz. Er wird zunächst charakterisiert, dann auf seine pädagogische Relevanz hin befragt und schließlich am Beispiel der Arbeit mit dem genannten Kurzfilm veranschaulicht.

1.1 Was ist Filmerleben?

Der erlebens- und erfahrungsbezogene Zugang zum Film bezieht sich in seiner Argumentation u.a. auf die Medienrezeptionsforschung. Die Medienwissenschaftler Charlton und Neumann-Braun bezeichnen die "Spiegelung" als ein wesentliches Element der Medienrezeption. Damit ist gemeint, dass die Rezipient/innen an dem wahrgenommenen Mediengeschehen teilhaben, indem sie z. B. Rollen von Medien-Charakteren übernehmen. Die Konfrontation mit den Geschichten und Charakteren des kulturellen Sinnangebots in Medien gibt den ZuschauerInnen Impulse und Vorstellungen über soziales Handeln anderer, die sie dann zur Reflektion ihres eigenen Handelns heranziehen können. Auf diese Weise können sie lernen, sich besser in sozialen Kontexten zu verorten. Sie reflektieren sich selbst im Spiegel der parasozialen Anderen (vgl. Charlton/Neumann-Braun 1992: 85f.).

Medienrezeption ist der Prozess der Wechselwirkung zwischen Person und Medium. Der erlebnisorientierte Ansatz räumt den Interessen, der Motivation und dem Bedürfnisspektrum der Rezipierenden große Bedeutung für die Aneignung medialer Darstellungen ein. Er geht davon aus, dass Alter, soziale Herkunft und Schicht, kultureller Kontext und Geschlecht Einfluss auf die individuellen Zugänge zum Medium und auf die Verarbeitung des Angebots ausüben.

Zugänge, die das Filmerleben in den Mittelpunkt rücken, zeichnen sich durch drei Charakteristika aus:

Sie betonen die emotionale Beteiligung des Publikums am Filmgeschehen. Filmrezeption wird als subjektiver Prozess verstanden, in dem sich die Rezipient/innen emotional und kognitiv verorten. Emotionen steuern dabei die Richtung des Wahrnehmens und Erkennens.

Sie verweisen mit der Betonung der Emotionen auf die lebensgeschichtliche Bezogenheit der Filmrezeption. Emotionen werden zwar in der Gegenwart erlebt, gehen aber nicht in ihr auf, sondern haben eine vergangenheitsbezogene und eine zukunftsbezogene Dimension. Gewaltdarstellungen z. B. evozieren eigener Gewalterfahrung entsprechend unterschiedliche emotionale Beteiligung: Wut, Angst, Gleichgültigkeit oder Angstlust. Bilder von Armut und Perspektivlosigkeit werden je nach eigener Zukunftsvision emotional betroffen oder distanziert erlebt.

Sie betrachten Film als 'symbolische Sphäre', die Deutungs- bzw. Interpretationsaktivitäten voraussetzt und ohne diese nicht 'verstanden' würde. Die Auffassung vom Film als symbolischer Sphäre verweist auf die Vieldeutigkeit bewegter Bilder. Symbole sind nicht eindeutig. Sie sind charakterisiert durch zwei Ebenen:

einen unmittelbaren Sinngehalt, der analytischer Betrachtung zugängig ist, und einen weiterreichenden Sinn, der sich über den ersten erschließt (vgl. Biehl 1992: 195). Beide Sinnebenen sind durch Ambivalenzen gekennzeichnet. Je nach Kontext und subjektiver Rezeption kann ein Symbol beispielsweise für Freud und/oder Leid, für Freiheit und/oder Zwang und für Gut und/oder Böse stehen. Symbole und damit auch Filme verlangen nach Interpretation und diese erfolgt *en passant* und unmittelbar im Prozess der Rezeption des Films. Der Film entsteht im Kopf der ZuschauerInnen.

1.2 Pädagogische Implikationen

Für die pädagogische Arbeit mit Filmen ergibt sich aus dem bisher Gesagten erstens die Forderung, subjektive Zugänge zum Film einzubeziehen, damit der Film zum Spiegel selbsterlebter Erfahrungen, Konflikte, Wünsche und Ängste werden kann. Kinder und Jugendliche können dieses Material nutzen, um die Welt und sich in ihr zu entdecken. Das Filmerleben ernst zu nehmen bedeutet zweitens, Situationen und Bedingungen zu schaffen, in denen – anders als in belehrender Weise – die Begegnung mit dem Film ermöglicht wird. Es braucht drittens Zeit und Raum, damit jede und jeder mit dem Film in Kontakt treten kann. Und es bedarf viertens anschließend der Anlässe und Methoden, die es möglich machen, das zunächst sprachlose Erleben zum Ausdruck zu bringen.

In diesem Sinne ist Filmbildung hier nicht Instruktion, sondern Anregung, die Bedeutungen, die sich in der Rezeption zwischen Film und Zuschauer herauskristallisieren, ernst zu nehmen. In der Forderung nach Schaffung von Kommunikationsräumen für die Artikulation und Reflektion des Filmerlebens zeigen sich Anknüpfungspunkte an die Diskussion um Medienkompetenz. Dort wird mit dem Begriff der Anschlusskommunikation eine wesentliche Kompetenzdimension beschrieben, die es im Kontext der Auseinandersetzung mit Medien generell anzustreben gilt. Sie beinhaltet die Fähigkeit, das Medienerleben zu realisieren und durch geeignete Kommunikation mitzuteilen (vgl. Groeben 2003: 178). Dies geschieht in der *peer group* oder in der Familie ohne gezielte Intervention und kann und sollte im Sinne der Medienkompetenzförderung gezielt in schulischen und außerschulischen Kontexten initiiert werden.

Im Folgenden wird am Beispiel des Films *Ayla und die Strumpfhose* exemplarisch die Dokumentation des Filmerlebens einer studentischen Gruppe dokumentiert.

1.3 Filmerleben am Beispiel des Kurzfilms *Ayla und die Strumpfhose*

Der Kurzfilm handelt von einem etwa 8jährigen Mädchen, Ayla, das im Sommer im Hinterhof eines Mietshauses mit anderen Mädchen ihres Alters Gummitwist spielt. Das Mädchen trägt einen Rock. Ein alter Mann, vermutlich der Großvater, steht am Fenster einer Wohnung und schaut herunter auf Ayla. In türkischer(?) Sprache sagt er daraufhin etwas zu einer jungen Frau im Hintergrund der Wohnung, die vielleicht Aylas Mutter ist. Die Frau reagiert, indem sie aus einer Truhe eine lange rote Strumpfhose herausholt. Sie holt die widerstrebende Ayla aus dem Kreis der Spielkameradinnen und zieht ihr ungeachtet der Sonne die Strumpfhose an. Ayla möchte dies offensichtlich nicht, duldet es aber. Mutter und Tochter verlassen dann den Hinterhof und gehen zum Einkaufen auf einen Markt. Viele Obst- und Gemüsestände und Stände mit anderen Waren sind rechts und links von Ayla und ihrer Mutter aufgebaut. Während die Mutter Einkäufe macht, folgt Aylas Blick dem Treiben um sie herum, vor allem dem von Kindern und Jugendlichen. Dann tritt ein Brunnen in ihr Gesichtsfeld. Sie löst sich unbemerkt von der Mutter, die erst später bemerkt, dass Ayla nicht mehr neben ihr ist. Ayla steht in Mitten des Brunnens im Wasser. Ihre Strumpfhose liegt am Beckenrand. Sie strahlt ihre Mutter an.

1.4 Dokumentation des Filmerlebens von *Ayla und die Strumpfhose*

Ein Film entsteht – so wurde oben gesagt – im Kopf der ZuschauerInnen. Darum kann es für eine didaktisch initiierte Filmrezeption ein erster Schritt sein, die ersten Eindrücke vom Film, also das spontane, subjektive Filmerleben, zu dokumentieren. Dazu gibt es eine Reihe von Methoden, z.B. das Verfahren des *Nachträglich Lauten Denkens* (NLD) (vgl. Bilandzic 2005), eine Form des freien Assoziierens im Anschluss an die Filmrezeption oder, wie in dem im Folgenden vorgestellten Beispiel, *das spontane Notieren von Ersteindrücken* und *das erlebnisorientierte Bildgestalten*.

1.4.1 Ersteindrücke

Der Impuls an einen Teil der Lerngruppe lautete hier wie auch beim NLD üblich: Was ist Dir bei dieser Szene durch den Kopf gegangen? Gefühle, Gedanken und Fantasien sollen direkt nach der Rezeption ohne vorhergehende Diskussion festgehalten werden. Bei der Anleitung wird betont, dass es kein Falsch oder Richtig gibt, sondern jede/r sich für sich allein spontan und ohne längeres Überlegen äußern kann und darf. Im Anschluss an die Rezeption der ersten Hälfte des Kurzfilms entstanden nach diesem Verfahren spontan folgende Texte:

Text 1

Scheinbar kultureller Konflikt (unziemlich?)
Problem, Gummitwist mit Rock zu spielen.
Der Mann hat Einfluss/Macht über die Frau. Familie lebt relativ ärmlich.
Es ist etwas schmutzig.
Zwist zwischen den Kindern.
Die zwei anderen amüsieren sich, als sie die Strumpfhose anziehen muss.

Text 2

Keuschheit, prüde, strenger Vater
Andere Kultur/Religion
(Bei "uns" ist es bei *Kindern* egal, ob man ihnen unter den Rock gucken kann, vor allem, wenn nur andere Kinder dabei sind)
Mutter trägt Kopftuch.

Text 3

Wo spielt die Geschichte? Welche Sprache sprechen die Menschen?
In welchem Verhältnis steht der ältere Mann zu dem Mädchen? Vater? Opa?
Ich habe mich gefragt, warum die Frau/Mutter? dem Kind (Tochter?) die Strumpfhose anzieht und das Mädchen es nicht will.

Text 4

Autoritärer Vater; Mutter hat "Angst", hat Angst vor ihm (hört auf zu singen, wenn er reinkommt)
Prüde bzw. keusch, muss Strumpfhose anziehen, wenn sie rausgehen
Merkbar andere Kultur, Kind will Strumpfhose ausziehen – will eventuell aus der Kultur flüchten

Betrachten wir die Texte als Ausdruck des Filmerlebens, so zeigt sich, dass der Film bei den RezipientInnen eine Reihe von Grundkomplexen evoziert: einen Konflikt von 'ziemlich' und 'unziemlich' (vielleicht gemeint als 'anständig' und 'unanständig'), Konflikte zwischen Mann und Frau, zwischen arm und reich und zwischen Kindern verschiedener "Kulturen" und Erziehungstraditionen (Text 1). In Text zwei kommt ein weiterer Aspekt zum Tragen. Mit der Bemerkung "bei uns" wird das Thema des Films auf 'die' 'eigene' Kultur übertragen und eine Differenz zwischen 'Kulturen' und zwischen Kind- und Erwachsensein in verschiedenen Kulturen aufgemacht. Text 3 artikuliert in Form von Fragen eher eine grundlegende Irritation und stellt den inneren Konflikt des Mädchens in den Mittelpunkt: Das Mädchen soll etwas tun, was es nicht möchte. In Text 4 steht neben dem grundlegenden kulturellen Konflikt auch die Situation des Mädchens im Vordergrund, das "eventuell" aus "der Kultur" ausbrechen möchte.

Mit diesen Beispielen sollte kenntlich gemacht werden, dass die Artikulation des Filmerlebens in dieser Form Ausgangspunkt für das Filmverstehen sein kann. Die vorliegenden Texte setzen Impulse und Fragen, die in einer nächsten Arbeitsphase in Form der Anschlusskommunikation in den sozialen Austausch mit anderen gebracht werden können. Damit wird eine dialogische Basis geschaffen, die es erfordert, sich mit eigenem Erleben darzustellen und die die Möglichkeit eröffnet, durch Rückmeldung und Vergleiche mit dem Erleben anderer die eigenen Erfahrungen und Erlebnisse zu reflektieren. Bei *Ayla* ist z.B. auffallend, dass der Fokus der Studierenden durch den Aspekt "andere Kultur" geprägt ist. Bei Rezipientinnen der älteren Generation wurde dagegen der Aspekt der Geschlechtererziehung, der (Ver-)Kleidung und "Sexualisierung des Körpers" (Haug 1983) wach.

In einem weiteren Schritt würden dann vertiefende kognitive Analysen des Films und seiner Darstellungsweise erfolgen können, wie sie der analytische Ansatz (s.

Abschnitt 2) vorsieht. Aber auch eine kognitive und evaluative Auseinandersetzung mit den Kulturbegriffen oder den Konstrukten von Anstand usw. müsste sich auf der Grundlage der obigen Äußerungen anschließen oder auch die Frage diskutiert werden, ob der Film eine problematische Differenz zwischen 'Eigenem' und den 'Anderem' und dabei die 'Rückständigkeit' der 'Anderen' konstruiere oder ob er geeignet sei, 'Eigenes' im Lichte des 'Anderen' zu erkennen und zu reflektieren. Wie - so eine Prüffrage - wäre der gleiche Film mit deutschsprachigen Protagonist_innen rezipiert worden?

1.4.2 Erlebnisorientiertes Bildgestalten

Eine zweite Gruppe von Studierenden wurde aufgefordert, im Anschluss an die Rezeption von *Ayla und die Strumpfhose* eine dreischrittige Aufgabe zu bearbeiten. Im ersten Schritt galt es, ein Bild zu erstellen oder ein Symbol zu entwerfen, das das je individuelle Erleben des Films repräsentierte. Dieses Vorgehen zielt darauf, die vorsprachliche assoziativ symbolische Seite der Filmrezeption 'einzufangen', weil sie eine große Nähe zur Bildersprache der Filme aufweist. Das Erleben kann damit zunächst unmittelbar – ohne Übersetzung in Sprache – artikuliert werden. In einem zweiten Schritt sollte dem jeweiligen Bild bzw. Symbol ein Titel bzw. Name gegeben und in einem dritten das eigene Bild sowie der Titel erläutert werden. Auf diese Weise erfolgte eine sukzessive Versprachlichung des Filmerlebens, bis es kommunizierbar wurde.

Einige ausgewählte Darstellungen mögen das Verfahren verdeutlichen. Auch in ihnen zeigen sich zwei Grundkomplexe des Films: die Entwicklung des Mädchens Ayla und die Konfliktsituation eines Lebens "in zwei Kulturen".

Bild 1: zwei Gewalten

Diese bildliche Darstellung bleibt eng an der Bildsprache des Films: Die beiden Elemente Wasser und Sonne stehen konflikthaft übereinander. Durch Titel und Erläuterung wird hier der Kontrast betont. "*Ja, ich habe die beiden Elemente Himmel und Wasser als Symbole gemalt. Weil ich fand, dass die Sonne und das Wasser sehr stark raus kommen. Das ist mir am meisten im Kopf geblieben. Das Wasser kam viermal vor und die Sonne hat ja auch permanent geschienen. Dieser Kontrast, den fand ich ganz eindrucksvoll.*"

Bild 2: Freiheit

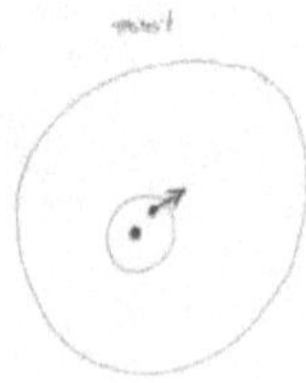

Der Titel des Bildes formuliert das Ergebnis einer Bewegung. Das Bild deutet die Bewegung durch einen Pfeil an. Im Kommentar sagt die Rezipientin: "*Ich habe etwas Einfaches dargestellt. Einen großen Kreis, wo der kleine Kreis ausbricht, und hier ist der Umbruch. Und das soll heißen: einmal die Vorschriften der Kultur, in der sie lebt; aber da sie die halt noch nicht so ganz nachvollziehen kann oder dadurch, dass sie in Deutschland lebt, auch nicht nachvollziehen möchte, bricht sie halt am Ende aus.*" Anders als die Erläuterung zum Titel, wonach der Ausbruch des Mädchens tatsächlich stattfindet, zeigt das Bild zwar die Bewegung, aber nicht das Ankommen. Der kleine Kreis hat quasi einen langen Weg zurückzulegen, um aus dem Kreis herauszutreten. Ob das Mädchen es schafft, es schaffen will, bleibt offen. Der Aufbruch in die sog. "Freiheit" ist noch sehr fragil.

Bild 3: Freiheit trotz Zwang und Unverständnis (?)

Auch Beispiel 3 thematisiert den Weg des Mädchens vom Zwang zur Freiheit. Diese Rezipientin bezieht sich ebenfalls eng auf die Bildsprache des Films: "*Ich habe eine Straße gemalt. Eine Straße mit Löwenzahn. Das erinnert mich an den Vorspann.*" Gleichzeitig kommt auch hier durch den Titel eine Ambivalenz zum

Ausdruck. Durch das Fragezeichen wird dieser Weg in die Freiheit in Frage gestellt.

Alle drei Beispiele dokumentieren ein Filmerleben, das durch Ambivalenz gekennzeichnet ist. Es wird zwar die Bewegung hin zu einer wie auch immer vorgestellten "Freiheit" beschrieben und dies ist im Film auch angelegt; gleichwohl gibt er offensichtlich auch Anlass, diese Freiheit in Frage zu stellen. Die Gegensätze werden als massiv wahrgenommen: Feuer und Wasser, groß und klein, Freiheit und Zwang.

Auch das Verfahren der Bildgestaltung verlangt nach weiteren Arbeitsschritten, wie sie schon im Anschluss an die Methode des Nachträglich Lauten Denkens (NLD) bzw. des spontanen Notierens von Ersteindrücken empfohlen wurden. In jedem Falle aber erlaubt das Ansetzen am Filmerleben der RezipientInnen, dass das subjektive Interesse und die jeweiligen individuellen Konstruktionen der Filmhandlung den Verstehensprozess des Films anregen und damit weitere Arbeitsschritte steuern. So provoziert kreatives, experimentelles Vorgehen auch Bemühungen um Wissenserwerb.

2. Die hermeneutischen Filmanalyse

Ähnlich wie beim Erlebensansatz wird dieser andere Ansatz im Folgenden zunächst charakterisiert, bevor er am Beispiel des Kurzfilms konkretisiert und veranschaulicht wird, wobei hier nicht auf Unterrichtsergebnisse zurückgegriffen werden kann. Die Auseinandersetzung mit der pädagogischen Relevanz ist Teil der vergleichenden Bewertung des abschließenden Abschnitts 3.

2.1 Charakteristika

Hermeneutische Verfahren stehen in der Tradition der Auslegung der Bibel (Exegese) und der Rechtssprechung, also in der Tradition der Auslegung schwer zugänglicher, historisch weit zurückliegender oder sehr abstrakter Texte. Da Filme allerdings auf Anhieb zugänglich erscheinen, wie die erlebende Begegnung mit *Ayla* oben gezeigt hat, verfolgt die hermeneutische Arbeit in der Filmdidaktik andere Ziele als in der Theologie oder Rechtsgeschichte.

> Da [es] bei vielen Filmen [...] nicht darauf ankommt, sie verständlich zu machen, sollen vielmehr hinter diesem Schein des allgemein Verständlichen die Strukturen der Gestaltung hervorgehoben und die zusätzlich noch vorhandenen *Bedeutungsebenen und Sinnpotentiale* aufgedeckt werden. Hermeneutisch orientierte Film- und Fernsehanalyse geht von der Mehrdeutigkeit filmischer [...] Werke aus und versucht, diese Mehrdeutigkeiten erkennbar zu machen. [Sie ist] durch ein 'zirkuläres' Verfahren gekennzeichnet, in dem immer wieder aufs Neue der Text befragt und mit Einzelbefunden und Interpretationsergebnissen konfrontiert wird. (Hickethier 1996: 33)

Hickethiers Zitat zeigt, dass, ebenso wie der Erlebensansatz, auch der hermeneutische Zugang die Vielschichtigkeit und Vieldeutigkeit eines Films im Blick hat. Der Erlebensansatz sucht sie über die Vielfalt der individuellen, spontanen Deutungen, die hermeneutische Analyse dagegen über ein zirkuläres, immer wieder auf den Filmtext selbst bezogenes Vorgehen.

Die Analyse beginnt in aller Regel mit einem Überblick über den Gesamtaufbau eines Films, einem Blick auf seine übergreifende Morphologie, sein grobes Gewebe. Dann werden ausgewählte Auszüge in den Blick genommen, ihre filigrane Textur unter die Lupe genauer betrachtet und die Wechselbeziehung zwischen Detail und Gesamt, Einzelbeobachtung und Ganzem erforscht. Darüber hinaus wird Kontextwissen herangezogen und so allmählich ein immer genaueres und tieferes Verständnis des Werks gesucht. Bei dieser zirkulären Analyse werden alle denkbaren Formen der Verlangsamung, der Wiederholung, der Mikroskopie, der Verfremdung genutzt, und zwar aus einer Haltung der Kontemplation und des Verweilens heraus. In Anlehnung an das *close reading* von geschriebenen Texten ließe sich hier also von einem *close viewing* sprechen.

2.2 Illustration der hermeneutischen Filmanalyse an *Ayla und die Strumpfhose*

Bei einer filmnahen, minutiösen Betrachtung eines Kurzfilms kann sehr schnell ein umfangreiches Textkonvolut entstehen. Um das zu vermeiden, soll das filmanalytische Vorgehen hier nur an zwei Aspekten des Films erläutert werden: seinem Gesamtaufbau und seiner Anfangssequenz.

2.2.1 Gesamtaufbau

Filmanalytischen Verfahren ist gemeinsam, dass sie von dem Film als Kunstwerk ausgehen und es betrachten, als sei nichts daran dem Zufall überlassen, als sei jedes Element darin Teil seiner Anrede, also des Appells des Films an seine Betrachter/innen. Häufig wird zur Vorbereitung deshalb ein detailliertes Filmprotokoll angefertigt oder auch, wie das hier geschieht, die Abfolge von Handlungseinheiten rekonstruiert. Die folgende Rekonstruktion orientiert sich an den Ortswechseln im Film. Bei genauerer Differenzierung lassen sich fünf Orte oder *Settings* unterscheiden, die sich wiederum zu drei bündeln lassen.

Hof und Wohnung	**Nahbereich d. Familie u. *peers* (Nachbarschaft)**
Hofdurchgang	**Zwischen- und Durchgangsbereich**
Markt und Springbrunnen	**Öffentlicher Raum, Außenwelt**

Zieht man Kontextwissen heran, so erweist sich eine solche Dreistufigkeit als ein Grundmuster des Erzählens, auch des filmischen Erzählens.[1] In ihm offenbart sich das Modell der Reise – der tatsächlichen oder der symbolischen – mit den drei Phasen der Trennung, der Prüfungen und der Ankunft.

[1] Das hat Joseph Campbell (1978) z.B. für Mythen festgestellt, Michaela Krützen (2004) hat es in Hollywoodfilmen wieder gefunden.

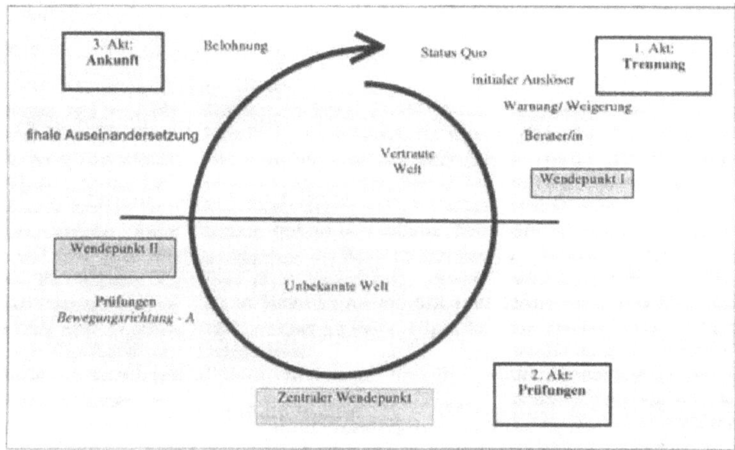

Stationen des Erzählens (Krützen 2005: 83)

Das Grundmuster der (Initiations-)Reise lässt sich auch für *Ayla und die Strumpfhose* rekonstruieren.

1. Aufbruch und Trennung vom Ausgangszustand

Ayla auf dem Hof ist unter Ihresgleichen. Sie ist mit ihren Freundinnen verbunden durch Alter, Geschlecht, Spiel, Sprache. Sie ist mit ihrem Großvater und ihrer Mutter verbunden durch die Blickachse, die der Film anlegt, denn wir sehen das Fenster und die drei spielenden Kinder auf dieser Blickachse. Aber in diesen verbindenden Linien, die das Bedeutungsgewebe durchziehen, sind schon Elemente der Separation, des Innen und des Außen enthalten. Aufbruch- und Ausbruchsignale zeigen sich vor allem im Spiel der Mädchen, einem Spiel von Fesselung und Befreiung. Die Kinder versuchen, die Grenzen des Bandes springend zu überwinden, es unter ihre Kontrolle zu bringen, Verstrickung zu vermeiden. Der Sprung selbst ist ein Akt der Gegenkraft, der Überwindung der Gravitation, der Loslösung und Widerständigkeit.

2. Phase der Transition und des krisenhaften Übergangs

Der Übergang wird als krisenhaft markiert. Die Kamera zeigt Aylas nackte Beine und wechselt zum Blick des hinter dem Fenster halb verborgenen Alten. Er sieht an diesen Beinen etwas, das diese mit Bedeutung auflädt, ihn veranlasst, die Mutter herbeizuholen und dazu führt, dass sie eine Strumpfhose aus dem Regal holt. Unter den Augen des Großvaters verlieren die nackten Beine ihre Unschuld.[2] Das Mädchen wird auf Geheiß des Großvaters, der – filmimmanent zeigt sich das an dieser Stelle – eine andere Sprache als das Kind spricht, und durch die Ausführung der Mutter auf eine Initiation vorbereitet. Hier liegt der erste Wendepunkt. Ayla erscheint an diesem Wendepunkt als Objekt, ihre nackten Beine als Skandalon: Die Mutter zieht sie hinterrücks aus dem Kreis der Gleichaltrigen und aus dem Spiel und kleidet sie gewaltsam für die Reise in die Außenwelt, indem sie ihre Beine bedeckt – ohne Worte, ohne Erklärung: Für Ayla und für uns ZuschauerInnen entsteht hier eine Leerstelle, die Sinnverlangen auslöst. Ayla ist im Übrigen nur mit Einschränkung Objekt: Sie streckt den Freundinnen die Zunge heraus und muss fest an die Hand genommen werden.

Die Mutter zieht sie an der Hand aus der Höhle des Hofes durch die dunkle Hofeinfahrt an das Licht der Öffentlichkeit, ein Vorgang, der an den einer Geburt erinnert. Ayla begleitet die Mutter beim Einkauf von Lebensmitteln auf dem Markt, sie soll deren Tätigkeit lernen und auch lernen Hitze in warmer Kleidung zu ertragen – eine Vorschau auf ihre Zukunft.

3. Erreichen eines neuen Zustands

Die Signale des Widerstands bleiben: Das Mädchen zerrt an der Strumpfhose, es interessiert sich nicht für das, was die Mutter tut, sondern für alles andere. Auch die Kamera interessiert sich nicht für die Mutter, sondern für das Kind, für das, was es sieht. Sie geht hin und her zwischen Aylas Gesicht und der Frau mit der Wasserflasche, zwischen Ayla und den blonden Mädchen auf Rollerblades, zwischen Alya und dem Jungen, der die Mädchen mit der Wasserpistole verfolgt, und – schließlich – zwischen Ayla und dem Springbrunnen.

Das Kind löst sich von der Mutter. An diesem zweiten Wendepunkt wird das Mädchen zum handelnden Subjekt. Es geht auf den Springbrunnen zu, klettert über eine Balustrade (eine Grenzüberschreitung), setzt sich auf den Brunnenrand, zieht die Strumpfhose aus (die Kamera/das Publikum guckt ihr unter den Rock),

[2] "Wie wird 'Unschuldiges' 'schuldig'? [...] Oder anders gesprochen: Wie geraten Frauenbeine in einen sexuellen Artikulationszusammenhang?" fragt Haug (1983: 100).

wirft die Strumpfhose in den Brunnen. Ein Zwischenschnitt zeigt das Kopftuch der Mutter, die sich umsieht und aus deren Blickwinkel wir, das Publikum, Ayla glücklich, vielleicht auch ein bisschen herausfordernd, jedenfalls strahlend im Regen des Springbrunnens stehen sehen. Eine Loslösung und Ankunft, die dem Kind nicht von den Alten vorbestimmt war, sondern von ihm selbst betrieben ist.

2.2.2 Der Filmanfang

Nach dieser Rekonstruktion des Gesamtaufbaus des Films wird nun anhand einer Miniaturanalyse der Filmanfang analytisch unter die Lupe genommen (vgl. dazu auch Decke-Cornill 2010). Zuvor aber sei Alain Bergalas Plädoyer für die penible Betrachtung kleiner Filmausschnitte, Szenen und Einstellungen vorgestellt.

> Schon immer hat es mich frappiert, wie wirkungsvoll im Filmunterricht Ausschnitte – die Analyse einer Szene, einer Einstellung – sind. In der Pädagogik des Fragments vereinigen sich die Vorzüge von Verdichtung und Frische, durch die sich die Bilder dauerhafter und genauer ins Gedächtnis einprägen. Man erlebt ja auch immer wieder Überraschungen, wenn man mitten in einen Film einsteigt, den man schon gesehen hat, ja auswendig kennt: Wie hat mir nur diese Einstellung nicht auffallen können, oder die Merkwürdigkeit jener Geste des Schauspielers, oder das Licht, das ganz anders ist als im übrigen Film? Weil sie im Fluss der in meiner Erinnerung an den ganzen Film bereits angehäuften Bilder gefangen waren, weil sich die Unebenheiten und Eigentümlichkeiten in dieser Gesamtsicht abgeschliffen, verflacht hatten. Löst man dann einen Teil aus dem Erzählfluss und der visuellen Gewöhnung an den Film, macht man ihn von neuem sichtbar. (Bergala 2006: 86)

Bergala geht so weit, dass er erwägt, die Filmbetrachtung mit der intensiven Betrachtung einzelner Ausschnitte zu beginnen: "Man könnte sogar daran denken, anders als die klassische Filmpädagogik mit der Untersuchung von Fragmenten anzufangen, bevor man Filme als Ganzes sieht." (Ebd.) In der Kunsterziehung wird in ähnlicher Weise eine "Pädagogik des Fragments" praktiziert, indem zu großen Bildern kleine Bildausschnitte daraus gezeigt werden – das Detail einer Hand, eines Zweigs, eines Krugs, eines Musters – und die Kinder eingeladen werden, sie im großen Bild aufzusuchen und sich auf diese Weise dem Bild verlangsamt und mit verweilendem Blick anzunähern (vgl. z. B. d'Harcourt 2004).

Nun ist der Film*anfang* ein besonderes Fragment eines Filmes. Er steht an der Gelenkstelle zwischen Nicht-Film und Film, er muss den ZuschauerInnen einen imaginären Raum eröffnen, in den sie eintreten, ihr reales Leben zu vergessen bereit sind, bereit, sich auf das Dargebotene ganz einzulassen. Seine Funktion ist außerdem die der Exposition der Figuren. "Der Anfang enthält auch die Vorgeschichte, hier wird Wissen vermittelt, das notwendig ist, um die Figuren in ihrer Situation zu verstehen, um die Konstellationen zwischen ihnen zu begreifen, all das, was der Zuschauer wissen muß, um dem Geschehen, das dann stattfindet, folgen zu können." (Hickethier 1996: 119) Schließlich hat der Filmanfang auch die Aufgabe, die Stimmung des Films zu präfigurieren. Im Filmanfang ist dramaturgisch bereits der ganze Film vorgedacht bzw. anders herum: Der Filmanfang ist von Ende her gedacht. Betrachten wir also den Anfang von *Ayla und die Strumpfhose* genauer.

Die Sequenz vor der Einblendung des Namens dauert 20 Sekunden. Auch in ihr findet sich ein Dreischritt. In drei Nahaufnahmen, von denen die ersten beiden durch einen Schwenk in einer Einstellung verbunden sind, sehen wir:

den Saum eines langen Rocks, einen bestrumpften Fuß in einer Sandale. Hand und Handfeger reinigen eine wassergefüllte Vertiefung, die mit Wasser aus einem Eimer überspült wird;

einen Schwenk von breitbeinig ausgestellten Kinderbeinen in roten Sandalen zu springenden Kinderbeinen in langer Hose und Turnschuhen mit gelösten Schnürsenkeln; der Schwenk macht die räumliche Verbundenheit beider Handlungen deutlich;

Nachdem wir nun drei Beinpaare kennengelernt haben, folgt ein Schnitt und eine neue Einstellung, die das Gesicht eines Mädchens zeigt, dessen Augen hin- und herwandern.

Dann wird das Mädchen schriftlich vorgestellt – "Ayla" –, und nach einer Weile folgt der Rest des Titels: "und die Strumpfhose". Wir wissen jetzt, wer die Hauptperson sein wird und erwarten einen Konflikt, denn wir haben bisher die nackten Beine in den Sandalen in Erinnerung, aber noch keine Strumpfhose.

Die drei Nahaufnahmen stehen nun nicht einfach nebeneinander, sondern enthalten verbindende Elemente. Sie zeigen alle Beinausschnitte, sie zeigen weibliche Gestalten. Sie kontrastieren alt/erwachsen und jung/Kind, Arbeit und Spiel. Aylas Beine nehmen in der Reihenfolge der Darbietung eine Übergangs- und Verbindungsposition ein: Ayla trägt Sandalen wie die Frau, aber sie steht im

Spiel mit den anderen Figuren. Die Kamera schwenkt über sie hin, sie verweilt in der ersten Einstellung bei der Frau und bei der Spielgefährtin, nicht aber bei der Hauptgestalt. Von der Spielgefährtin werden die springenden Turnschuhe mit den aufgelösten Bändern und den Hosenbeinen festgehalten. Das Thema der ersten Einstellung, der Einstellung vor dem ersten Schnitt also, ist – symbolisch betrachtet – die Kleiderordnung. Die aufgelösten Schnürsenkel verweisen auf Ungebundenheit, Turnschuhe und lange Hosen stellen eine binäre männlich-weibliche Kleiderordnung in Frage. Ayla steht mit ihren nackten Beinen zwischen der Frau und der Mitspielerin, ist mit beiden verbunden. Dieses Einerseits-Andererseits wird verstärkt durch ihre Augenbewegungen.

Warum beginnt der Film nicht mit dem Blick auf Aylas nackte Beine? Auf der Ebene der Erzählung, also erzählökonomisch, ist die Handfeger-Szene nicht erforderlich: Was sie signalisiert – die erwachsene Frau als Hausarbeiterin –, das kommt unmittelbar nach dem Titel in den Film, als die Frau, wohl die Mutter Aylas, noch singend, bei der Arbeit in der Wohnung gezeigt wird. Auch die Spannung zwischen den weiblichen Generationen wird später noch Thema. Eigentlich braucht der Film die ersten sieben, acht Sekunden also nicht. Dennoch spielt die Szene eine wichtige Rolle, denn sie entwirft hier am Anfang das Schlüsselmotiv des Films, das Motiv, mit dem er auch endet und das ihn insgesamt durchzieht, nämlich das Wasser, das als Element zwischen Erde und Luft gilt, Quell des Lebens (Phylogenese) und der Fruchtbarkeit ist, für körperliche und spirituelle Reinigung steht. In allen Religionen stehen Waschungen an Wendepunkten, z.B. das Sakrament der Taufe im Christentum, in dessen Ikonographie Wasser die Rolle des von Sünden reinigenden Elements spielt. Das Wasser ist also Übergangssymbol. Zugleich ist es Symbol der Bewegung, der Freiheit, Veränderung, des Flusses. In der Traumdeutung bedeutet es Sexualität. Auf die Vielschichtigkeit des Wassermotivs und seiner Symbolik hier einzugehen, wäre sicher sehr ertragreich, aber für eine kurze Illustration des hermeneutisch-filmanalytischen Ansatzes soll das bisher Gesagte reichen.

3. Filmerleben und Filmanalyse: Ein Spannungs- und Komplementärverhältnis

In einem früheren Aufsatz (Decke-Cornill/Luca 2007) hatten wir uns bereits mit den beiden Zugangsweisen auseinandergesetzt. Hier haben wir sie nun an einem Filmbeispiel illustriert und in einer Reihenfolge vorgestellt, die – wie oben angedeutet – nicht zufällig ist. Ein vielversprechender Weg der Filmarbeit könnte nämlich *beide* Ansätze berücksichtigen und dabei zunächst dem Filmerleben Raum geben und danach mit den Fragen und Deutungen und Widersprüchen, die dabei zur Sprache kommen, zum Film zurückkehren und den Fragen bei einem *close viewing* weiter nachspüren.

Beide Ansätze schließen an ein Spannungsfeld an, das in der Literaturdidaktik als Kontroverse zwischen *New Criticism* und Rezeptionsästhetik verhandelt wird. Während die Schule des *New Criticism* Subjektivität und Spontaneität von der Analyse fernhalten wollen, sehen rezeptionsorientierte Ansätze in diesem Ansinnen eine Aporie. Denn erst und nur in der Rezeption wird aus der Druckerschwärze auf dem Papier und dem Licht auf der Leinwand Bedeutsames, Sinnhaftes.

Die Unhintergehbarkeit des Subjekts für das Entstehen von Sinn bedeutet jedoch nicht, dass der Text zur Projektionsfläche verkommen darf. Filme sind ein Kommunikationsangebot, das in seiner Anrede gehört und wahrgenommen werden will, das nicht flüchtig gesehen werden will, sondern appelliert: "Versteh mich nicht so schnell!" (Vgl. Andresen 2004 in anderem Zusammenhang) Der Gefahr der Entfremdung durch den analytischen Blick steht der Gewinn der "Entprovinzialisierung" (Rumpf 2004: 6), der Horizonterweiterung, der Begegnung nicht nur mit dem Eigenen, sondern auch mit dem Fremden gegenüber. "Jede Fotographie, jedes historische Plakat, jede Geschichte, jedes Naturphänomen, jedes Naturgesetz [und jeder Film, HDC/RL] bietet Anhaltspunkte für diesen fremden Blick, der nicht hinnimmt, sondern fragt: Wieso so und nicht anders?" (Ebd.)

Wir haben zwei Zugangsweisen vorgestellt, die sich hinsichtlich ihrer jeweiligen Nähe zum erlebenden Subjekt und zum Filmobjekt unterscheiden. Beide haben in ihrer Aufmerksamkeit für das Selbst einerseits und ihrer Aufmerksamkeit für das

Gegenüber andererseits eine je eigene Dignität. In diesem Sinne gilt auch für filmisches Verstehen, was Kaspar Spinner von literarischem erwartet: "[Es] gelingt dann auf angemessene Weise, wenn subjektives Angesprochensein und genaue Textwahrnehmung in einer Balance sind." (2005: 89)

Filmnachweis

Ayla und die Strumpfhose (D 2001), Kurzfilm von Bilhan Derin, produziert an der Deutschen Film- und Fernsehakademie (DFFB) Berlin. Verleih über die KurzFilmAgentur Hamburg.

Literatur

Andresen, Ute (2004). *Versteh mich nicht so schnell, Gedichte lesen mit Kindern.* 3., erw. Aufl. Weinheim: Beltz.

Bergala, Alain (2006). *Kino als Kunst. Filmvermittlung an der Schule und anderswo.* Marburg: Schüren.

Biehl, Peter (1992). Symbole und ihre Bedeutung für menschliche Bildung. In: *Zeitschrift für Pädagogik*, H. 2, 193-214.

Bilandzic, Helena (2005). Lautes Denken. In: Mikos, Lothar & Claudia Wegener (Hrsg.). *Qualitative Medienforschung. Ein Handbuch.* Konstanz: UVK, 362-370.

Campbell, Joseph (1978). *Der Heros in tausend Gestalten.* Frankfurt/Main: Suhrkamp.

Charlton, Michael & Klaus Neumann-Braun (1992). *Medienkindheit - Medienjugend. Eine Einführung in die aktuelle Kommunikationswissenschaftliche Forschung.* München: Quintessenz

Decke-Cornill, Helene (2010). Filmanfänge. Hecke, Carola & Carola Surkamp (Hrsg.). *Bilder im Fremdsprachenunterricht: Neue Ansätze, Kompetenzen und Methoden.* Tübingen: Narr, 325-340.

Decke-Cornill, Helene & Renate Luca (2007). "Filmanalyse und/oder Filmerleben? Zum Dualismus von Filmobjekt und Zuschauersubjekt." In: dies. (Hrsg.).

Jugendliche im Film – Filme für Jugendliche: Medienpädagogische, bildungstheoretische und didaktische Perspektiven. München: kopaed, 11-30.

Groeben, Norbert (2003). Dimensionen der Medienkompetenz. In: Groeben, Norbert & Bettina Hurrelmann (Hrsg.). *Medienkompetenz. Voraussetzungen, Dimensionen, Funktionen. München:* Juventa, 160-201.

d'Harcourt, Claire (dt. Ausgabe 2004). *Ich sehe was, was Du nicht siehst.* Köln: DuMont.

Haug, Frigga (1983). *Frauenformen 2. Sexualisierung der Körper.* Berlin: Argument.

Hickethier, Knut (1996). *Film- und Fernsehanalyse.* 2., überarb. Aufl. Stuttgart, Weimar: Metzler.

Krützen, Michaela (2004): *Dramaturgie des Films. Wie Hollywood erzählt.* Frankfurt/Main: Fischer.

Dies. (2005). "Filmanfänge. Was der Beginn eines Films über sein Ende verrät." *Der Deutschunterricht* 3/2005, 79-84.

Rumpf, Horst (2004). "Menschsein hat – hoffentlich – Zukunft. Über Lehrerwerden heute." Vortrag in Dillingen am 12.11.2004.

Spinner, Kaspar H. (2005). Der standardisierte Schüler: Wider den Wunsch, Heterogenität überwinden zu wollen. In: *Friedrich Jahresheft XXIII: Standards*, 88-91.

Autorenverzeichnis

Budde, Jürgen, Dr. phil., arbeitet als wissenschaftlicher Mitarbeiter am Zentrum für Schul- und Bildungsforschung der Martin-Luther-Universität Halle-Wittenberg. Er lehrt, forscht und publiziert vor allem zu den Themen Gender und Bildung, Männlichkeitsforschung sowie Heterogenität als erziehungswissenschaftliche Herausforderung.

Decke-Cornill, Helene, Prof. Dr., Hochschullehrerin für Erziehungswissenschaft an der Universität Hamburg, Schwerpunkt: Didaktik der englischen Sprache und Literatur. Arbeitsgebiete: Literatur und Film in Bildungsprozessen des fremdsprachlichen Unterricht, Heterogenität und sprachliche Bildung, Gender Studies, Kooperatives Lernen.

Kleiner, Bettina, Studium der Amerikanistik und Sprachlehrforschung an der Universität Hamburg. Promoviert zu Heteronormativität im Kontext der Schulbildung. Kollegiatin im Promotionskolleg Gender Studies (Universität Hamburg, Zentrum GenderWissen). Arbeits- und Interessenschwerpunkte: Queer Theory, postkoloniale Theorie, Filmdidaktik, Fremd-/Zweitsprachendidaktik, Migration und Sprachenpolitik.

König, Lotta, Doktorandin im Bereich Fachdidaktik Englisch an der Georg-August-Universität Göttingen. Thema der Dissertation: Gendersensibilisierung durch Literatur im Fremdsprachenunterricht. Arbeitsschwerpunkte: Gender im FU und in außerschulischer Bildungsarbeit; Literaturdidaktik; Dramapädagogik im FU.

Lenzen, Verena, angehende Dipl. Päd., Studium der Erziehungswissenschaft an der Universität Hamburg. Arbeits- und Studienschwerpunkte: Medienpädagogik, Medien- und Geschlechterverhältnisse sowie außerschulische Bildungsarbeit mit Jugendlichen.

Luca, Renate, Prof. Dr., Professorin am Fachbereich Erziehungswissenschaft der Universität Hamburg. Arbeitsschwerpunkte: Pädagogisch-psychologische Medienforschung; Medien und Geschlechterverhältnisse; Professionalisierung im Lehrerberuf; Soziales Lernen.

Pauleit, Winfried ist Professor an der Universität Bremen. Wichtigste Publikationen: *Das ABC des Kinos. Foto, Film, Neue Medien* (2009); *Filmstandbilder. Passagen zwischen Kunst und Kino* (2004). Er ist Mitherausgeber des Internetmagazins *Nach dem Film* (www.nachdemfilm.de), der Zeitschrift *Ästhetik & Kommunikation* sowie Herausgeber der *Bremer Schriften zur Filmvermittlung.*

Prasuhn, Anna-Pina: seit 2006 Studentin der Diplom-Erziehungswissenschaft, Universität Hamburg. Arbeits- und Studienschwerpunkte: außerschulische Bildungsarbeit mit Kindern und Jugendlichen unter besonderer Berücksichtigung der Pädagogischen Psychologie und Gender-Studien.

Seidl, Monika, D a.o. Univ.-Prof., geb. in Wien, Professorin für Kulturwissenschaften am Institut für Anglistik und Amerikanistik der Universität Wien. Arbeitsschwerpunkte: Bildkulturwissenschaften, Cultural Studies, filmische Adaptionen literarischer Klassiker, Fremdsprachendidaktik. Funktionen: 2004 - 2007 Präsidentin des Österreichischen Anglistenverbands, ab 2006 Studienprogrammleiterin für Anglistik an der Universität Wien.

Surkamp, Carola, Professorin für Englische Fachdidaktik an der Georg-August-Universität Göttingen. Sie hat in Köln und Nantes (Frankreich) Anglistik, Romanistik und Pädagogik studiert und das Erste Staatsexamen für das Lehramt in Englisch und Französisch an Gymnasien abgelegt. Ihre Arbeitsbereiche sind: Literatur- und Filmdidaktik, Leseförderung, dramapädagogische Ansätze im Fremdsprachenunterricht, interkulturelles Lernen, fremdsprachlicher Kulturunterricht, Hochschuldidaktik.

Kiu Urban hat - medienwissenschaftlich akademisiert und erwerbsmäßig kategorisiert bis profanisiert - mit Medien zu schaffen sowie ver- und erschafft sich und anderen gern An- und Einsichten - möglichst queer- und quergelesen.

Walberg, Hanne, Dipl. Päd. (Jahrgang 1974), war als wissenschaftliche Mitarbeiterin an den Universitäten Hamburg, Mainz und Lüneburg tätig. Seit Februar 2010 arbeitet sie als Bildungsmanagerin in dem BMBF-Projekt

"Lernen vor Ort" in Hamburg. Sie promoviert zum Thema "Filmbildung im Zeichen des Fremden".

Zahn, Manuel, wissenschaftlicher Mitarbeiter am Seminar für Kunst, Kunstgeschichte und Kunstpädagogik der Carl von Ossietzky Universität Oldenburg und Lehrbeauftragter der Universität Hamburg. Derzeit arbeitet er an einer Dissertation zum Thema »Film-Bildung«. Arbeitsbereiche: Philosophie und Theorie der Bildung, der Kunst und der Medien, insbesondere des Films; Cultural Studies und Kunstpädagogik/Kunstvermittlung (siehe auch: http://blogs.epb.uni-hamburg.de/zahn/).

***ibidem*-Verlag**
Melchiorstr. 15
D-70439 Stuttgart
info@ibidem-verlag.de

www.ibidem-verlag.de
www.ibidem.eu
www.edition-noema.de
www.autorenbetreuung.de

Zeitfracht Medien GmbH
Ferdinand-Jühlke-Straße 7
99095 Erfurt, Deutschland
produktsicherheit@kolibri360.de